U0930514

中国保险机构治理质量研究

——基于2023年中国保险机构治理指数

郝臣　等◎著

中国商务出版社

·北京·

图书在版编目（CIP）数据

中国保险机构治理质量研究：基于2023年中国保险机构治理指数 = Research on the Governance Quality of China Insurance Institutions: Based on the CIIGI in 2023 / 郝臣等著；白长虹总主编. -- 北京：中国商务出版社，2024. -- (管理学术创造力书系).

ISBN 978-7-5103-5491-5

Ⅰ. F842.3

中国国家版本馆CIP数据核字第20244CC242号

中国保险机构治理质量研究——基于2023年中国保险机构治理指数

郝臣　等　著

出版发行：中国商务出版社有限公司

地　　址：北京市东城区安定门外大街东后巷28号　　**邮　　编**：100710

网　　址：http://www.cctpress.com

联系电话：010-64515150（发行部）　010-64212247（总编室）

010-64515210（事业部）　010-64248236（印制部）

责任编辑：李鹏龙

排　　版：北京嘉年华文图文制作有限责任公司

印　　刷：北京九州迅驰传媒文化有限公司

开　　本：710毫米 ×1000毫米　1/16

印　　张：18.5　　**字　　数**：280千字

版　　次：2024年12月第1版　　**印　　次**：2024年12月第1次印刷

书　　号：ISBN 978-7-5103-5491-5

定　　价：88.00元

南开大学中国保险机构治理评价课题组

主持人：郝　臣

协调人：姜欣悦、姜　语、马贵军

成　员：（按照姓氏拼音排序）

鲍　婧、曹嘉宁、常雅琪、陈嘉琦、陈可蓉、陈青青、陈鑫柔、戴云玲、付奕奕、耿英轩、郭新明、郝梦晨、洪凡媛、侯岳辰、胡晨亮、黄泽阳、贾睿洁、李　茜、李树浩、李　扬、李　玉、林奇恩、刘柄毅、刘超然、刘力萌、刘星岐、刘雅君、卢活爱、罗尧宪、满　馨、努尔达娜·曲汗拜克、潘　扬、秦欣然、仇　菁、邵思佳、孙雪菲、孙云飞、唐嘉懿、王冰冰、王佳欣、王佳鑫、王沛暄、王　爽、王婉钰、王曦梧、王煜衡、韦雯婷、魏欣楠、魏宇婧、吴佳桐、吴健蕾、吴俊浩、吴潇潇、谢丰华、原清宇、张晨曦、张　彤、张旭平、赵艺钼、甄鲁奇、钟欣瑞、朱昱铃

以学术创造力建构管理新世界

管理研究与教育教学面向实践的转型成为商学院发展的迫切任务，建设中国自主管理知识体系成为我国学术发展的新制高点。

与其他知识体系一样，管理知识体系始终处在演化之中。卡尔·波普尔（Karl Popper）将这种演化视为生命的进化过程，称知识的起源和进化与生命的起源和进化同步。根据这一认识，知识帮助人们适应环境，知识体系总是力图与环境保持适应关系。当人或环境的变化催生出新问题时，对问题的探究就会激发出创造知识的动力，进而推进知识体系的进化。当下，我国管理知识体系的演化正处于这样一种“从老问题到新问题”的转换阶段。

问题之所以被视为科学、技术进步的起点，原因在于它能够激发人的创造力。一位哲学家曾指出，由于人类无法忍受单一的颜色、凝固的时空、自我的失落，因而创造出丰富多彩的世界。也就是说，人类对新颖性、新奇性有着本能的追求，而创造力被认为是“产生结果的过程，它是一个新颖且具有适当反应的成果、产品或是一个开放性问题的解决方案”。对于已有解答的老问题，创造力驱使人们不断地寻求更新的、有着更好解释力的答案，哪怕是与已有答案表述方式不同的等价思想；面对新问题，人们会表现出更大的热情，发挥自己的想象、猜想和联想能力，去试验各种可能的解答。英国学者戴维·多伊奇（David Deutsch）认为，“人类思想中最宝贵、最重要、最有用的一个属性，是它有能力一般性地揭示并解释真实世界的构造”；他还指出，“到目前为止，没有其他任何一个东西，包括计算机在内，能像人脑一样能‘理解’一个解释，或者首先需要一种解释才能理解”。多伊奇是量子计算专家，对思维活动有独到的认识，“每发现一个新解释，每掌握一个现有解释，都取决于人类独特的创造性思维”。

与多伊奇描述的自然科学相比，管理学研究的问题发生在不断演进的情境中，如技术革命、全球竞争、产业组织乃至社会文化和劳动者心态，它们都在不断变化，这是管理学与自然科学的显著差异。在自然科学领域，艾萨克·牛顿（Isaac Newton）观察的光和阿尔伯特·爱因斯坦（Albert Einstein）观察的光完全一样，而在管理学领域，这两个时代的人文、社会和科技环境已有天壤之别。管理学研究的问题更多的是新问题，管理理论也在不断提升自己的解释力。当下，学术研究的主流是用原有理论来解释新问题，即“用旧地图寻找新世界”。当无法获得理想的解释时，再对原有基础理论进行一定程度的修正或更新，直至提出全新的理论。

管理理论旨在解决问题。好的理论或直接为管理者提供解决方案，或帮助管理者更好地认识问题，启发他们的思路，使之能够以深刻的洞察力或广阔的视角审视问题，找到更多的解决方案。近年来，管理研究产生了不少新的构念或理论模型，但真正能够为管理者带来有益启示的成果为数不多。由此可见，面向实践的管理研究不是对管理实践的简单归纳，人们也不能用研究成果的新颖度来衡量它们的理论贡献。我们应该重温拉瑞·劳丹（Larry Laudan）的观点，“在评价理论优劣时，我们应该问：‘它们是否为重大问题提供了合适的解答？’”

问题意识引导着创造力，创造力驱动着探索性实践。这种实践的成果不仅有经过实践验证的新知识，还有大量的实践经验和实践智慧，包括许多未经很好整理的“默会知识”。更重要的是，由于解决方案的丰富性，实践探索的疆域非常广阔，这些积极的探索会改变人们对问题的认知，使原有问题得到新的澄清或解释，甚至引发出全新的问题，为人类的创造力展现出更为广阔的空间。从“旧地图”到“新世界”，这样的突破性知识创造过程正在越来越多地发生在科技、工程、艺术和商业领域，新世界的实践探索者迫切需要更有意义的理论指导。

为构建更有意义的中国自主管理知识体系，我们需要有效地焕发学术创造力，发现有重要理论意义的实践新问题，通过与管理实践者更为主动的知识旋转和共振，通过与管理学界更为积极的学术交流与批判，协同共创中国式现代化所需要的管理新世界。此为“管理学术创造力书系”宗旨所在、使命所向。

《南开管理评论》主编、南开大学商学院院长、
幸福与创造实验室首席科学家
二零二四年岁末

在党的二十届三中全会审议通过的《中共中央关于进一步全面深化改革、推进中国式现代化的决定》中，"保险"一词被高频提及达十三次之多，彰显了保险业在国家治理体系中举足轻重的地位，以及其作为国家治理能力现代化重要标志的角色。

2024年9月8日实施的第三个保险业"国十条"——《国务院关于加强监管防范风险推动保险业高质量发展的若干意见》(国发〔2024〕21号)，明确了我国保险业发展的阶段性目标：到2029年，初步形成覆盖面稳步扩大、保障日益全面、服务持续改善、资产配置稳健均衡、偿付能力充足、治理和内控健全有效的保险业高质量发展框架。保险监管制度体系更加健全，监管能力和有效性大幅提高。到2035年，基本形成市场体系完备、产品和服务丰富多样、监管科学有效、具有较强国际竞争力的保险业新格局。

作为保险业发展的核心驱动力，保险机构不仅是市场的中坚力量，其良好的公司治理也是确保行业健康、稳健发展的基础。为了规范并提升保险机构治理水平，我国监管机构与行业组织积极行动，密集出台了一系列文件。其中，《银行保险机构公司治理准则》自2021年起正式实施，作为保险机构治理领域的纲领性文件，为行业治理实践树立了标准、指明了方向。该准则的实施，不仅体现了国家对保险机构治理的高度重视，也为保险业的高质量发展奠定了坚实的制度基础。《国务院关于加强监管防范风险推动保险业高质量发展的若干意见》(国发〔2024〕21号)更是将"治理和内控健全有效"作为保险业高质量发展框架的重要组成内容。可见，我国保险机构治理质量始终是社会各界关注的焦点。

要加强对中国式现代化发展中的重大理论和实践问题研究，提炼新概念、提出新理论，建设紧扣中国发展和时代需要的现代化学术体系（陈雨露，2024a）。笔者和刘琦在《保险研究》2020年第10期发表了题为《我国中小型保险机构治理质量研究——基于2016—2019年公开数据的治理评价》的学术论文，该论文推出了第一版中国保险机构治理评价体系（China Insurance Institutions Governance Evaluation System，CIIGES）。2022年，笔者在南开大学出版社出版了《我国中小型保险机构治理研究》，该学术著作优化了第一版中国保险机构治理评价体系。2024年6月1日，笔者在南开大学出版社最新出版了名为《中国保险机构治理指数研究——暨中国保险机构治理发展报告2016—2022》的学术著作，推出了第二版中国保险机构治理评价体系。中国保险机构治理指数（China Insurance Institution Governance Index，CIIGI）是根据该体系所生成的评价结果，该指数也称南开保险机构治理指数（Insurance Institution Governance Index of Nankai University，IIGI^{NK}），利用该指数可以对我国保险机构治理质量的发展历程与现状进行详尽解析。本研究根植于我国保险机构治理的深厚土壤，紧密遵循《G20/OECD公司治理准则》（G20/OECD Principles of Corporate Governance）、《银行保险机构公司治理准则》等国际国内权威标准，借助中国保险机构治理指数对我国保险机构2023年治理质量实施了一次透视分析，以直观、量化的方式刻画了我国保险机构治理质量的最新面貌与动态趋势。

为了全面、科学、系统和量化反映我国保险机构治理质量，充分发扬南开指数的优良传统，在全面吸收借鉴优秀南开指数之一——中国上市公司治理指数（China Corporate Governance Index of Nankai University，CCGI^{NK}）经验和做法的基础上，南开大学中国保险机构治理评价课题组（China Insurance Institution Governance Evaluation Team of Nankai University，NKU-CIIGET）立足我国现实背景，充分考虑保险机构治理的特殊性，依据科学性、客观性、系统性、可行性和动态性原则，基于多年在保险机构治理领域的研究基础，设计出一套涵盖目标（Objectives）、维度（Dimension）、指标（Indicator）、权重（Weight）、标准（Standard）、数据（Data）、方法（Method）、模型（Model）、结果（Results）、等级（Level）、评级（Rating）等多方面评价要素的中国保险机构治理评价体系，该体系简称为ODIWSDMMRLR-GES。

中国保险机构治理指数是中国保险机构治理评价体系的评价结果，也称南开保险机构治理指数。该指数最小值为0，最大值为100，治理指数越高代表治理质量越好；治理指数数值的高低直观反映了保险机构治理水平的优劣，为业界内外提供了客观、准确且系统的治理质量评价标尺，为实现我国保险业的高质量发展提供了治理质量的"指示器"或"晴雨表"。中国保险机构治理指数是我国首支基于公开信息发布的保险机构治理指数，它的研发先后经历了理论基础积累与沉淀、指标体系构建与优化、治理指数推出与发布、治理指数应用与普及四个阶段。课题组于2023年8月正式推出南开大学中国保险机构治理指数数据库（China Insurance Institution Governance Index Database of Nankai University，CIIGID^{NK}）。2024年6月18日，伴随着新华网发布报道《中国保险机构治理水平稳中向好——2016—2022年中国保险机构治理发展报告》，中国保险机构治理指数首次正式发布。

中国保险机构治理指数具有系统性与客观性、明确性与可比性、科学性与公开性、针对性与应用性、持续性与动态性、广泛性与深入性等特点。可以说，中国保险机构治理指数是南开指数在新时期的又一重要体现，该指数不仅是对南开指数传统的继承和发扬，也是对南开指数体系的丰富和创新性发展，体现了南开指数"知中国，服务中国"的优良传统，彰显了南开指数与时俱进的优秀品质。

本研究在继承《中国保险机构治理指数研究——暨中国保险机构治理发展报告2016—2022》一书精髓的基础上，特别关注了2023年我国保险机构治理的最新动态。具体内容包括引言、保险机构治理及其评价研究进展、南开指数家族、中国保险机构治理评价体系、2023年保险机构治理评价样本与数据来源、2023年中国保险机构治理指数、2023年中国保险机构治理内容分指数、2023年中国保险机构治理层次分指数、2023年中国保险机构治理分类指数以及研究结论、研究展望与提升对策。通过十章详尽的内容，本研究从引言到结论、展望与对策，全面剖析了我国保险机构治理的现状、问题及未来趋势。本研究的创新主要体现为体系新（New System）、结构新（New

Structure)、方法新(New Method)、数据新(New Data)。

关于本书书名，综合考虑研究的传承以及研究内容性质特点，曾尝试使用《中国保险机构治理指数研究——暨中国保险机构治理发展报告2023》《中国保险机构治理发展报告2023》《中国保险机构治理质量研究》等，最后经过征求领域内专家、出版社编辑等多方面的意见后，最后确定为《中国保险机构治理质量研究——基于2023年中国保险机构治理指数》。该书名首先给出了研究方向或重点，即关注我国保险机构治理质量，体现了本研究的应用属性；其次揭示了研究工具或手段，即基于治理指数展开研究，体现了本研究的学术属性；最后明确了研究时间或窗口，即重点分析2023年的治理状况，体现了本研究的年度报告属性。

在研究过程中，本研究得到了来自课题组全体成员的鼎力支持，他们专业、严谨的态度确保了研究数据的准确性和分析结论的可靠性。本研究具体分工如下：由笔者担任南开大学中国保险机构治理评价课题组(NKU-CIIGET)的主持人，主要负责研究大纲设计、指数分析结果处理以及最后的统稿工作；姜欣悦、姜语、马贵军分别担任课题组的协调人，其中姜欣悦和姜语主要负责指数分析环节相关内容，马贵军主要负责指数合成环节相关内容。此外，三位协调人还参与了第三章、第四章、第十章部分内容的初稿撰写。

为了保障本研究的顺利开展，南开大学中国保险机构治理评价课题组还分设了原始数据整理、治理指数分析、研究成果校对三个小组，这些课题组成员既有老师与研究生，同时还有高年级的本科生。按照姓氏拼音排序，课题组成员具体包括：鲍婧、曹嘉宁、常雅琪、陈嘉琦、陈可蓉、陈青青、陈鑫柔、戴云玲、付奕奕、耿英轩、郭新明、郝梦晨、洪凡媛、侯岳辰、胡晨亮、黄泽阳、贾睿洁、李茜、李树浩、李扬、李玉、林奇恩、刘柄毅、刘超然、刘力萌、刘星岐、刘雅君、卢活爱、罗尧宪、满馨、努尔达娜·曲汗拜克、潘扬、秦欣然、仇菁、邵思佳、孙雪菲、孙云飞、唐嘉懿、王冰冰、王佳欣、王佳鑫、王沛暄、王爽、王婉钰、王曦梧、王煜衡、韦雯婷、魏欣楠、魏宇婧、吴佳桐、吴健蕾、吴俊浩、谢丰华、原清宇、张晨曦、张彤、张旭平、赵艺锟、甄鲁奇、钟欣瑞、朱昱铃。感谢课题组协调人长期以来对课题组研究工作的支持与奉献，感谢所有课题组成员专业和严谨的数据整理、指数分析与文字校对等工作。

在此，笔者要特别感谢南开大学基本科研业务费项目特殊支持项目（项目号：63222307；项目号：63232209）的持续资助与支持！感谢国家社科基金项目《我国中小型保险机构治理研究》（项目号：20FGLB037）、天津社科基金项目《我国保险公司治理质量研究——基于公司治理评价视角》（项目号：TJGL22-002）以及南开大学商学院、南开大学中国公司治理研究院、南开大学中国式现代化发展研究院、南开大学亚太公司治理研究中心著作出版专项支持计划的资助与支持，这些项目与计划为本研究的顺利开展提供了坚实保障。可以说，没有上述项目的资助与支持，就没有中国保险机构治理指数，也就没有基于该指数所诞生的系列研究成果。同时，也要感谢出版社及其编辑团队的专业审校与全力支持，使得本研究成果能够及时与广大读者见面。

展望未来，我们期待中国保险机构治理指数能够持续发挥其“晴雨表”或“指示器”的作用，为推动我国保险业的健康发展贡献更多智慧与力量。

此外，本书不仅凝聚了课题组成员的心血与智慧，更承载着对南开大学悠久指数传统的崇高敬意与美好未来的深切期盼，课题组以此书的撰写和出版献礼南开大学105周年华诞，愿能为南开大学的荣耀篇章增添一抹色彩。

郝臣

2024年10月17日

于南开园

目录

CONTENTS

第四章 中国保险机构治理评价体系

第五章 2023年保险机构治理评价样本与数据来源

第六章 2023年中国保险机构治理指数

第七章 2023年中国保险机构治理内容分指数

第八章 2023年中国保险机构治理层次分指数

第九章 2023年中国保险机构治理分类指数

第十章 研究结论、研究展望与提升对策

图目录

表目录

引言

第一章

公司治理是健全现代金融企业制度的“牛鼻子”（郭树清，2022）。本章作为全书的开篇与纲领，首先详尽阐述了本研究诞生的背景、明确界定了本研究旨在达成的目的、深入剖析了本研究的理论与现实意义，并清晰勾勒出本研究的整体思路与采用的方法论框架；其次详尽介绍了本研究的核心内容和篇章结构，为读者构建了一个全面理解我国保险机构治理质量的视角；最后着重强调了本研究的学术贡献与研究创新之处。

第一节　研究背景、目的与意义

一、研究背景

（一）保险业从高速发展迈向高质量发展新阶段

金融的高质量发展是加速推进金融强国建设，乃至社会主义现代化强国建设的迫切需求，也是在中国式现代化进程中更好地统筹发展与安全关系的必然选择，更是化解我国社会主要矛盾及推进全体人民共同富裕的强大动力（陈雨露，2024b）。保险业作为现代经济的重要产业和风险管理的基本手段，是衡量社会文明水平、经济发达程度、社会治理能力的重要标志（董波，2020）。近年来，随着保费收入增速的放缓，我国保险业已步入新的发展阶段，即从过去的规模扩张转向当前的质量提升。

2019年12月30日，原中国银保监会发布《关于推动银行业和保险业高质量发展的指导意见》(银保监发〔2019〕52号)，明确要求各级监管部门和各银行保险机构要高度重视并推动银行业和保险业的高质量发展工作，明确目标为到2025年实现金融结构的进一步优化，形成多层次、广覆盖、有差异的银行保险机构体系。2021年3月2日，国务院新闻办公室就推动银行业保险业高质量发展有关情况举行发布会，原中国银保监会主席郭树清强调，要以银行业保险业高质量发展的新突破，促进国民经济加快构建新发展格局。2023年6月8日，国家金融监督管理总局局长李云泽在第十四届陆家嘴论坛上表示，金融监管部门将从切实提升服务实体经济有效性等五个方面出发，推动高质量发展取得新成效。

2024年4月25日，国家金融监督管理总局印发《关于推动绿色保险高质量发展的指导意见》(金规〔2024〕5号)，该意见明确了在绿色发展背景下保险业高质量发展的总体要求，确立了推动绿色保险高质量发展的指导思想，并明确了坚持系统观念、稳中求进，坚持示范引领、重点突破，坚持创新驱动、数字赋能，坚持协同推进、开放合作的基本原则。同时，该意见还分两个阶段确定了主要目标。2024年6月19日，李云泽在第十五届陆家嘴论坛开幕式上发表了以《推动保险业高质量发展 助力中国式现代化建设》为主题的演讲。他指出，在全面建设社会主义现代化国家进程中，保险业正迎来高质量发展的历史性机遇，并将发挥不可替代的作用；筑牢经济安全网、社会保障网和灾害防护网，都需要保险业高质量发展，当下我们将持续深化改革，增强保险业高质量发展动力。

（二）良好的治理是保险机构高质量发展的保障

保险业的高质量发展，首要在于保险机构等微观主体的高质量发展，而公司治理正是为保险机构实现这一目标提供坚实保障的关键要素。

2006年1月5日，原中国保监会制定《关于规范保险公司治理结构的指导意见（试行）》(保监发〔2006〕2号)，这一举措标志着公司治理成为继市场行为和偿付能力之后的第三大保险监管支柱。

2020年8月17日，原中国银保监会公布《健全银行业保险业公司治理三年行动方案（2020—2022年）》（银保监发〔2020〕40号），该方案强调要力争通过三年的努力，初步构建起具有中国特色的银行业保险业公司治理机制。2021年6月2日，原中国银保监会发布《银行保险机构公司治理准则》（银保监发〔2021〕14号），明确规定银行保险机构应当持续提升公司治理水平，并逐步达到良好公司治理的标准。

2023年6月8日，国家金融监督管理总局局长李云泽在第十四届陆家嘴论坛上指出，要引导金融机构牢固树立正确的经营观、业绩观和风险观，同时强化公司治理、转换经营机制、完善管理流程，以加快建立具有中国特色的现代金融企业制度。金融安全是国家安全的重要组成部分，而金融的高质量发展必须依赖现代治理体系的建设，从而提升金融风险防控能力，并筑牢金融安全的防线；从微观层面来看，通过完善具有中国特色的现代金融企业制度、健全法人治理、推进金融机构改革、加强金融机构内控体系建设等路径，金融机构的风险防控能力将得到显著提升（陈雨露，2023）。

2024年4月25日，国家金融监管总局发布的《关于推动绿色保险高质量发展的指导意见》（金规〔2024〕5号）中明确指出，为推动绿色保险的高质量发展，必须强化绿色保险的主体责任；各保险企业应建立绿色保险的组织领导和协调推动机制，指定专门机构或高级管理人员负责绿色保险工作，并研究设立相关的绩效考核指标。同时，明确绿色保险的发展战略，确定重点支持的方向和领域，统筹推动绿色保险的发展。此外，还应建立有利于绿色保险创新的工作机制，完善绿色保险的内控制度和考核评价体系，持续推动绿色保险产品和服务的创新。

（三）治理评价是科学反映治理质量的有效工具

公司治理评价是通过指数的形式，对公司治理质量进行客观、科学的反映。它不仅为建立健全公司治理结构、优化公司治理机制提供了重要的科学参考，同时也为公司治理理论的科学性提供了检验标准（李维安等，2019）。

公司治理评价的萌芽可以追溯到Martindell（1950）提出的管理能力评价指标体系，其中就包括董事会业绩的分析。自此之后，学术界和实务界关于公司治理评价或评级的研究成果不断涌现。例如，Mueller（1976）提出了董事人员素质的11个维度评价体系，Vance（1978）构建了由15个董事会属性或董事维度构成的评估模型，Walter（1993）则给出了诊断董事会的22个问题。

美国《商业周刊》（Business Week）从1996年开始公布最佳和最差董事会榜单。标准普尔公司在1998年推出了标准普尔公司治理评分（Standard & Poor's Corporate Governance Scores），戴米诺公司在1999年推出了戴米诺公司治理评级（Deminor Corporate Governance Ratings），里昂证券公司在2000年推出了里昂证券公司治理评级（CLSA Corporate Governance Ratings）。

在国内，南开大学中国公司治理研究院在2003年研究并发布中国上市公司治理指数，这也是我国首套公司治理评价体系。

近年来，公司治理评价也开始拓展到绿色治理（ESG）评价领域。南开大学中国公司治理研究院、商道融绿、润林环球、汤森路透、富时罗素等机构均先后发布了绿色治理指数或评级，以进一步丰富和完善公司治理评价的内涵和应用范围。

二、研究目的

（一）进一步完善中国保险机构治理评价系统

公司治理是保险机构等微观主体实现高质量发展的基础，公司治理评价则能客观反映保险机构的治理质量。然而，鉴于保险机构在治理方面的特殊性，如总精算师的设立、偿付能力风险综合评级等独特要素，使得一般的公司治理评价系统难以科学、准确地量化保险机构的治理状况。因此，构建一套充分考虑保险机构治理特殊性，并适用于我国保险机构的治理评价体系显得尤为必要。本研究将在先前研究成果的基础上，依托已开发完成的保险机构治理体系，进一步发展和完善评价指标体系、数据整理方法等，以期实现对中国保险机构治理质量的更精准、更全面的评价。

（二）科学、量化展现我国保险机构治理质量

开展保险机构治理评价的核心目的，在于以指数的形式全面、科学地反映保险机构的治理质量，并进一步诊断其治理中存在的短板。保险机构的治理涵盖内部与外部两个方面：内部治理主要体现为“三会一层”的治理结构等，外部治理则主要包括信息披露、利益相关者的关系管理等。若仅从治理的单一维度来评价保险机构的治理质量，显然存在局限性。因此，本研究将从整体视角出发，运用量化分析的方法，客观、全面地展现中国保险机构的治理质量。

（三）推动和助力我国保险业实现高质量发展

治理是保险机构乃至保险业实现高质量发展的保障。中国保险机构治理指数提供了治理质量的“指示器”，揭示治理问题，指导改进方向，促进监管与行业自律，治理指数高的评价结果能够提升保险机构的品牌形象和市场竞争力。同时中国保险机构治理指数还能通过引导保险机构来提升治理水平，进而更加注重产品的创新和服务的提升，并满足消费者多样化的需求来实现内涵式发展。综上所述，中国保险机构治理指数通过提供科学的评价体系、揭示治理问题、促进监管与自律、增强市场竞争力以及推动保险业转型升级等多个方面，可以有力地推动和助力保险业实现高质量发展。

（四）精准识别不同类型保险机构治理差异性

不同业务类型的保险机构，因其所受监管强度和盈利模式等方面的差异，导致在治理上呈现出一定的区别。以保险资产管理公司为例，一方面，存在专门针对此类公司的监管规定，如《保险资产管理公司管理规定》（中国银行保险监督管理委员会令2022年第2号）；另一方面，保险资产管理公司的业务范围广泛，涵盖专户业务、组合类产品业务、债权与股权投资计

划、资产支持计划以及其他业务，这与主要依赖保费收入的人身险、财产险和再保险机构的盈利模式存在显著差异。因此，为了深入研究并理解不同业务类型保险机构在治理上的具体差异，建立保险机构分类治理指数显得尤为重要。

三、研究意义

（一）理论意义

1. 丰富现有公司治理评价理论体系

现有公司治理评价研究主要聚焦上市公司，其中南开大学中国公司治理研究院的中国上市公司治理评价是典型代表。本研究则以非上市公司为主体的我国保险机构为研究对象，深入展开公司治理评价研究。在充分考虑保险机构治理特殊性的基础上，本研究进行了保险机构治理评价的具体指标设计、评价指标量化方法探索、评价指标维度权重分析，以及治理指数的生成等一系列深入研究，从而丰富了现有的公司治理评价理论体系。

2. 深化公司治理及分类治理理论

保险机构的经营特殊性决定了其在代理问题、代理成本、治理目标、治理结构、治理机制、治理评价等方面的独特性。因此，保险机构治理并非一般公司治理理论在保险领域的简单应用。本研究针对保险机构治理的特点进行了深入研究和分析，不仅丰富了公司治理理论，也为分类治理理论的研究提供了来自保险业的实证素材。同时，本研究还将视角从保险机构治理进一步拓展至保险集团（控股）公司治理、保险公司治理、人身保险机构治理、财产保险机构治理、保险资产管理公司治理、再保险机构治理，以及相互保险组织治理等多个细分领域，从而进一步细化和深化分类治理理论。

3. 奠定保险机构治理实证研究基础

保险机构治理指数为从整体性治理视角对保险机构治理影响因素和经

济后果进行实证研究提供了重要契机，为这一领域的实证研究奠定了坚实基础。本研究开发出一套专为我国保险机构设计的治理评价系统，并导入原始治理数据，生成了中国保险机构治理指数（CIIGI）。利用这一指数，我们可以深入探究如成立年限等内部因素，以及政策法规等外部因素对保险机构治理的作用机制。同时，我们还能分析保险机构治理对偿付能力等的短期影响、对资金运用效率等的中期影响，以及对市场竞争力等的长期影响，从而全面评估保险机构治理的实际效果。

（二）实践意义

1.为监管部门加强治理监管提供坚实依据

近年来，随着监管部门对保险机构治理监管力度的显著加大，一系列旨在强化公司治理的法律法规相继出台，彰显出行业规范化发展的坚定决心。在此背景下，本研究独辟蹊径，对我国保险机构实施了全样本、长周期的深入治理评价研究，并创新性地以指数形式直观呈现每家机构的治理现状与相对优劣，深入剖析其治理合规性。本研究成果不仅是我国保险机构治理现状的全方位透视镜，也为监管部门提供了精准洞察治理质量与潜在不合规现象的权威依据。它有助于监管部门采取更加精细化、差异化的监管策略，精准定位风险点，实施更加高效的有针对性监管，从而有效降低重大治理风险的发生概率，为我国保险行业的稳健、可持续发展保驾护航。

2.为行业协会促进治理建设提供重要参考

作为行业自律性组织，中国保险行业协会在全行业公司治理建设中扮演着举足轻重的角色。2018年8月28日，中国保险行业协会发布四项重要的团体标准，包括《保险业公司治理实务指南总体框架》（T/IAC 21–2018）以及关于会议运作的股东（大）会、董事会和监事会的具体指南（T/IAC 22.1–2018、T/IAC 22.2–2018、T/IAC 22.3–2018）。本研究成果所涵盖的治理评价内容，为未来中国保险行业协会制定其他与公司治理相关的团体标准文件，提供了宝贵的参考框架与数据支持。这些评价内容不仅展现了治理实践的深度与广度，还反映出行业治理的最新趋势与最佳实践，有助于协会在标准制定过程中更准确地把握行业需求，进而推动保险行业治理体系的不断完善与提升。

3. 为保险机构提升治理水平提供明确指引

中国保险机构治理指数能够科学诊断保险机构的治理状况，揭示我国保险机构历年治理水平的发展趋势，并准确识别导致治理质量欠佳的具体问题所在。基于此，保险机构可以明确改进方向，进一步优化其“三会一层”（股东会①、董事会、监事会和高级管理层）的治理结构，确保各层级职责清晰、运作高效。同时，该指数还促进了保险机构提升信息披露的透明度与质量，从而增强了市场与利益相关者的信任。此外，针对利益相关者治理的加强，本研究也提供了切实可行的策略建议，助力保险机构构建更加和谐、共赢的治理生态。综上所述，中国保险机构治理指数（CIIGI）不仅是评估治理水平的标尺，也是推动保险行业治理现代化、提升整体竞争力的重要驱动力。

第二节　研究思路、方法与内容

一、研究思路

本研究立足我国治理环境和保险机构的治理现状，充分吸收并借鉴中国上市公司治理指数的经验与做法。基于《中国保险机构治理指数研究——暨中国保险机构治理发展报告2016—2022》这一研究成果所提出的中国保险机构治理评价体系和中国保险机构治理指数，本研究旨在揭示2023年度我国保险机构治理的状况与特征。首先，为实现这一目标，本研

① 按照2024年实施的《中华人民共和国公司法》，作为公司最高权力机构的“股东大会”和“股东会”合并为“股东会”。

究采用了科学的评价流程，包括原始数据采集、治理数据核验以及指标量化处理等环节。其次，考虑到我国治理环境的实际调整与变化，本研究对所采用的治理评价体系进行了动态调整，并据此生成了中国保险机构治理指数。再次，本研究依据这一指数生成了包含中国保险机构治理总指数、分指数与分类指数在内的全面评价结果，为中国保险机构的治理质量提供了客观而有力的衡量标准。最后，本研究基于2023年中国保险机构治理指数（CIIGI）的评价结果，对我国保险业的治理状况展开了全面深入的分析。

二、研究方法

（一）规范研究法

规范研究主要聚焦经济活动的理想状态，旨在探讨应达成的目标及实现这些目标的途径，其核心在于解答“应当是如何”的问题。该方法在多个研究领域有广泛应用，具体包括：保险机构发展研究、保险机构治理研究、保险机构治理评价研究等领域的文献综述，中国保险机构治理评价指标体系的设计构建，中国保险机构治理评价指标原始数据的采集方法论述，中国保险机构治理评价指标量化标准的设定，保险机构治理评价样本的选择与数据来源的阐释，以及研究结论与研究展望的总结提炼等。

在本研究中，具体运用的规范研究方法涵盖文献回顾法、理论思辨法、概念解析法、比较分析法、定性分析法、经验归纳法、描述性研究法以及探索性研究法等多种方法。

（二）实证研究法

实证研究法与规范研究法相辅相成，其侧重点在于通过观察和实验收集的大量事实和数据，运用统计推断理论和技术进行经验验证，并借助量化模型深入分析社会现象。在本研究中，实证研究法主要应用于以下几个方面：采用哑变量求和法对我国保险机构的治理状况进行量化分析；构建涵盖治理内容维度的六大分指数模型；通过问卷调查、数据一致性检验和群决策分析来科学确定保险机构治理分指数的权重；建立中国保险机构治理的总指数、治理层次分指数以及分类治理指数的模型；对治理总指数、治理层次分指数、分类治理指数以及保险机构的治理等级和评级进行描述性统计、分布形态分析和比较分析。

为实现上述研究目标，本研究具体采用的实证研究方法包括哑变量求和法、问卷调查法、群决策分析法、统计分析法、定量分析法以及分组比较分析法等。

三、研究内容

（一）理论基础与文献综述

在引言部分，本研究概述了研究的背景、目的与意义，明确了研究思路、方法与内容，并介绍了篇章结构、学术贡献与创新点。同时，本研究对保险机构治理及其评价的相关研究进行了系统的综述，为后续深入分析奠定了坚实的理论基础。

（二）南开大学指数家族

本研究详细介绍了南开指数传统[①]，创新性地手工整理了南开指数大家族成员构成，深入分析了其构成、特点。同时还尝试分析了作为南开治理指数小家族新成员的中国保险机构治理指数（CIIGI）的特点、学术贡献、应用价值等。

（三）中国保险机构治理评价体系

本研究系统阐述了中国保险机构治理评价体系的框架设计，详细说明了指标选取与权重分配的原则和方法，并明确了评价样本的选择标准、构

---

① 南开指数传统是指南开大学在经济指数尤其是物价指数编制方面所形成的历史积淀和独特贡献。这一传统最早可以追溯到 20 世纪 20 年代，由经济学大师何廉（1895—1975 年）创立南开经济研究所并开始编制反映中国经济现实情况的经济指数，从而形成享誉海内外的“南开指数”体系。

成及数据来源，确保了评价的科学性和公正性。

（四）中国保险机构治理指数统计分析

基于最新的治理指数数据，本研究对我国保险机构治理状况进行了全面的总体分析、比较分析和趋势分析；同时，从不同治理维度、治理层次以及保险机构类型三个角度出发，对治理指数进行了深入细致的解析，揭示了行业治理的现状和特征。

（五）结论与对策建议

本研究总结了研究发现，提炼了关键结论，并在此基础上展望了未来的研究方向；同时，为中国保险机构治理质量的持续提升提供了具有针对性的监管和机构两个层面的建议。

第三节　篇章结构、学术贡献与研究创新

一、篇章结构

如图1-1所示，本书核心聚焦中国保险机构治理指数（CIIGI）的深入探究，内容精心编排为十章，具体概览如下：

第一章　引言：开篇引领，概述研究背景、目的与意义，研究思路、方法与内容，篇章结构、学术贡献与研究创新，奠定全书基调。

第二章　保险机构治理及其评价研究综述：回顾并梳理国内外关于保险机构治理及其评价的研究进展，为后续分析奠定理论基础。

第三章　南开指数家族：详细介绍南开指数体系，分析其构成与特征，并引出本研究所采用的工具即中国保险机构治理指数。

第四章　中国保险机构治理评价体系：系统阐述中国保险机构治理评价体系（CIIGES）的框架构成，并围绕核心要素指标体系、指数模型等展

开分析。

第五章　2023年保险机构治理评价样本与数据来源：明确评价样本的选择、构成并进行透视，阐述评价数据的来源以确保数据的真实可靠。

第六章　2023年中国保险机构治理指数：基于最新治理指数数据，对我国保险机构治理水平进行总体分析、比较分析和趋势分析，揭示行业治理现状。

第七章　2023年中国保险机构治理内容分指数：利用保险机构治理内容分指数，从不同治理维度细化剖析我国保险机构治理状况。

第八章　2023年中国保险机构治理层次分指数：利用保险机构治理层次分指数，从强制性治理和自主性治理视角探讨我国保险机构治理质量。

第九章　2023年中国保险机构治理分类指数：利用保险机构分类治理指数，关注不同类型保险机构治理特点。

第十章　研究结论、研究展望与提升对策：首先总结研究发现，提炼关键结论；其次从内容和方法层面展望未来研究方向；最后为我国保险机构治理质量的持续提升提出监管和机构两个层面的建议。

全书总计32节。其中，第一章包含3节、第二章包含2节、第三章包含3节、第四章包含5节、第五章包含2节、第六章包含3节、第七章包含3节、第八章包含3节、第九章包含5节、第十章包含3节。

此外，本书共有135个表格、28张图以及7个附表，涉及参考文献130多篇。

二、学术贡献

（一）传承创新并举：发扬南开指数传统、丰富南开指数家族

南开大学的指数传统即南开指数传统历史悠久，早在1928年就发布了南开指数。进入新时期，南开大学坚持和弘扬指数传统，结合国民经济发展的需要，陆续发布了众多指数。据南开大学中国保险机构治理评价课题组不完全统计，截至目前，南开指数家族共有400余个成员，其中包括中国

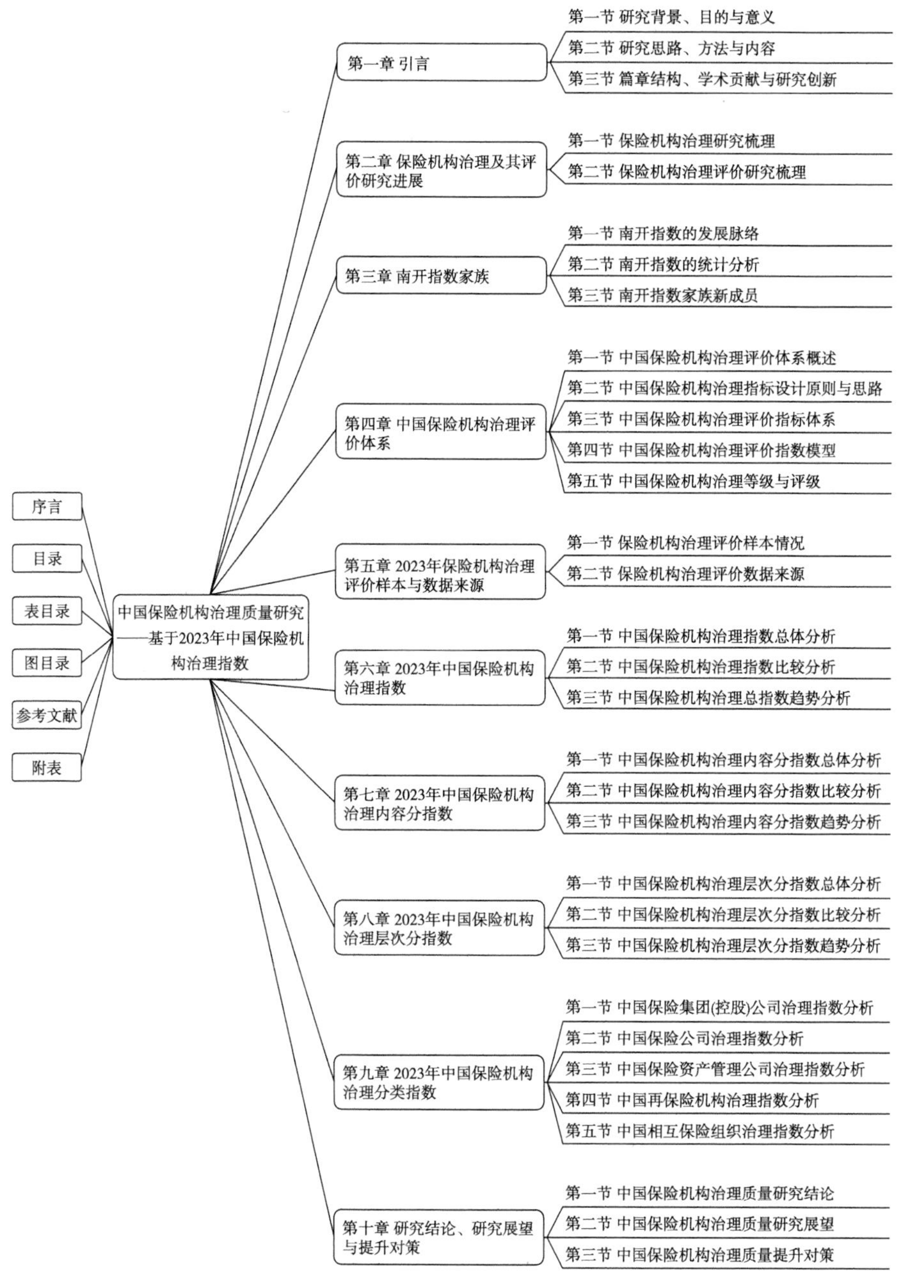

图 1-1　本书篇章结构图

资料来源：作者整理。

上市公司治理指数、中国上市公司绿色治理（ESG）指数、商业银行绿色治理指数、物流企业绩效指数、公用服务质量测评指数、公司创业活动评价指数、互联网健康险保障指数、建行—南开系统性风险指数、责任保险发展指数、中国住房消费发展指数、中国旅行服务业发展指数、数据赋能政府治理指数、京津冀协同发展南开指数等。其中，公司治理指数是南开指数传统在新时期的重要体现。

公司治理评价一直是企业发展的重要议题，其研究历史可追溯至亚当·斯密的《国富论》(An Inquiry into the Nature and Causes of the Wealth of Nations)，之后罗纳德·科斯（Ronald Coase）、奥利弗·威廉姆森（Oliver E. Williamson）等学者围绕治理问题展开了深入研究。实践中，公司治理质量备受关注，进而催生了公司治理评价研究与实践的开展。1998年，标准普尔建立公司治理评分体系，推动了全球公司治理评价的发展。中国也随之展开相关研究，其中南开大学中国公司治理研究院公司治理评价课题组，于2003年提出的“中国上市公司治理评价指标体系”是国内较早的治理评价体系，其推出的中国上市公司治理指数被誉为上市公司治理状况的“晴雨表”。本研究成果中国保险机构治理指数进一步发展了传统公司治理指数，成为南开新时期治理指数家族的重要一员，具有重要的学术意义。

（二）数据升级新篇：南开大学保险机构治理指数数据库更新

南开大学中国保险机构治理指数数据库是一个全面、科学、系统和量化反映中国保险机构治理质量的数据库，由郝臣带领的南开大学中国保险机构治理评价课题组于2023年8月建立。

如表1-1所示，数据库整体上包括四部分内容：第一部分为基础数据（Basic Data），主要是指保险机构基础信息，包括机构名称、基础信息码、状态信息码、保险机构代码、规模类型、资本性质、资本性质细分、资本性质备注、组织形式、业务类型、保险公司划分、成立年限、注册地区、所在城市、监管机构、保险机构编码（监管）等；第二部分为原始数据（Raw Data），包括根据保险机构治理评价指标体系所采集的70个评价指标原始数据；第三部分为评价数据（Evaluation Data），是整个数据库的核心，包括所有指标对应的原始评分数据，根据哑变量求和法进而百分化计算的股东与股权结构分指数、董事与董事会分指数、监事与监事会分指数、高级管理人员分指数、信息披露分指数和利益相关者分指数，强制性治理指数和自主性治理指数，根据中国保险机构治理分指数加权求和生成的中国保险机构治理指数，以及保险机构治理年度排名、保险机构治理等级与评级等；第四部分为中介数据（Secondary Data），包括规模分组中介、评分中介、核对中介、排名中介等辅助列信息。

本研究在原数据库基础上更新补充了2023年数据，新增约7.19万个数据字段，现数据库共包含48.98万个数据字段，数据周期为2016—2023年。中国保险机构治理指数（CIIGI）及其分指数和分类指数为科学衡量保险机构治理质量提供了"标尺"，南开大学中国保险机构治理指数数据库为未来我国保险机构治理实证研究的深入开展贡献了平台和基础。

表1–1 南开大学中国保险机构治理指数数据库结构

序号	数据类型	数据内容	字段数量（个）
1	基础数据	机构名称、基础信息码、状态信息码、保险机构代码、规模类型、资本性质、资本性质细分、资本性质备注、组织形式、业务类型、保险公司划分、成立年限、注册地区（省/自治区/直辖市）、所在城市、监管机构、保险机构编码（监管）等	22 × 1884=41448
2	原始数据	中国保险机构治理评价指标体系共计70个治理评价指标的手工整理的原始数据	98 × 1884=184632
3	评价数据	中国保险机构治理评价指标体系70个评价指标的评分、基于治理内容维度的分指数、基于治理层次维度的分指数、中国保险机构治理指数、中国保险机构治理分类指数、中国保险机构治理年度排名、中国保险机构治理等级与评级等	109 × 1884=205356
4	中介数据	规模分组中介、评分中介、核对中介、排名中介等辅助列信息	31 × 1884=58404
合计	/	/	48.98万

资料来源：南开大学中国保险机构治理指数数据库。

（三）实证研究基础：提供坚实数据、支持保险机构治理研究

实证研究作为公司治理领域的重要研究方法，其应用与数据的丰富度和质量紧密相关。可以说，数据在推动保险机构治理理论研究的过程中扮演着至关重要的角色。南开大学中国保险机构治理指数数据库作为这一领域的重要数据平台，汇聚了全面、科学、系统和量化的保险机构治理指数数据，为实证研究提供了坚实的基础。借助该数据库所提供的丰富数据，监管机构、保险机构、行业协会与学会等可以从不同层面出发，提出相应的提升我国保险机构治理水平的对策建议，而学者们则可以以此为基础，进行更多保险机构治理领域的创新性实证研究。从而不断为保险机构治理的现代化水平提供决策参考和理论指导，推动保险机构治理实践的持续优化与发展。

三、研究创新

（一）体系新：建立动态化的保险机构治理评价体系

中国保险治理机构评价研究并非一成不变，而是随着时间、时事、形势的变化而动态发展，并不断进行调整与更新。它是响应行业快速发展和监管需求变化的产物，旨在提供一个更加贴近实际、更具指导意义的评价体系。中国保险机构治理指数作为这一研究的核心成果，不仅提供了对保险机构治理质量的全面评估，而且通过逐年更新的数据，直观反映出治理水平的发展趋势和变化。这种动态化的评价体系，不仅增强了评价的时效性和准确性，而且为推动保险机构治理现代化提供了重要的理论支撑和实践指导。它要求评价者持续关注行业动态，及时纳入新的评价要素和指标，确保评价体系能够真实、准确地反映保险机构治理的实际状况，为行业的健康、稳定发展贡献力量。

（二）结构新：研发涵盖整体和分类指数在内的指数体系

由于各类保险机构在业务运作上具有独特的特点，即业务类型的差异性，其管理方式和治理结构自然也应有所区别。因此，在对不同业务类型

的保险机构进行治理评估时，不能简单地采用统一的标准和衡量指标。本研究在推动保险行业治理现代化的背景下，研发出一套全面而细致的保险机构治理指数体系，这套体系不仅包括反映整体治理水平的治理总指数，还涵盖深入分析治理结构和过程的内容与层次分指数，以及根据不同维度进行分类的分类指数。具体表现为：中国保险机构治理评价指标体系70个具体指标中，保险集团（控股）公司适用67个；仅经营受托型业务的养老保险公司适用68个、其他保险公司适用70个；其他人身保险机构适用70个；财产保险机构中的非公司制相互保险组织适用65个、其他财产保险机构适用70个；中国保险资产管理公司适用64个；再保险机构适用69个；非公司制相互保险组织适用65个，其他相互保险组织适用70个。基于前述适用评价指标，本研究生成了中国保险集团（控股）公司治理指数、中国保险公司治理指数、中国保险资产管理公司治理指数、中国再保险机构治理指数和中国相互保险组织治理指数五个分类治理指数，将保险机构治理指数细化到了保险机构分层分类治理指数。

（三）方法新：导入公司治理评价研究的新方法

在公司治理评价的早期实践中，专家打分法是主要采用的手段，它的优势在于能够充分利用专家的丰富经验，从而提升评价工作的效率。然而，这种方法的局限性在于它可能过于依赖个别专家的主观判断。近年来，随着学术界对评价方法的深入探索，一些学者开始尝试采用哑变量求和法来对上市公司的治理状况进行评估。这些研究虽然在一定程度上解决了专家打分法的问题，但它们主要集中于股东权利这一单一维度，并未全面反映公司治理的全貌，同时所使用的评价指标也相对较少。此外，保险机构的治理评价也需要严格遵循客观性原则，确保评分过程的公正性，减少主观判断可能带来的偏差和误差。本研究在评分过程中采用比专家打分法更具有客观性的哑变量求和法，对保险机构的治理状况进行了全面的评估，使用的指标数量达到了70项。哑变量（Dummy Variable）也称虚拟变量，是一种在统计分析中用来表示定性变量的数值变量，其取值通常为1或0。在保险机构的治理评价中，由于存在难以界定治理状况的中间状态，即“好”与“不好”之间的模糊地带，因此采用哑变量求和法，直接对治理的合规性进行二元判定，即“合规”或“不合规”，“达到”或“未达到”，有效避免了评价过程中的主观性因素，将国际最新方法引入并应用于指数研究中。

（四）数据新：使用我国保险机构最新治理数据

本研究的一大亮点在于其使用了我国保险机构2023年最新公开披露的公司治理数据。这一做法不仅确保研究成果的时效性与严谨性，还使得保险机构治理指数的评价体系建立在一个可信、坚实的数据基础之上。通过采用最新披露的公司治理数据，我们的评价体系不仅能够提供更加精确、及时的治理评价，为行业内外提供有价值的参考信息，还能够有效促进保险行业的健康发展和透明度提升，助力行业实现更加规范、高效的治理。对最新数据的重视与深入运用，不仅是保险行业治理评价现代化进程中的一个重要方面，也是推动行业持续进步的重要动力。

保险机构治理及其评价研究进展

第二章

保险机构，作为受国家法定监管机构严密监督管理的金融机构，需具备法定的从业资格方可涉足保险业务领域，其整体发展状况不仅是衡量保险业繁荣与否的“晴雨表”，更是推动行业前行的关键力量。在这一宏观图景中，保险机构的治理状况则构成了影响其成长轨迹的微观基础，深刻作用于其发展的每一个细微环节。学者们围绕保险机构治理领域展开了深入研究。鉴于此，本章致力于对保险机构治理领域的学术研究进行系统而深入的梳理，筛选并分析了大量相关研究成果，特别聚焦治理评价这一细分领域，旨在全面把握保险机构治理及其评价领域的理论框架与最新进展。

第一节　保险机构治理研究梳理

玄宇豪等（2023）发现，保险机构有效提高了公司投资决策效率，进而降低了企业风险、得到了市场认可，在我国市场中扮演着战略投资者的角色。良好的公司治理有利于保险机构健康和可持续发展，为保险机构实现高质量发展提供保障。因此，保险机构既是治理的参与者，也是被治理的对象。本节主要从保险机构作为被治理对象视角进行文献综述，一方面，关注不考虑保险机构具体类型特殊性的保险机构治理宏观研究；另一方面，关注具体类型保险机构治理研究。

一、保险机构治理宏观研究

（一）保险机构治理体系研究

在金融机构治理研究的广泛领域中，相较银行、证券等金融子行业的治理研究，保险机构治理的研究成果显得相对较少。尽管保险行业在全球经济中扮演着重要角色，提供风险管理、资金积累和经济保障等基本服务，但在学术和政策研究层面，关于保险机构治理的系统性研究仍然较为稀缺。

郝臣（2023b）在《金融机构治理手册》中，在界定金融治理和金融业治理本质的基础上，明确了金融机构治理的内涵并绘制了我国金融机构治理谱系图，提出了金融机构治理研究框架，梳理了各类金融机构在我国的发展状况及其治理相关的法律法规文件，并重点论述了六十余种金融机构治理的定义。该著作认为，所谓保险机构治理（Insurance Institution Governance）是指为了规范保险机构行为，维护利益相关者利益，而构建的一系列正式或非正式、内部或外部的治理制度安排，包括内部治理与外部治理两个方面和治理结构与治理机制两个层面。按照保险机构业务类型和法人资格不同，我国保险机构治理体系框架包括保险经营机构法人机构治理、保险中介机构法人机构治理、保险经营机构分支机构治理和保险中介机构分支机构治理。本研究关注的内容实际上是保险经营机构法人机构治理部分。

上市保险机构是我国保险机构的重要组成部分。郝臣等（2022a）利用中国上市公司治理指数对我国上市金融机构治理状况进行总体比较和具体维度分析，并基于分析结果，为提升我国上市金融机构治理质量，从监管机构、上市金融机构和第三方机构三个层面提出相应的对策建议。

从数量上来看，中小型保险机构在我国保险机构中占据了绝大多数，其治理问题受到学者的关注。郝臣和刘琦（2020）、郝臣（2022b）基于公开数据，构建了一套针对我国保险机构的由六大内容维度、总计60个指标组成的保险机构治理评价指标体系，利用评价结果即中国保险机构治理指数对我国2016—2019年中小型保险机构治理现状进行了分析。

保险机构治理体系的发展与完善程度往往会受到治理法律法规文件的影响。郝臣（2023a）在既定保险治理内涵的基础上，通过北大法宝、监管机构官网等途径，整理了我国保险业自1979年复业以来至今的治理方面的法律法规文件，这其中就有保险机构治理方面的法律法规文件，并以此开展统计分析研究，以期全面反映我国包括保险机构治理在内的保险治理的发展脉络与现状。

保险公司经营具有专业性、复杂性和长期性等特点，更加强调风险防范和稳健经营，对保险公司治理中的监督机制有更高的要求。本次《中华人民共和国公司法》修订中，公司监督机构的设置采用了“二选一”模式，公司设董事会审计委员会的可不设监事会。上述调整对保险公司治理体系具有重大影响。李玉泉和王德明（2024a）对保险公司治理中监督机制的现状进行了梳理，对《中华人民共和国公司法》修订中监督机构的调整给保险公司治理机制带来的变化和影响进行了分析，提出若保险公司采用单层制治理结构，由审计委员会承担监督职能，公司章程可以授予审计委员会相应的权利，保险公司则需要进行制度调整、章程变更，审慎考虑平稳过渡。

（二）保险机构风险管理研究

在2024年1月16日举办的省部级主要领导干部推动金融高质量发展专题研讨班开班式的讲话中，习近平总书记指出，党的十八大以来，我们积极探索新时代金融发展规律，不断加深对中国特色社会主义金融本质的认识，不断推进金融实践创新、理论创新、制度创新，积累了宝贵经验，逐步走出一条中国特色金融发展之路，这就是：坚持党中央对金融工作的集中统一领导，坚持以人民为中心的价值取向，坚持把金融服务实体经济作为根本宗旨，坚持把防控风险作为金融工作的永恒主题，坚持在市场化法治化轨道上推进金融创新发展，坚持深化金融供给侧结构性改革，坚持统筹金融开放和安全，坚持稳中求进工作总基调。习近平总书记同时还指出，要着力防范化解金融风险特别是系统性风险。

系统性金融风险往往源自个别金融机构的风险累积和扩散。通过加强金融机构层面的风险管理，可以及时发现并处置潜在风险点，有效提升金融体系的稳定性、减少风险传染、维护市场信心，防止个体风险演变为系统性风险，从而保障金融市场的健康可持续发展。因此，良好的金融机构层面的风险管理是防范系统性金融风险的重要基础。正是考虑到金融机构风险管理的重要性，学者们围绕金融机构风险管理展开了大量的研究。

研究和梳理西方保险理论的研究重点与演变趋势，科学把握国际保险理论发展的规律，对于推动我国保险理论的繁荣和创新发展具有重大的借鉴意义。王稳等（2023）基于潜在狄利克雷分布（Latent Dirichlet Allocation，LDA）主题模型，对2017年1月至2023年5月《美国经济评论》（*American Economic Review*）等五大经济学期刊和《风险与保险期刊》（*The Journal of Risk and Insurance*）期刊收录的336篇保险理论研究文献进行了文本数据挖掘。结果显示：2017年1月至2023年5月，五大经济学期刊和JRI保险理论文献发文量保持平稳趋势，风险管理和保险经济学成为近年来保险理论研究的重点，健康保险领域研究强度持续不减，社会保障及养老金问题研究强度逐渐增强，而寿险领域研究强度有所下降。同时，利用科学之网（Web of Science）和谷歌学术搜索（Google Scholar）被引数据，使用几何分配法对作者贡献度进行排名，并结合描述性统计方法分析作者、研究机构的影响力和文献研究方法。可以发现，在保险业，保险机构风险管理问题一直是研究的热点，因此也是本部分将风险管理放在治理体系研究的第一个综述的研究领域的原因所在。

刘新立和董峥（2003）指出，保险公司面临的诸多风险，它们不是孤立的，而是相互联系、相互影响的，只有整体地、综合地、全面地认识风险和实施风险管理，才能从根本上有效控制风险。同时他们还认为保险公司整合风险管理的对策可分为财务型对策和控制型对策：财务型风险管理对策即在不改变经营策略的基础上，运用资产负债管理、衍生工具合约及保险等一些财务型措施来降低某些风险的可能损失；控制风险管理对策，即通过一些经营策略的调整，如事前控制和事中控制，使得公司内部资源条件与外部经营环境相适应，以降低风险发生的可能性及可能损失的程度。

欧阳越秀等（2019）关注我国财产保险公司偿付能力风险管理问题。他们以偿付能力二代为基准，基于内控视角分析财产保险公司历史经验数据，并进行数据清理和测算，对符合要求的42家财险公司的偿付能力充足率和影响因素指标进行了灰色关联分析。他们从实证研究结果中得到结论，中资财险公司应重视资金运用管理，外资公司应更偏重再保信用风险管理。具体到中资国企，其风险控制要点还应关注承保业务质量和成本管理，中资民营财险和外资公司需要特别关注风险管理专业化人才的引进和培训，以便更好地管理自身的偿付能力风险。

周玉华（2022）在《保险公司合规风险管理与风险控制实务指引》一书中基于新的保险法律合规与风控标准和监管规定，对保险公司合规和风控体系建设的全过程进行了详细的分解和描述，为保险公司建立既满足监管要求又符合公司自身发展实际需要的风控体系提供了实务指引，全面、系统、详实地讲述了保险资产管理公司等保险机构合规风险控制体系建设和运行优化的过程与方法。

肖旗辉（2024）指出，关键风险指标（Key Risk Indicators，KRI），是防控风险过程中重要的基础工具，是指对某一领域风险变化情况进行定期监控的统计指标，通过统计数据体现风险暴露及变化情况，为日常管理决策提供参考；全面风险管理指标的设定、监测、预警及报告，既在监管规则中有相关要求，也是保险业风险管理实践中的必修课。

在高风险保险机构处置中，保险资金运用类违法违规关联交易因规模大、品种多、危害高，引发了各界广泛关注。王晓辉和李圣刚（2024）聚焦关联方认定这一核心问题，从规则演化的视角，对企业会计准则、行业监管等不同体系下的制度沿革进行了梳理，总结了演化规律：体系趋同化、范围缩小化及规则明确化。同时对关联方认定规则的两个难点，即实质重于形式及穿透原则的适用问题，按照规则演化规律，提出相应建议，即将抽象原则具象化，持续明确具体规则。

（三）保险机构内部审计研究

保险公司内部审计作为其内部治理机制的核心组成部分，在确保公司稳健运营和合规性方面发挥着至关重要的作用。它是风险管理的关键环节，也是合规性的守护者、内部控制的强化者、公司治理的推动者、战略决策的支持者。

中国保险行业协会（2018）编写的《保险公司内部审计典型案例集》一书展示了保险公司内部审计过程中的典型案例，内容涵盖财务管理风险、采购管理风险、单证管理风险、反洗钱风险、公司治理风险、关联交易风险、基础管理风险、客户服务风险等，展现出保险行业内部审计人员在审计过程中的审计思路、收获和启示，全面总结和有效推广内部审计良好经验与实践，切实引导内部审计人员提高识别和防范重大风险的能力及发现违法案件的技能。

中国保险行业协会（2023）为了防范化解各类风险、提升内部审计在保险机构价值及其胜任力，编写了套书《保险机构内部审计》，该书集中反映了我国保险机构内部审计的创新和发展，全面规范了保险机构内部审计的要求和标准，系统总结了保险机构内部审计的经验和教训，对保险机构各级内部审计人员更好地学习和掌握内部审计知识与技能、推进保险机构内部审计人才建设具有非常重要的作用。

随着经济全球化趋势加深，保险市场竞争日益激烈，保险公司为提升其经营绩效，往往不惜承担较高的流动性风险，而忽略流动性风险的经营方式，往往会给保险公司带来巨大风险。保险公司陷入财务困境甚至破产，原因多是收不抵支的流动性问题，而非资不抵债。《保险公司偿付能力监管规则第12号：偿付能力风险管理要求与评估》要求，保险公司应明确相关部门职责分工，在识别、计量和监控流动性风险基础上，建立流动性风险管理报告机制，有效防范流动性风险。“偿二代”二期规则的出台促使大多数保险公司开始采取有效措施，加强流动性管理，确保资金安全和有效运用。基于上述背景，罗琰和琚超（2024）对保险公司流动性风险管理审计问题进行了探讨。

赵雪芳和冯志（2024）基于内部审计实践工作经验发现，在数字化背景下，财产保险公司内部审计实施阶段已从现场审计模式转向“三位一体”（审前调查、非现场审计、现场审计）审计模式，并重点阐明了这三个环节的工作内容，以及与之相适应的现阶段数字化审计模型技术和为提高审计质效应把握的流程细节、关键节点。

（四）保险机构外部监管研究

外部监管是金融机构所面临的具有典型行业特色的外部治理机制之一，它在维护金融稳定、保障市场秩序以及促进金融机构稳健运营方面发挥着至关重要的作用。通过实施严格的监管措施，外部监管机构能够有效地规范金融机构的行为，确保其遵守相关法律法规，并防止潜在风险的发生。这种具有行业特色的外部治理机制对包括保险机构在内的金融机构的长期可持续发展具有重要意义。

高侯平（2021）在《中国系统重要性保险机构识别和监管研究》一书中基于风险管理理论分析保险业系统性风险传导机制，分析保险业系统性风险形成的深层次原因，就此论证保险业系统性风险的形成机制。该书从溢出效应角度进行定量分析、从潜在风险表现角度进行定性分析、从传导机制角度进行理论分析，判定我国保险业存在系统性风险；通过指标法、熵权法和聚类分析法相结合确定系统重要性保险机构，并建立中国保险业尾部风险关联网络模型加以验证；从监管主体、评估方法、监管目标、监管层次和监管政策方面设计构建国内系统重要性保险机构监管机制，针对损前目标确定日常监管要求，针对损后目标确定危机监管措施。

2023年10月，中国人民银行和国家金融监督管理总局联合发布《系统重要性保险公司评估办法》，进一步建立完善系统重要性保险公司评估与识别机制。朱俊生（2023）指出，该办法将评估系统重要性金融机构的范围从银行进一步拓展到保险领域，并加强系统重要性保险公司监管，有利于防范系统性金融风险，维护金融稳定。未来可围绕评估、监管和处置三个环节，完善我国系统重要性保险公司监管框架。

行政处罚是保险业市场行为监管的重要手段，对防范和化解保险公司风险具有重要意义。陈露（2024）指出，2024年伊始，监管部门对保险机构开出多张罚单。以罚单披露时间来算，据不完全统计，2024年以来，与保险机构相关的罚单已超过50份；编制虚假材料、虚列费用等行业顽疾受到监管持续关注；在处罚对象上，除保险公司外，保险中介机构也成为处罚的重点。

李秀芳和张强（2023）基于手工搜集的2010—2021年保险公司行政处罚数据，从处罚次数、处罚金额、重大行政处罚等维度考察了行政处罚对保险公司风险防范的影响，并深入讨论了其作用机理及异质性效果。研究发现，行政处罚能够显著抑制保险公司风险，促进保险公司稳健经营；重大行政处罚的风险抑制作用更强，并且这一抑制作用具有长期性；市场竞争程度能够增强行政处罚对保险公司风险的抑制效果。进一步研究表明，行政处罚对保险公司的风险抑制作用在财产险公司、非国有保险公司和低盈利能力保险公司中更加显著。该研究对丰富保险监管的内涵，防范金融风险具有重要的现实意义。

卢雨萱和赵桂芹（2024）基于手工整理的保险公司分支机构的行政处罚数据，研究了监管处罚对财产保险公司的业绩表现是否以及如何产生影响。研究表明，监管处罚发挥了直接威慑效应，抑制了违规分支机构的业绩增长，但这种威慑效应是短期的。此外，监管处罚还发挥了间接威慑作用，虽然降低了与违规分支机构同属一家公司的其他分支机构的业绩表现，但对同一地区下其他公司的分支机构无显著影响。该研究验证了行政处罚的有效性，为监管机构健全和完善保险监管制度、深化属地监管改革提供了经验证据。

（五）保险机构利益相关者治理研究

保险业因其对利益相关者利益保护的高度重视，使得保险机构利益相关者治理成为公司治理领域学者研究的热点领域之一。学者们致力于探索如何有效平衡和协调保险机构与各方利益相关者之间的关系，以确保其权益得到充分保障，进而促进保险业的稳健与可持续发展。这一研究领域对深化保险业治理理论、提升保险机构治理水平具有重要意义。

传统公司治理强调股东利益最大化，但随着公司制度的发展，股东的地位已经从所有者向投资者、受益者转变。王德明（2024）关注保险公司的股东及股东权利相关问题，提出保险公司以保护被保险人利益为中心，经营具有社会性，与一般公司相比，保险公司股东利益应服务于保护被保险人利益、社会公共利益及金融风险防范，保险公司股东需要遵循更多强制性规定，并承担更多义务；保险公司控股股东滥用股东权利损害公司利益的，应对公司承担损害赔偿责任；而实际控制人于幕后操控公司，侵害了公司人格的独立性，应当与控股股东一样承担侵权损害赔偿责任。

消费者个人信息经技术加工后，形成的保险数据经济价值逐渐显现。随着保险数据不断挖掘和利用，《中华人民共和国民法典》《中华人民共和国个人信息保护法》为保护消费者个人信息，分别规定保险机构作为信息处理者应确保信息数据的完整性、保密性，履行信息安全保障附随义务。在平衡信息保护和信息利用过程中，部分从业人员与黑色产业链勾结，盗取保险消费者个人信息；就黑产治理，应多措并举，尽快完善消费者信息管理系统，对个人信息“匿名化”处理，规范保险机构从业人员信息操作，同时监管部门要构建畅通且多元化的维权渠道（郭宇，2024）。

基于保险行为的特殊性，建立保险经营规范性有效识别机制是保险消费者权益保护工作的重要前提。孙蓉等（2023）基于保险纠纷判例大数据，研究了保险机构经营规范性及其评价指数构建，并实证检验了传导机制。研究发现，理论模型中的传导机制与中国财产保险市场相吻合。因此，保险监管部门和行业协会等应建立保险经营规范性市场评价机制，通过大数据分析优化保险消费者权益保护工作，引导行业高质量发展。

（六）保险机构ESG研究

ESG，即Environment（环境）、Social（社会）和Governance（治理）的

缩写，已成为当今世界推动企业实现可持续发展的重要抓手。这一概念在全球范围内得到了广泛认可和接受。在过去的20多年里，越来越多的企业开始将ESG理念作为企业战略的核心组成部分，并将其纳入业务决策的考量依据中，尤其是在金融业，ESG的应用和实践更是日益受到重视。

对一般公司，ESG本质上是关于环境、社会与治理的一系列理念、行为准则或者标准，同时也是一套行业的逻辑体系（郝臣等，2021b；郝臣等，2021c；郝臣等，2021a；郝臣等，2022b；郝臣等，2022c）。

对保险公司，相对其他金融机构ESG还具有明显的行业特点，但ESG同样遵循上述对一般公司ESG本质的界定，所谓保险公司ESG就是具有保险业特点的关于环境、社会与治理的一系列理念、行为准则或者标准（郝臣等，2024b）。

郝臣等（2024b）提出，保险公司ESG的特殊性表现为E、S和G“三维”上的特殊性以及资产端、负债端和运营端“三端”上的特殊性。其中，“三维”上的特殊性是保险公司ESG的表象特殊性，“三端”上的特殊性是保险公司ESG的内在特殊性。保险公司ESG与一般公司ESG相比，除前述活动形式上的表象特殊性和内在特殊性外，在理论基础、实践起步、角色定位、内容体系、实施主体、推动力量、监管强度、披露途径、披露意愿、披露对象和评价进展十一个方面也存在一定区别，具体如表2-1所示。

表2-1　保险公司ESG与一般公司ESG的主要区别

主要区别	保险公司ESG	一般公司ESG
活动形式	E、S和G“三维”以及资产端、负债端和运营端“三端”	E、S和G“三维”
理论基础	保险与实体经济关系理论、保险监管理论、经济外部性理论、企业社会责任理论、委托代理理论、利益相关者理论、可持续发展理论等	经济外部性理论、企业社会责任理论、委托代理理论、利益相关者理论、可持续发展理论等
实践起步	相对较早，保险公司的经营特殊性决定了S贯穿其生命周期的全过程，G也早在2006年便成为保险监管的三大支柱之一	相对较晚，ESG概念提出多年之后相关实践活动才开始起步
角色定位	推动者和践行者双重角色	践行者单一角色

续表

主要区别	保险公司ESG	一般公司ESG
内容体系	E、S和G更加融合	E、S和G相对独立
实施主体	董事会及其下属的资产负债管理委员会、投资决策委员会、消费者权益保护委员会，总经理领导的ESG执行委员会、消费者保护工作部等	董事会及其下属的ESG委员会、社会责任委员会、可持续发展委员会等
推动力量	监管驱动为主	标准引领为主
监管强度	监管关注的重要内容	监管关注的一个方面
披露途径	行业协会官网、公司官网	无统一披露途径
披露意愿	强制性披露	自愿性披露
披露对象	社会公众、监管机构	社会公众
评价进展	G的评价起步较早，但基于行业的ESG专门评价体系较少	已有多家机构推出相应的评价体系，但评价结果的一致性不高

资料来源：郝臣，李维安，董迎秋，等.保险公司ESG本质、动因与优化研究：基于一个自主构建的研究框架[J].保险研究，2024（2）：3–15.

为规范和加强保险机构ESG信息披露质量，2023年12月13日，中国保险行业协会正式发布《保险机构环境、社会和治理信息披露指南》。该指南是国内首个聚焦保险行业ESG信息披露框架和内容的行业自律性文件。冷翠华（2023）指出，该指南的发布将使得ESG披露信息可比性不强等问题有望解决。陈露（2023）认为，该指南的出台有助于引导保险行业逐步规范ESG信息披露。付秋实（2023）提出，该指南为保险机构提升ESG披露质量提供了行动方案。

中国保险行业协会鼓励保险机构根据自身实际情况披露符合环境、社会和治理（ESG）议题的全面数据和描述。郝臣等（2024b）在梳理相关文献基础上，搭建了保险公司ESG研究框架，以期为该领域后续研究的深入和大样本实证检验的开展奠定理论基础；基于构建的研究框架，依托对中国人寿保险股份有限公司的案例分析，系统探究了保险公司ESG的本质和动因，回答了保险公司ESG"是什么"和"为什么"的问题。

国家金融监督管理总局上海监管局ESG课题组（2024）提出，ESG生态体系可以分为四大关键环节：ESG管理、ESG披露、ESG评价和ESG投资；企业将ESG理念融入日常管理以提升自身可持续发展能力，并根据ESG披露要求对相应的信息进行公开披露，评级机构或其他利益相关方根据披露信息对企业进行ESG评价，投资者或金融机构根据企业ESG评价情况进行风险评估和投融资活动，形成闭环的ESG一体化运作机制。

（七）保险机构新兴治理研究

保险机构新兴治理研究这一领域聚焦探索和创新保险机构治理的新模式、新方法和新路径，旨在适应快速变化的市场环境和监管要求，提升保险机构的治理效能，促进其可持续发展。

数字化时代对保险机构治理提出了新的挑战和机遇。杨农等（2022）深入调研财产险、人身险、互联网保险、保险中介、保险科技等各类从业机构，提炼保险业数字化转型内涵和框架，分析行业现状与市场格局，研判行业优秀实践案例，并结合咨询公司的良好实践和转型成熟度方法论，提出了保险行业数字化转型的逻辑框架和实施路径。

为规范银行保险机构数据处理活动，保障数据安全，促进数据合理开发利用，稳步提升金融服务数字化、智能化水平，保护个人和组织的合法权益，国家金融监督管理总局在2024年3月推出《银行保险机构数据安全管理办法（征求意见稿）》。苏洁（2024）指出该办法在明确数据安全治理架构、建立数据分类分级标准、强化数据安全管理等方面提出了要求。

（八）保险机构治理绩效研究

治理绩效不仅是治理实践的直接结果，也是衡量保险机构治理有效性的重要指标。它反映了保险机构在治理结构、流程、机制等方面的实际运行效果，以及实现治理目标的能力。通过评估治理绩效，可以客观地从结果视角来反映保险机构的治理水平，并为其持续改进和优化提供重要依据。

据《金融时报》记者孙榕（2024）的不完全统计，共有176家险企披露了2024年一季度业绩与偿付能力报告，其中包括77家人身险公司、85家财产险公司以及14家再保险公司。从整体数据来看，一季度，保险行业呈现回暖趋势。但结合利润来看，2023年下半年以来的“增收不增利”现象正持续困扰着保险机构。2024年一季度，85家财险公司共实现净利润153亿元，比去年同期减少超15亿元；其中，54家公司盈利、31家公司亏损。77家人身险公司共实现净利润599亿元，比去年同期增加42亿元；除去并未公布一季度净利润的信泰人寿，36家实现了盈利、40家亏损。综合来看，超四成保险公司净利润为负，出现了开年即亏损。提升治理水平，走出“增收不增利”怪圈，成为保险机构亟待解决的问题。

二、具体类型保险机构治理研究

我国目前针对具体类型保险机构治理的研究相对较少，主要包括保险资产管理公司治理、保险集团（控股）公司治理、相互保险组织治理和保险公司治理四方面的研究。

（一）保险资产管理公司治理研究

保险资产管理公司通常是保险公司的子公司，专注于保险资金的投资与管理。作为保险机构的重要组成部分，它们在保险资金的有效运用和管理中发挥着关键作用，旨在实现保险资金的保值增值，并促进保险业的稳健发展。

在保险资产管理公司治理研究方面，郝臣和马贵军（2023）在梳理保险资产管理公司治理法律法规文件的基础上，研究保险资产管理公司的重要性和我国保险资产管理公司治理的发展阶段，并从首席风险管理执行官等角度对我国保险资产管理公司的治理状况进行分析。

陶志鹏等（2023）立足政治性、人民性、专业性，阐述新时代保险资产管理公司服务党和国家工作大局、助力增进民生福祉、提升服务实体经济质效等三大核心要求。在此基础上，从推进多元化的投资管理能力建设和打造现代化保险资产管理公司两个方面出发，对构建新时代中国特色保险资产管理公司提出多维度建议。

近年来，随着保险行业的快速发展，保险资产管理公司作为承接运用保险资金的主体，发挥着越来越重要的作用。与此同时，在愈发复杂的外部环境中，保险资产管理公司治理、资产负债匹配管理、风险管理等领域的实践问题逐渐凸显。如何有效且高效地解决这些问题，提升全面风险管理能力，夯实高质量发展的基础，更好地服务实体经济发展和中国式现代化建设，成为摆在从业者面前的重要课题。周鲁飞（2023）提出，保险资产管理公司作为保险公司控股的资产管理子公司，董事会成员往往由母公司股东派员兼任，虽然这样可以缓解股东与管理者之间的信息不对称问题，但同样降低了公司董事会的独立性。该治理结构下资产管理公司业务决策天然倾向于服务股东资金，在一定程度上缺乏面向市场的战略布局和竞争意愿。

（二）保险集团（控股）公司治理研究

保险企业的组织形式从最开始的相互制，发展到股份制，乃至最近出现的保险集团化经营，是符合制度经济学中制度变迁理论的（江生忠和邵全权，2006）。保险集团（控股）公司是保险公司的母公司，它扮演着统领和管理的角色，负责整合和协调旗下保险机构甚至非保险机构的业务和资源，以实现协同发展，提升整体竞争力，并在保险市场中占据重要地位。

在保险集团（控股）公司治理规范研究方面，董迎秋和王虹珊（2020）关注保险集团化背景下的风险管理问题。关伟和沈飞国（2021）在了解保险集团（控股）公司治理现状的基础上，指出保险集团（控股）公司治理当前存在的五个问题，并从监管层面和保险集团层面提出政策建议。王诺方和吴迪（2022）针对保险集团（控股）公司治理中关联交易的公允性判断问题，提出合适、完善的监管对策。

在保险集团（控股）公司治理实证研究方面，王艳和陈天任（2023）运用我国9家保险集团及集团下相关的30家保险子公司2015—2021年数据，进一步分析了以股权集中度和股权制衡度等度量的公司治理水平对我国保险集团内部资本市场效率的影响，研究发现我国保险集团内部资本市场虽整体有效，但样本保险集团内部资本市场的无效配置行为依然不同程度地存在。

（三）相互保险组织治理研究

相互保险公司在国际保险市场上占据重要地位，我国保险业是否要引入相互制保险不能仅根据这一国际保险的现状来决策，还要考虑我国当前的保险业现实问题和保险业的外部环境。我国现阶段多种经济制度并存且地区经济发展不平衡，风险状况不同，对保险保障的需求各不相同，有建立相互保险制度的必要（江生忠和王成辉，2006）。钱思雯和时雪峰（2023）认为，相互保险与共享金融理念的结合，有利于突破现有商业模式的局限性、运用金融创新保护民众免受系统性风险冲击、实现多层次保险市场体系。

在相互保险组织治理研究方面，梁涛等（2017）在《相互保险组织运作及风险管理研究》一书中，按照专题和国别对相互保险组织进行了研究。

牛雪舫（2018）关注到，作为新鲜事物的相互保险公司，内部治理存在诸多问题，提出促进相互保险组织治理改革创新的四点建议，以助力相互保险组织的健康发展。

缪若冰（2020）在《相互保险组织的法律分析及其应用》一书中，研究了保险监管与相互保险组织本质特征相互性之间的互动过程及其法律影响，认为保险监管的介入促使相互保险组织内部的互助行为转变为具有法律内涵的保险法律关系，相互保险组织的法律定位发生了变化，与其他互助合作类组织有了法律上的区别，加深了理论与实践层面对相互保险组织的理解、分析与应用。罗利勇等（2020）在《我国相互保险组织治理研究》一书，基于中国相互保险组织相关的理论基础，借鉴国外的治理经验，分析了我国相互保险组织治理的本质特征与治理框架体系。

李嘉雯（2023）通过梳理、比较中日两国的相互保险制度，找出我国制度中存在的问题，学习和借鉴日本先进的发展经验，对我国相互保险组织法律制度进一步完善提供了创新思路和实践路径。

（四）保险公司治理研究

保险公司是我国保险机构中的核心组成部分，也是最为重要的一类机构。它们在保险市场中扮演着至关重要的角色，通过提供各类保险产品和服务，为社会公众提供风险保障和经济补偿，有效促进了社会经济的稳定发展。在具体类型保险机构治理研究当中，我国目前在保险公司治理方面的研究相对较多，涉及保险公司治理基础研究、保险公司治理实证研究、保险公司治理特殊性研究、保险公司治理发展研究、保险公司治理要素研究、保险公司治理原则研究等。

1. 保险公司治理基础研究

郝臣等（2018）梳理了2008—2017年的240篇保险公司治理文献并对其展开了相关分析，同时对未来研究方向提出了展望。

中国保险学会（2023）的《相互保险公司治理的理论与实践》一书，专门聚焦保险公司治理专题内容，对保险公司治理理论与实践领域的热点问题展开系统性研究。

2. 保险公司治理特殊性研究

保险公司作为企业，与一般企业具有许多共同的特征；但是由于保险经济保障活动的特殊性，保险公司又具有与一般企业所不同的特征。正确认识保险公司经营的特殊性和保险的特征，有利于保险公司的科学经营，有利于保险业的健康发展，有利于保险业的有效监管。保险公司的特殊性主要是经营者的特殊性、经营性质的特殊性、交易过程的特殊性、生产能力和偿付能力的特殊性、财务管理的特殊性、经营风险与市场退出、属于有限竞争的行业等（江生忠和邵全权，2006）。

保险公司经营特殊性从根本上决定了保险公司治理的特殊性。张扬等（2012）基于对三家A股上市保险公司的案例分析，将治理理论与保险行业特殊性进行有机结合，深入分析了保险公司各个治理要素的特殊性并建立了相应的分析框架。

董迎秋等（2018）基于保险业公司治理框架视角深入研究了保险公司治理风险。

罗利勇等（2020）以财产险公司为研究对象，研究了我国财产险公司治理的本质特征和特殊矛盾，分析评价了我国财产险公司绩效情况并提出了完善我国财产险公司治理的对策建议。

锁凌燕（2024）指出，因其定位，专业养老保险公司自有其特殊性。一是社会影响大。专业养老保险公司在多层次、多支柱养老保险体系中参与度深、渗透面广，特别是其与一般综合性人身险公司不同，会在第一、第二支柱建设中发挥重要作用，一旦出现负面事件，不仅影响企业个体形象，还会引发社会对行业的负面评价。二是经营周期长。养老金融产品涉及个人全生命周期的资产配置安排，从积累期到领取期时间跨度长，风险管理重点各有侧重，管理复杂程度更高。三是尾部风险高。伴随医疗技术进步和社会经济发展，人们的预期寿命逐渐延长，长寿概率也逐渐增加，如何用积累期内形成的相对有限的资金积累，满足可能不断延长的领取期的养老需求，是专营养老保障的机构面临的不可回避的挑战。专业养老保险公司的经营特殊性决定了其治理特殊性。例如，国家金融监督管理总局于2023年11月印发《养老保险公司监督管理暂行办法》，该办法关于养老保险公司董事会建立独立董事制度要求更加严格，并明确要求存在出资额或持股比例超过50%的非保险集团（控股）公司或保险公司控股股东的，独立董事占董事会成员的比例应当达到二分之一。

3.保险公司治理发展研究

关于我国保险公司治理发展阶段，郝臣（2017）梳理了我国保险公司治理在1979—2017年的探索历程，分析了我国保险公司治理的三要素，为提升我国保险公司治理有效性提出了五点优化建议。董迎秋和王瑞涵（2018）系统研究了保险公司治理实践发展，对我国保险公司治理的发展历程作出阶段性划分，并尝试总结出各阶段的发展路径和发展经验。

郝臣等（2019）完成的《中国保险公司治理发展报告2018》、郝臣等

（2020）完成的《中国保险公司治理发展报告2019》对中国保险公司治理展开了深入研究，不仅关注保险公司治理的基础理论和环境背景，还深入探讨了治理内容、具体案例、评价体系以及未来展望，这六个方面共同构成一个系统且动态的保险公司治理框架，反映了我国保险业行业治理发展状况。《中国保险公司治理发展报告2018》是我国保险领域首部公司治理专题年度发展报告。

李向红（2023）通过对国资委、中国银保监会等系列文件的解读和分析，并充分结合国有保险机构的发展实际，阐述了国有保险机构公司治理的意义和面临的形势，并以国有保险机构公司治理问题为导向，深入探讨了解决国有保险机构公司治理问题的有效路径。

郝臣等（2023）整理了我国1979年保险业复业至2022年末总计44年期间各类主体出台的1000部保险治理法律法规文件，并基于整理的文件进行了总体分析和具体分析。首先，文章梳理了我国保险治理法律法规的发展脉络，划分我国保险治理的发展阶段，并从发布主体、修改次数和有效性等方面进行了统计分析；其次，在具体分析中，文章根据治理内容不同，将保险治理法律法规文件细分至多个层级；最后，文章提出了中国式保险治理现代化进程的六点结论和四点展望。

郑伟等（2023）撰写的《中国保险业发展报告2023》作为"中国保险业发展报告"系列的第十二本年度报告，重点讨论分析2022年中国保险业发展的现状、问题和未来展望。其中，第六章为"保险业公司治理"，为该系列报告首次设立的专题，该章对我国保险业公司治理发展现状与问题进行了讨论与分析。

4. 保险公司治理要素研究

太平金融稽核服务（深圳）有限公司（2018）在《金融保险集团内部审计创新与实践》一书中，系统介绍了中国太平保险集团稽核中心成立十年来的一些做法和体会，为金融保险集团公司内部审计发展提供了有益的借鉴，进一步提高辨识能力，提升审计效果，提高审计效能。

中国人民财产保险股份有限公司（2019）在《保险公司数据治理理论与实践》一书中，总结了过去十几年公司数据治理体系的研究和实践成果，介绍了主要的专业理论和适应公司自身特色的业务与管理知识。

董迎秋和王瑞涵（2020）专门研究了作为保险公司治理核心的董事会治理问题，并提出构建战略型董事会是保险业公司治理建设的重要方向。董事会是保险公司治理“三会一层”的重要部分，在保险公司治理实践中，出现了以大股东为中心的保险公司治理模式，董事会职能被虚化。李玉泉和王德明（2024b）介绍了保险公司董事会的职权和董事任职资格，强调以董事会为中心的保险公司治理模式符合《中华人民共和国公司法》《中华人民共和国保险法》和监管规定要求，以及保险公司经营特点，提出要进一步完善董事会运作机制、明确董事会在保险公司治理中的中心地位、加强董事长及总经理任职资格中保险从业经历要求、规范董事长的职权及行使方式等建议。

庄朋涛和何青（2023）从信息披露质量视角探索了董事高管责任保险的治理作用，不仅为我国规范公司治理和信息披露提供了新思路，也为政府推广此险种提供了经验支持。琚超（2023）从外部监督效应上探究董责险对公司治理效应的路径，并提出保险公司完善董责险的条款设计，推进信息披露制度的建设，以更好地发挥董责险的外部治理作用。黄静（2023）通过建立实证模型，对盈余管理和投资效率二者的关系进行了研究，同时研究以购买董事高管责任保险为公司外部治理机制时盈余管理和投资效率相互关系。研究发现，公司管理者的盈余管理行为与非效率投资表现为正相关，当公司购买董事高管责任保险后，公司管理者的盈余管理行为与非效率投资正相关关系减弱。

徐茜（2023）以中国人寿保险公司为例，针对如何应对上市公司财务治理结构存在的问题，提出了完善法律法规体系；实行长效激励，完善竞争性市场等建议。

5. 保险公司治理原则研究

保险公司治理原则是保险公司治理改进的重要外部动力，郝臣等

（2021d）关注治理理论和治理应用研究的交叉点，界定了保险公司治理原则的内涵，并分别从三个层面梳理了目前国内外主要的保险公司治理原则。

6.保险公司治理有效性研究

郝臣等（2016a）基于构建的中国保险公司治理指数，实证检验了中国保险公司治理对公司偿付能力的影响，打开了保险公司治理如何影响偿付能力的“黑箱”。

郝臣（2021）在阐述保险公司治理领域研究现状、研究问题以及研究设计的基础上，实证研究了投资效率对偿付能力的影响、公司治理对投资效率的影响以及公司治理对偿付能力的影响等内容。

保险公司治理状况会直接影响保险公司的战略选择，徐徐和郭腾龙（2023）认为多元化经营对保险公司是一把“双刃剑”，其效应主要体现在经营绩效和风险承担两个维度。

三、保险机构治理研究总结

（一）保险机构治理宏观研究总结

保险机构治理在推动保险机构科学、持续、健康发展中扮演着日益重要的角色。在保险机构治理宏观研究方面，相较银行、证券等金融子行业，保险机构治理的研究成果仍显不足。现有研究多集中于治理体系的构建与优化，已有相关学者通过整理我国保险业治理法律法规文件，全面反映了保险治理的发展脉络和现状。同时，中小型保险机构的治理状况受到关注，基于公开信息的治理评价指标体系被提出并应用于实证分析中。同时监督机制与董事会治理也是研究的重点，随着《中华人民共和国公司法》的修订对监督机构设置的调整，保险公司治理结构面临新的挑战与机遇。董事会作为治理核心，其职能的明确与强化对提升保险公司治理水平至关重要。

风险管理是保险机构治理的重要组成部分。在保险机构风险管理研究方面，国际保险理论研究显示，风险管理和保险经济学已成为研究热点。在国内，强调防控风险是金融工作的永恒主题，关键风险指标作为防控风险的基础工具，其重要性日益凸显。保险机构在合规与风控体系建设方面虽取得了一定进展，但在高风险机构处置中，关联方认定等复杂问题仍需进一步解决。

随着保险市场竞争的加剧，内部审计在保险机构中的作用愈发重要。在保险机构内部审计研究方面，中国保险行业协会编写的相关书籍，系统总结了内部审计的经验与教训，为提升审计质量和效率提供了指导。在数字化背景下，内部审计模式不断创新，“三位一体”审计模式逐渐成为主流，数字化审计模型技术的应用进一步提高了审计效能。

外部监管是保障保险市场健康发展的重要手段。保险机构外部监管研究方面，监管部门近年来加大对保险机构的处罚力度，编制虚假材料、虚列费用等行业顽疾受到持续关注。行政处罚被证明能够有效抑制保险公司风险，促进稳健经营。同时，系统重要性保险机构的识别和监管机制不断完善，为防范系统性金融风险提供了有力保障。

随着公司制度的发展，保险公司治理逐渐从股东利益最大化向平衡各方利益相关者利益转变。保险机构利益相关者治理研究中，学者认为保险公司要以保护被保险人利益为中心，股东需承担更多义务，确保公司经营的社会性与公共性。个人信息保护成为新焦点，保险机构需履行信息安全保障义务，防止信息泄露与滥用。此外，建立保险经营规范性识别机制，对保护消费者权益、促进行业高质量发展具有重要意义。

ESG理念在全球范围内得到广泛认可，保险机构开始重视ESG信息披露与管理。在保险机构ESG研究方面，中国保险行业协会发布的《保险机构环境、社会和治理信息披露指南》(2023)，为提升ESG披露质量提供了行动方案。学者们探究了保险机构ESG的本质与动因，ESG管理、披露、评价与投资的闭环运作机制，有助于推动保险机构实现可持续发展。

数字化时代为保险机构治理带来了新的挑战与机遇。在保险机构新兴治理研究方面，学者们认为数字化转型成为保险机构提升竞争力的关键，数据安全管理成为新兴治理重点；相关法规的出台，为规范数据处理活动、保障数据安全提供了法律依据。

治理绩效是衡量保险机构治理有效性的重要指标。在保险机构治理绩效研究方面，尽管保险行业整体呈现回暖趋势，但“增收不增利”现象仍困扰着部分保险机构。提升治理水平，优化资源配置，成为保险机构走出困境的关键。

（二）具体类型保险机构治理研究总结

保险资产管理公司在保险资金运用中扮演重要角色。在保险资产管理公司治理研究方面，其治理问题涉及法律法规遵循、风险管理能力提升等方面。董事会独立性与业务决策的市场导向性成为研究重点，如何优化治理结构、提高全面风险管理能力，是保险资产管理公司面临的重要课题。

保险集团化经营虽符合制度变迁理论，但其治理问题更为复杂。在保险集团（控股）公司治理研究方面，股权集中度、股权制衡度等因素影响内部资本市场效率，关联交易公允性判断成为监管重点。优化治理结构、加强风险管理，对提升保险集团整体竞争力具有重要意义。

相互保险组织在国际市场上占有重要地位，我国引入相互制保险需考虑现实环境与外部条件。在相互保险组织治理研究方面，治理改革创新、法律制度完善成为研究重点，借鉴国际先进经验，有助于推动我国相互保险组织健康发展。

保险公司治理研究相对较多，涉及基础理论、实证研究、特殊性分析等多个方面。在保险公司治理研究方面，保险公司经营的特殊性决定了其治理的特殊性，董事会治理、信息披露质量、治理原则与有效性等成为研究热点。优化治理结构、提高治理水平，对促进保险公司稳健发展具有重要意义。

（三）保险机构治理研究展望

综上所述，保险机构治理研究涉及多个方面，宏观研究与具体类型研究相辅相成，共同推动保险机构治理水平的提升。未来研究应继续关注治理体系的优化、风险管理的创新、内部审计与监管的完善以及新兴治理领域的探索，为保险行业的可持续发展提供有力支持。

第二节 保险机构治理评价研究梳理

公司治理质量是公司高质量发展的重要方面，公司治理评价是以指数的形式对公司治理质量作出的客观反映。保险机构治理评价是公司治理评价领域的重要分支，本节从保险机构治理评价重要性与特殊性、理论基础、体系构建与优化和评价指数分析四个方面进行相关文献的综述。

一、保险机构治理评价重要性与特殊性研究

（一）保险机构治理评价重要性研究

李维安等（2019）指出，治理评价不仅为建立健全公司治理结构，优化公司治理机制提供科学参考，同时也为公司治理理论的科学性提供了检验标准。

郝臣（2022a）将保险公司治理学的研究对象即治理制度安排划分为保险公司具体的治理制度、保险公司治理结构制度安排、保险公司治理机制制度安排、保险公司治理质量评价与治理风险管控制度安排四个层次，明确了保险公司治理质量评价与风险管控制度安排作为保险公司治理学重要研究对象的定位。

李云泽（2024）认为，监管部门应引导金融机构牢固树立正确经营观、业绩观和风险观，强化公司治理、转换经营机制、完善管理流程，加快建设中国特色现代金融企业制度。

郝臣（2024）指出，为了科学量化反映我国保险机构治理质量、识别不同业务类型机构治理的差异、及时防范化解系统性金融风险，开发一套考虑保险机构治理特殊性、适用于我国保险机构的治理评价系统至关重要。但目前大多关于保险机构治理评价的研究仍以评价模型、评价标准等理论

性或基础性内容为主，缺乏成熟的治理评价系统。

（二）保险机构治理评价特殊性研究

南开大学中国公司治理研究院公司治理评价课题组（2003）开发的中国上市公司治理指数自发布以来，截至2024年先后累计对52037家次样本公司展开了治理评价，在国内外产生了广泛影响，被誉为中国上市公司治理状况的“晴雨表”。需要说明的是，保险机构治理的特殊性不仅决定了不能直接“套用”已有的一般公司的治理评价体系，我国治理环境也决定了治理评价体系需要考虑更多具有本土特征的因素。

金融机构的治理评价区别于一般公司。李维安和郝臣（2009）研究发现，金融机构在治理主体、治理结构、治理机制、治理目标、治理风险和治理评价六个方面存在特殊性。因此，金融机构治理评价不能直接采用或“拷贝”已有的一般公司治理评价系统，应在考虑其治理特殊性的基础上，设计出金融机构治理评价系统。

郝臣等（2011）指出，保险机构作为金融机构的重要组成部分，其治理评价的指标设计、标准建立、量化方法等也应考虑治理特殊性。

张扬等（2012）认为，在保险公司治理研究中尚未开展治理评价研究的可能原因，是其治理目标较一般公司更为复杂，对其进行治理评价难度较大。

孙蓉等（2023）基于保险行为的特殊性，构建了保险机构经营规范性评价指数，但主要关注了保险机构治理的一个具体方面。

二、保险机构治理评价理论基础研究

（一）保险机构治理评价模型研究

学者围绕保险机构治理评价展开了系列研究。例如，王超和黄英君（2023）将国外有关系统重要性保险机构的评定范式引入国内保险部门的分析中，并加以适当调整，然后利用层次分析法建立我国系统重要性保险机构评价指标体系及其递阶层次结构，进而运用优劣解距离法（TOPSIS）配置了当前我国主要保险机构的系统重要性，并根据评价结果有针对性地提出了相应的监管建议。评价指标体系是评价系统的核心，而评价模型是评价指标体系设计的基础。

需要说明的是，围绕保险机构治理评价模型的研究相对较少，郝臣（2018）尝试构建了保险法人机构治理评价的三维立体模型，将保险法人机构治理评价从一维拓展到三维，即治理对象、治理内容和治理层次。

（二）保险机构治理评价标准研究

在评价模型基础上，需要根据法律法规要求和文献研究成果设计具体的评价指标。李维安和程新生（2005）指出，公司治理评价就是对公司治理结构与治理机制的状况进行的评价，具体来说就是根据公司治理的环境，设置公司治理评价指标体系与评价标准，并采用科学的方法对公司治理状况做出的客观、准确的评价。

郝臣等（2018）对保险领域五大专业期刊2008—2017年的文献目录和摘要进行逐篇确认，同时在科学直通车（*Science Direct*）、期刊存储（JSTOR）等外文数据库通过题名、摘要、关键词等对非保险领域期刊做进一步检索，筛选出2008—2017年发表的240篇属于保险公司治理领域的文献并展开分析。经过文献检验且具有一定稳健性的实证结论，也是保险机构治理评价标准的重要来源之一。

基于对法律法规和研究文献的梳理，郝臣（2018）构建了我国保险公司治理体系框架，从公司治理评价问题的提出、国内外主要公司治理评价系统、我国保险法人机构治理评价实践、保险法人机构治理的多维评价、优化保险法人机构治理评价的建议等方面展开研究，设计出我国保险公司治理的一百条标准。

郝臣等（2023）从北大法宝、监管机构官网等途径，手工检索和整理了我国保险业自1979年复业以来治理方面的法律法规文件，具体整理内容包括文件发布主体、编号、有效性情况、修订情况、内容分类等，并基于整理出的信息展开统计分析研究，包括保险治理内涵的界定、我国保险治理法律法规文件总体分析、我国保险业治理法律法规文件具体分析、我国保险机构治理法律法规文件具体分析、我国保险公司治理法律法规文件具体分析等，以期全面反映我国保险治理的发展脉络和现状。这些法律法规文件是我国保险公司治理评价标准的重要来源，与来自学术文献的标准不同，这类标准具有强制性。

（三）保险机构治理评价方法研究

评价方法是评价系统指数生成的关键，准确地量化保险机构治理质量需要科学的评价方法作为支撑。

Paul Gompers等（2003）构建的“G”指数被认为在公司治理评价研究领域具有里程碑式意义，G指数越高表示股东权利越小。Martijn Cremers和Vinay Nair（2005）、John Core等（2006）、Lucian Bebchuk等（2009）也先后使用了上述公司治理指数展开研究。

南开大学中国公司治理研究院公司治理评价课题组（2003）开发的中国上市公司治理指数自发布以来，截至2024年先后累计对52037家次样本公司展开了治理评价，在国内外产生了广泛影响，被誉为中国上市公司治理状况的“晴雨表”。

李维安等（2012）利用我国46家股份制保险公司的调研数据，从保护以保单持有人为代表的利益相关者的视角，利用偿付能力这一基础性指标作为证据，在采用十项代表性指标基于哑变量求和法对我国保险公司治理合规性进行评价的基础上，利用加权最小二乘法检验我国保险公司治理合规性建设程度，以及各种治理机制在实践中的有效程度。

郝臣和刘琦（2020）构建了一套针对我国保险机构的治理评价指标体系，并基于手工整理的公开数据，采用哑变量量化方法，利用该评价指标体系对我国2016—2019年中小型保险机构的治理状况进行了全面评价，并重点关注小型保险机构的治理质量。

孙蓉等（2023）基于保险纠纷判例大数据，尝试构建了保险机构经营规范性及其评价指数；评价过程中，将保险公司经营评价指标体系分为速度规模、效益质量和社会贡献三大类，具体指标根据产险公司和寿险公司的不同而有所差异，如产险公司法人机构评价指标包括保费增长率、自留保费增长率、综合成本率等，寿险公司则可能包括新业务价值率、退保率等指标；根据保险公司的经营状况，将其分为A、B、C、D四类，其中A类公司在速度规模、效益质量和社会贡献等各方面均表现良好，B类公司经营正常，C类公司在某方面存在问题，D类公司存在严重问题。

三、保险机构治理评价体系构建与优化研究

（一）保险机构治理具体维度评价研究

1.基于治理内容维度的保险机构治理评价研究

公司治理内容维度包括股东与股权结构、董事与董事会、监事与监事会、高级管理人员、信息披露和利益相关者等。

郝臣等（2015b）基于2010年度公开披露的68家保险公司社会责任年度报告，从披露格式和披露内容两个方面对我国保险行业公司社会责任履行情况进行分析。

郝臣等（2017a）将强制性信息披露与自愿性信息披露纳入信息披露评价指标体系，构建了全面的保险公司信息披露评价指标体系，评价了我国目前保险公司信息披露的实际情况，并利用保险公司偿付能力溢额来衡量保险公司信息披露对投保人利益保护的效果，首次实证研究了保险公司信息披露对投保人利益保护的效果。

郝臣等（2022a）利用中国上市公司治理指数对我国上市金融机构治理状况进行了总体分析、比较分析和具体维度分析，但评价对象仅限于上市保险机构。

2.基于治理层次维度的保险机构治理评价研究

治理层次维度包括治理合规性和治理有效性。李维安等（2012）利用

我国46家股份制保险公司的调研数据，从保护以保单持有人为代表的利益相关者的视角，检验我国保险公司治理合规性建设程度和各种治理机制在实践中的有效程度，在治理层次维度对保险机构的治理评价提供了有力的理论和实证支持，有助于揭示治理合规性和治理机制有效性在保险机构治理中的关键作用。

郝臣等（2016b）利用中国上市公司治理指数对2008—2015年中国金融机构公司治理水平进行评价，并实证检验上市金融机构公司治理的有效性。研究发现，上市金融机构的公司治理质量稳步提高且具有一定的有效性，其对财务绩效的提升和风险承担的控制具有显著作用，但只有董事会治理维度指数显著地发挥作用，其余治理分指数没有对财务绩效的提升和风险承担的控制发挥显著作用。

郝臣等（2017b）以中国保险公司为样本，在构建保险公司治理评价指标体系的基础上，从治理总指数、治理合规不同层次和治理合规不同内容三个方面，实证检验了中国保险公司治理对盈利能力的影响。研究发现，保险公司治理与中国保险业盈利能力之间没有显著关系，这表明中国保险公司治理有效性有待提高，提高保险公司治理有效性是中国保险公司治理未来改革的方向。

（二）保险机构治理评价指标体系研究

1. 基于非公开信息的保险机构治理评价指标体系研究

保险机构治理具体维度评价研究仅关注治理的某一个或多个方面，缺乏系统性，因此需要构建保险机构治理的评价指标体系。

严若森（2010）构建了由信息披露机制、公司社会责任以及利益相关者治理在内的八个一级指标和相关的二级、三级指标组成的保险公司治理评价指标体系，但没有基于相关数据开展具体的治理评价研究。

郝臣（2015）在著作《中国保险公司治理研究》中梳理了我国保险公司治理的沿革和现状，构建了保险公司治理研究逻辑脉络和框架，研究了保险公司治理实践领域的前沿问题，设计了分类型的保险公司治理评价指标体系，构建了基于问卷调查数据（非公开信息）的保险公司治理评价指标体系，并基于该指标体系对我国保险公司治理状况进行了系统评价并开展评价研究。

2. 基于公开信息的保险机构治理评价指标体系研究

基于非公开信息的保险机构治理评价指标体系难以被其他主体直接应用，这就需要构建基于公开信息的保险机构治理评价指标体系，以促进行业的透明度和评估的客观性。

郝臣和刘琦（2020）、郝臣（2022b）构建了一套针对我国保险机构的由六大内容维度、总计60个指标组成的保险机构治理评价指标体系，在设计保险机构规模类型分类标准的基础上，基于手工整理的公开数据，利用该评价指标体系对我国2016—2019年中小型保险机构的治理状况进行了全面评价，并重点关注小型保险机构的治理质量，该研究运用基于公开信息的保险机构治理评价指标，不仅拓展了评价指标的维度，也加深了对保险机构治理状况的研究理解，为保险行业的发展和监管提供了有力支持。

（三）具体类型保险机构治理评价研究

1. 国有控股保险机构治理评价研究

国有控股保险机构相较一般保险机构，不仅受政府的影响大，治理也存在特殊性。李维安等（2012）利用中国46家股份制保险公司的数据，从保护利益相关者尤其是保单持有人的角度出发，采用加权最小二乘法检验了保险公司治理合规性和治理机制的有效性。研究发现，较高的保险公司治理合规性有利于保护利益相关者，且国有控股股东性质具有正向调节作用。

李维安等（2018）在充分把握我国公司治理系统行政型治理和经济型治理并存特征的基础上，搭建了一个我国国有控股金融机构的二元治理结构分析框架，同时围绕公司治理风险这一核心概念，构建了囊括超级股东、股东行为、股东相对谈判力、董事会权力配置等重要概念的逻辑体系。在此基础上，对我国国有控股金融机构的股东治理、董事会治理、外部治理、治理风险等方面进行了探索性研究，同时围绕银行、证券公司和保险公司三类具体国有控股金融机构的治理质量进行了评价体系设计和评价研究。

2. 上市保险机构治理评价研究

上市保险机构作为上市公司的重要组成部分，面临着更高的治理要求。郝臣等（2015a）将中国上市公司治理指数作为反映上市金融机构治理状况的指标，发现上市金融机构治理水平与风险承担呈现负相关关系，公司治理分指数股东治理指数和监事会治理指数，与上市金融机构的风险承担也呈现负相关关系，验证了金融危机公司治理层面的制度动因假说。

郝臣等（2016b）利用中国上市公司治理指数对2008—2015年中国金融机构公司治理水平进行评价，发现上市金融机构的公司治理质量稳步提高，并实证检验了上市金融机构公司治理具有一定的有效性，其对财务绩效的提升和风险承担的控制具有显著作用。

郝臣等（2022a）利用中国上市公司治理指数对我国上市金融机构治理状况进行了总体、比较和具体维度分析。

3. 中小型保险机构治理评价研究

中小型保险机构作为我国保险市场上的重要微观主体，其治理状况对整个保险行业的健康发展具有重要意义。但我国中小型保险机构对治理的重视程度和对治理的建设投入远远不足，其治理的现状、问题、改进等需要重点研究。

郝臣和刘琦（2020）构建了一套针对我国保险机构的由六大内容维度、总计60个指标组成的保险机构治理评价指标体系，利用该评价指标体系对我国2016—2019年中小型保险机构的治理状况进行了全面评价，并重点关注了小型保险机构的治理质量；同时也基于公司治理指数分析了中小型保险机构的总体状况。

郝臣（2022b）在郝臣和刘琦（2020）研究的基础上，进一步优化基于公开信息所构建的保险机构治理评价指标体系，在治理现状分析的基础上，利用设计的治理评价指标体系重点对中小型保险机构治理状况进行了全面评价与分析。

4.保险资产管理公司治理评价研究

目前关于保险资产管理公司的治理评价研究较少。郝臣和马贵军（2023）在梳理保险资产管理公司治理法律法规文件的基础上，从股权结构安排、董事会规模、独立董事制度、董事会专门委员会[①]、首席风险管理执行官、董事长与总经理两职设置、监事会结构、信息披露、关联交易等角度对我国保险资产管理公司的治理状况进行了评价。该文是我国保险资产管理公司治理领域首选系统的学术文献，但没有从严格意义上的评价指数的角度展开分析。

刘雨歆（2023）关注保险资产管理公司治理的社会责任维度，基于2021年各保险资产管理公司年度信息披露报告、中国保险资产管理业协会官网等来源获得的数据，使用对抗解释结构模型方法，评价七家保险资产管理公司社会责任水平，将保险资产管理公司社会责任排序和资管规模排序进行对比。

四、保险机构治理评价指数分析研究

（一）基于监管部门治理评价结果的分析研究

完善保险机构公司治理是金融改革的重中之重，同时我国监管机构也非常重视保险机构治理监管（郝臣，2023）。

郝臣和李艺华（2019）基于我国保险监管部门发布的三次保险法人机构公司治理评价结果，通过进行保险法人机构公司治理的总体分析和分内容维度分析，针对不同资本性质、业务类型和组织形式的分类比较分析，以及不同年度的趋势比较分析，发现我国保险法人机构公司治理在发展过

① 董事会专门委员会也称董事会专业委员会。

程中存在治理标杆机构少、不同类型保险法人机构之间治理发展不平衡，以及治理质量总体下滑等问题。

（二）基于保险公司治理评价结果的分析研究

郝臣（2015）基于问卷调查数据，利用构建的基于非公开信息的保险公司治理评价指标体系对我国保险公司治理状况进行了系统评价，从我国保险业发展历程、我国保险公司治理沿革、我国保险公司治理现状、保险公司治理合规性与有效性实证研究、保险公司治理评价设计研究等方面展开分析，提出我国保险公司治理的十大研究结论和十大对策建议。

郝臣（2016）从公司治理整体的视角，利用保险公司治理指数实证研究了保险公司治理对效率绩效、竞争力绩效和财务绩效的影响，研究发现我国保险公司治理的合规性虽较高，但有效性总体偏低。

我国保险业正逐步从高速发展转向高质量发展新阶段，保险机构质量备受关注。回答我国保险机构治理质量总体如何、我国保险机构治理发展还有哪些问题、我国保险机构是否存在明显的短板这些问题则需要借助公司治理评价这一工具和手段。公司治理评价就是对公司治理结构与治理机制的状况进行的评价，具体来说就是根据公司治理的环境，设置公司治理评价指标体系与评价标准，并采用科学的方法对公司治理状况作出的客观、准确的评价（李维安和程新生，2005）。

（三）基于上市公司治理评价结果的分析研究

郝臣等（2015a）以中国上市公司治理指数作为反映上市金融机构治理状况的指标，利用面板回归方法，分析了2007—2011年我国上市金融机构公司治理状况对其风险承担的影响，发现上市金融机构治理水平与风险承担呈现负相关关系，公司治理分指数股东治理指数和监事会治理指数与上市金融机构的风险承担也呈现负相关关系，验证了金融危机公司治理层面的制度动因假说。

郝臣等（2016b）利用中国上市公司治理指数对2008—2015年中国金

融机构公司治理水平进行评价，并实证检验上市金融机构公司治理的有效性，发现上市金融机构的公司治理质量稳步提高，且治理具有一定的有效性，其对财务绩效的提升和风险承担的控制具有显著作用。

郝臣等（2022a）利用中国上市公司治理指数对我国上市金融机构治理状况进行了总体、比较和具体维度分析。

郝臣（2023b）借鉴中国上市公司治理指数的经验，针对中国保险机构的治理状况进行了深入研究，构建了一个包含六大治理维度和70个指标的评估体系，利用2016—2022年的数据生成了中国保险机构治理指数（CIIGI）及其分指数，全面分析和评价了保险机构的治理状况。

李维安等（2024）基于中国上市公司治理指数对我国上市金融机构的治理质量展开总体分析和比较分析，并基于研究结论提出四点提高我国上市金融机构治理水平的对策建议。其中，总体分析包括总指数分析和各维度分析，比较分析包括分股东比较分析、分地区比较分析、分行业比较分析以及分年度比较分析。

（四）基于保险机构治理评价结果的分析研究

郝臣和刘琦（2020）构建了一套针对我国保险机构的由六大内容维度、总计60个指标组成的保险机构治理评价指标体系，分析了中小型和小型保险机构治理指数的分布与等级，从监管和机构两个层面提出提高保险机构治理能力的建议。

郝臣（2022b）运用2016—2019年的数据对治理评价体系有效性进行了详实的实证研究，梳理我国中小型保险公司发展问题，并从股东与股权结构、董事与董事会、监事与监事会、高级管理人员、信息披露、利益相关者角度对我国中小型保险公司治理状况进行较为全面的分析，创新发展了我国关于保险机构公司治理的相关研究，对我国中小型保险机构的监管与改革具有借鉴意义。

郝臣等（2024a）基于2016—2023年中国保险机构治理指数（CIIGI）对我国保险机构治理质量展开总指数、分指数和分类指数的全面分析，并有针对性提出五点提升我国保险机构治理质量的对策建议。

五、保险机构治理评价研究总结

美国管理学会（Academy of Management，AOM）会长杰克逊·马丁德尔（Jackson Martindell）在其1950年出版的著作《管理的科学评价》（*The Scientific Appraisal of Management*）中系统阐述了组织管理能力的评价问题，并明确提出包括对董事会和经理人业绩评价在内的10项评价标准，这是公司治理评价的萌芽。但直到20世纪90年代末，公司治理评价研究才真正引起学术界和实务界的广泛关注（李维安等，2011）。2000年前后，公司治理评价领域产出了众多公司治理评价成果，并开始关注特定类型公司和具体行业公司。

保险机构治理评价作为衡量公司治理质量的重要工具，近年来受到了广泛关注。本研究从保险机构治理评价重要性与特殊性、理论基础、评价体系构建与优化，以及治理评价指数分析四个方面，对现有研究进行系统梳理和总结。关于保险机构治理评价研究可以得出如下结论：

第一，在保险机构治理评价重要性与特殊性方面，学者们既认识到了保险机构治理评价的重要性，又开始关注其特殊性。公司治理质量是公司高质量发展的重要保障，而治理评价则是对公司治理质量的客观反映。对保险机构而言，治理评价不仅有助于建立健全治理结构、优化治理机制，还为治理理论提供了检验标准。然而，由于金融机构在治理主体、结构、机制等方面的特殊性，其治理评价不能直接套用一般公司治理评价系统，需考虑更多本土特征因素。

第二，在保险机构治理评价理论基础方面，学者们对作为评价系统灵魂的评价模型、评价系统基础的评价标准和评价系统手段的评价方法都展开了一定的研究。在治理评价模型上，现有研究尝试将国外保险机构治理评价范式引入国内，并结合层次分析法等建立中国保险机构治理评价指标体系及模型。在治理评价标准上，现有研究梳理大量法律法规和文献，以期全面反映我国保险治理的发展脉络和现状。在治理评价方法上，国内外学者提出多种指数，如“G”指数，并尝试将其应用于保险机构治理评价中。

第三，在保险机构治理评价体系构建与优化方面，学者们认为评价指标是评价系统的核心。在保险机构治理具体维度评价上，研究涵盖股东与股权结构、董事与董事会、监事与监事会等多个内容维度，以及合规性和有效性等治理层次维度。同时，研究者还构建了基于非公开信息和公开信息的保险机构治理评价指标体系，以更全面地评价保险机构的治理状况。此外，针对具体类型的保险机构，如保险资产管理公司、中小型保险机构、国有控股保险机构和上市保险机构，也有相应的治理评价研究。

第四，在保险机构治理评价指数分析方面，学者们基于不同主体的评价结果展开了探索性研究。基于监管部门、保险公司、上市公司以及保险机构自身的治理评价结果，学者们进行了深入分析。研究发现，我国保险法人机构公司治理在发展过程中存在治理标杆机构少、不同类型机构之间治理发展不平衡等问题。同时，保险公司治理的合规性虽较高，但有效性总体偏低。针对这些问题，学者们提出了完善保险机构公司治理的对策建议。

综上所述，保险机构治理评价研究涉及多个方面，包括重要性与特殊性、理论基础、评价体系构建与优化以及治理评价指数分析。未来研究应进一步关注保险机构治理评价的特殊性，完善评价指标体系和方法，并加强对具体类型保险机构治理评价的研究，以推动我国保险机构治理质量的不断提高。

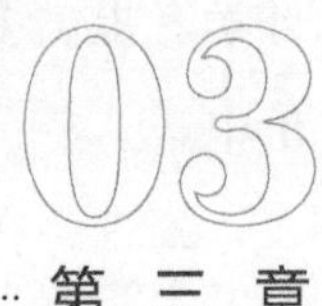

南开指数家族

第三章

南开大学拥有悠久的指数编制传统，其发布的各类指数统称为“南开指数”。早期的南开指数主要以物价指数为主，而进入新时期或新世纪后，南开指数的种类变得丰富多样。本章首先尝试基于公开信息，手工整理了各类南开指数，据不完全统计，南开指数家族成员多达463个；其次依据这些指数的基础信息数据，对南开指数具体特征进行了统计分析；最后重点分析和介绍了南开指数大家族的新成员——中国保险机构治理指数（CIIGI）。

第一节　南开指数的发展脉络

一、南开指数家族梳理说明

南开指数是一系列反映中国经济各方面变动趋势的经济性指数的总称，包括物价指数、生活费指数、外汇指数、外贸指数、证券指数等，是反映中国近现代国家经济变动、由中国学术机构最早编制的、非官方发布并得到广泛认可的中国经济指数。其内容之丰富、影响力之大、传播程度之广泛，及其由非政府组织编制的客观性，时至今日仍为国内外学术界及社会各界津津乐道，被作为南开大学最具社会影响力和美誉度的学术品牌之一（陈宗胜和朱琳，2019）。

为了深入学习并传承南开指数的精神与传统，南开大学中国保险机构治理评价课题组自2023年下半年起，开始对南开指数进行系统性的梳理工作，整个梳理工作持续近一年时间。根据课题组不完全统计，从1927年第一支南开指数发布到2024年7月31日，南开大学（包括独立单位、第一单位以及与校外单位合作）总计发布了463个南开指数。

南开指数梳理方式如下：首先，课题组进入中国知网学术期刊数据库中，打开高级检索，将检索条件限制为摘要精确包含“指数”，同时作者单位模糊包含“南开大学”进行检索，课题组成员逐一确认检索出的相关文献，确定其中是否包含南开指数相关的内容。其次，汇总结束后，课题组再次进行查漏补缺，将高级检索条件限制为摘要精确包含“评价”，作者单位同样模糊包含“南开大学”，同时排除掉摘要中精确包含“指数”即在第一步已经检索过的文献，最后对检索出的文献进行逐一确定。最后，课题组通过检索南开大学官网、南开大学公众号等社交媒体上的新闻资讯查询南开指数的相关信息，同时也要关注各大图书网站中相关的专业书籍信息，以确保相对准确、详实整理出现有南开指数，并进而对南开指数家族作出客观、准确的分析。

此外，在指数梳理过程中，为了确保准确性、严谨性，课题组还做了如下技术处理：第一，当一篇文献中涉及多个指数发布时，将多个指数拆分分别作为独立指数进行统计；第二，对于基于某一指数研发推出的分指数且具有一定的影响力，也将其统计为单独的一个指数；第三，当一个指数出现在多篇文献中重复发布时，将结合实际情况优先选择发布时间更早的文献作为指数发布的依据；第四，当进行指数编制或发布机构统计时，将同时对编制或发布机构进行统一处理，将所有机构名称更新为最新名称，并将只标注系别、所等的发布机构统一到学院层面，校级研究机构单独列示，以便后续的统计分析。

扬名海内外的“南开指数”被誉称南开大学“三宝”①，清楚表明“南开指数”在南开大学发展史上的重要位置。至今，南开指数的编制已跨越

① 在20世纪30年代，天津流传着一种说法，天津有“三宝”：永利化工厂、南开大学和《大公报》。南开大学“三宝”一种比较流行的说法是指：南开指数、南开经济研究所和南开镜箴；还有一种说法是指校训、校歌和容止格言（南开校史室，2014）。

一个世纪，本研究分别从历史上的南开指数和新世纪的南开指数两个角度，梳理南开指数发展的历史脉络，从南开指数中深刻领会“允公允能，日新月异”的南开精神。

二、历史上的南开指数

南开指数的编制、公布、传播，源自南开大学经济研究所，早期的南开指数主要是指价格指数。在20世纪20年代以前，中国有限的几项关于贸易指数统计和编制工作多为在华外国人所为，而关于包括物价指数等反映中国经济变动指数的统计和编制工作几乎为空白，至20年代中期虽有更多人关注并研究，但多为局部统计或零散、零星资料。1927年9月，南开大学社会经济研究委员会成立，决定把调研和编制津、京、冀批发物价指数作为研究工作的起点和切入点。著名经济学家何廉、方显廷教授等培训并带领该委员会30名专职研究人员及22名办事人员，深入各地的手工业工厂、作坊、家庭，本着“实事求是的精神”，用实地调查的方法，收集事实，作为研究的资料，对早在南开大学建校前的1886年的海关贸易指数和1911年以来的华北批发物价指数等进行了初步收集，重点对南开大学社会经济研究委员会成立后1926年以来的天津工人生活费指数进行了系统的统计和编制，其中外贸指数后来又扩展到对全国有关重要城镇地区进行收集、整理和编制（刘淑芬，2004）。

1934年，社会经济研究委员会更名为南开大学经济研究所后，研究人员进一步增加，研究范围更加不断扩大，收集、编制的南开指数逐步包括中国进出口贸易物量、物价指数、津沪外汇指数、天津上海对外汇率及外汇指数、上海趸售物价指数及天津零售物价指数、天津重要商品市价指数、天津工人生活费指数、天津生活消费指数、北平生活消费指数、华北各重要市县工资指数，以及全国各重要城市工资指数等。自此，南开指数不仅长期为国际学术界提供研究中国经济的权威数据，也成为政府决策的重要参考，其中物价指数的编制和发布一直持续至20世纪80年代末。

在1937至1945年，南开指数还包括战时重庆物价指数、重庆生活费指数、重庆公教人员收入指数和重庆地主、商人及工人生活费指数以及战时华北工业生产指数等。1945年至1949年，重新又以京津、华北地区的经济指数为重点。中华人民共和国成立后，从1952年开始，在新的形势下，由于有了国家统计局常规公布的《中国统计年鉴》，南开指数的收集曾一度中止，到1980年再度恢复收集并发表时，也改为限于以天津地区的物价与生活费指数为主，以教学研究示范为重点，直到1990年前后才因各种原因而全部停止资料收集和指数编制工作。关于早期南开指数的系统资料可以参考相关的经典著作①。

三、新世纪的南开指数

作为中国历史最久、影响最大的非官方经济指数，“南开指数”在中断近20年后又开始陆续恢复发布，并衍生出许多新的指数，这标志着南开指数家族成员的日益丰富。这一变化不仅体现了南开指数在中国经济领域的重要地位，也反映出中国经济和社会发展的新形势和新需求。这一变化将为中国经济的研究、政策制定和市场决策提供了更多的信息和支持。

在较早发布的中国上市公司治理指数和物流企业绩效指数的基础上，南开指数家族进一步发展延伸出中国中小企业经济发展指数、南开经济景气指数、政府管理成本指数、中国房地产成本指数、恒安标准寿险指数、南开潇湘晨报指数、政治联系指数、央视财经50指数（指数代码：399550）、央视治理领先指数（指数代码：399554）、上市公司内部控制质量指数、上市金融机构的资本短缺程度指数、中国上市公司投资者关系互动指数、中国住房消费发展指数体系、南开中国对外直接投资（OFDI）指数、全域旅游发展指数、中国上市公司绿色治理指数、中国股票市场质量指数、中国旅行服务业发展指数、数据赋能政府治理指数、互联网健康险保障指数、建行—南开系统性风险指数、中国公司治理研究院绿色治理股

① 关于南开指数系统研究的相关著作有：南开大学经济研究所．南开指数资料汇编 [M]. 北京：统计出版社，1958；孔敏．南开经济指数资料汇编 [M]. 北京：中国社会科学出版社，1988；陈宗胜．“南开指数”及相关经济资料汇编 [M]. 天津：南开大学出版社，2020.

价指数（指数代码：980058）、中国保险机构监督指数、健康与养老保险保障指数、中国—东盟金融合作指数、省级行政区城投债利差指数、数字经济发展指数、商业银行绿色治理指数、服务业限制指数、共同富裕指数、图书馆员快乐指数以及本研究推出的中国保险机构治理指数等。

特别需要强调的是，在所有新时期南开指数中，中国上市公司治理指数从2003年起发布，该指数是国内最早、时间跨度最长，如表3-1所示。截至2023年12月31日，中国上市公司治理指数已连续发布21年，共评价样本52037家次，被誉为上市公司治理状况的“晴雨表”。自2018年起，中国上市公司治理指数还拓展出中国上市公司绿色治理指数，截至2023年12月31日已累计发布6年，共评价样本6803家次，客观地反映了作为绿色治理关键行动者的上市公司绿色治理的现状以及面临的挑战。总体来看，与早期宏观经济层面为主的南开价格指数相比，新时期南开指数宏观与微观并重，且包括上市公司治理指数、上市公司绿色治理指数、银行绿色治理指数、保险机构治理指数、政府治理指数等在内的治理指数成为南开新时期指数的核心，即南开指数实现了从老指数——物价指数，到新指数——治理指数的转变，同时中国保险机构治理指数（CIIGI）及其系列分指数和分类指数的研发和推出也加快了这一转变过程。

表3-1　中国上市公司治理指数发展历程（2003—2023年）

序号	发布场景	发布情况	发布时间	发布地点	样本数量
1	《南开管理评论》2001年第1期	指数研发第一步：制订《中国公司治理原则（草案）》	2001年2月10日	南开大学	/
2	中国上市公司治理指数发布会	中国上市公司治理评价指标体系——南开治理指数推出	2003年4月27日	南开大学	/
3	以“公司治理改革与管理创新”为主题的第二届公司治理国际研讨会	中国上市公司治理评价指标体系征求专家意见	2003年11月15日	南开大学	/
4	《中国公司治理评价报告》研讨会	2003年中国上市公司治理指数（实际为2002年的上市公司数据）	2004年2月22日	人民大会堂	931家上市公司

续表

序号	发布场景	发布情况	发布时间	发布地点	样本数量
5	以“公司治理改革与评价：国际化挑战”为主题的第三届公司治理国际研讨会	2004年中国上市公司治理指数（实际为2003年的上市公司数据）	2005年11月8日	南开大学	1149家上市公司
6	中国公司治理指数发布研讨会	2005年中国上市公司治理指数（实际为2004年的上市公司数据） 2006年中国上市公司治理指数（实际为2005年的上市公司数据）	2007年4月28日	人民大会堂	2005年：1282家上市公司 2006年：1249家上市公司
7	以“公司治理新阶段：合规、创新与发展”为主题的第四届公司治理国际研讨	2007年中国上市公司治理指数（实际为2006年的上市公司数据）	2007年11月3–4日	南开大学	1162家上市公司
8	2008年公司治理指数发布与研讨会	2008年中国上市公司治理指数（实际为2007年的上市公司数据，下同）	2008年10月26日	人民大会堂	1127家上市公司
9	以“金融危机与公司治理”为主题的第五届公司治理国际研讨会	2009年中国上市公司治理指数	2009年9月5–6日	南开大学	1234家上市公司
10	2010年公司治理指数发布与研讨会	2010年中国上市公司治理指数	2010年10月30日	人民大会堂	1559家上市公司
11	以“公司治理：后危机时代的共同准则”为主题的第六届公司治理国际研讨会	2011年中国上市公司治理指数	2011年8月20–21日	东北财经大学	1950家上市公司
12	2012年公司治理指数发布与研讨会	2012年中国上市公司治理指数	2012年11月25	人民大会堂	2328家上市公司
13	以“公司治理有效性与治理模式创新”为主题的第七届公司治理国际研讨会	2013年中国上市公司治理指数	2013年9月7–8日	南开大学	2470家上市公司
14	2014年中国公司治理指数发布与研讨会	2014年中国上市公司治理指数	2014年11月23日	天津财经大学	2467家上市公司

续表

序号	发布场景	发布情况	发布时间	发布地点	样本数量
15	以“网络治理、混合所有制改革与治理能力现代化”为主题的第八届公司治理国际研讨会	2015年中国上市公司治理指数	2015年9月5–6日	天津财经大学	2590家上市公司
16	2016中国公司治理指数发布与研讨会	2016年中国上市公司治理指数	2016年10月22日	南开大学	2807家上市公司
17	以“绿色治理与治理转型”为主题的第九届公司治理国际研讨会	2017年中国上市公司治理指数 推出全球首份《绿色治理准则》	2017年7月22–23日	南开大学	3031家上市公司
18	2018绿色治理与中国上市公司治理评价研讨会	2018年中国上市公司治理指数 2018年中国上市公司绿色治理指数	2018年9月16日	山东大学	3464家上市公司 712家上市公司
19	以“中国公司治理转型：数据时代新挑战”为主题的第十届公司治理国际研讨会	2019年中国上市公司治理指数 2019年中国上市公司绿色治理指数	2019年7月20至21日	南开大学	3562家上市公司 888家上市公司
20	2020公司治理高端论坛与中国上市公司治理评价研讨会	2020年中国上市公司治理指数 2020年中国上市公司绿色治理指数	2020年12月5日	对外经济贸易大学	3753家上市公司 987家上市公司
21	以“后疫情时代的应对：绿色治理”为主题的第十一届公司治理国际研讨会	2021年中国上市公司治理指数 2021年中国上市公司绿色治理指数	2021年9月25–26日	南开大学	4134家上市公司 1112家上市公司
22	2022中国上市公司治理指数发布与学术研讨会	2022年中国上市公司治理指数 2022年中国上市公司绿色治理指数	2022年12月4日	南开大学	4679家上市公司 1366家上市公司
23	以“中国式治理现代化与绿色治理”为主题的第十二届公司治理国际研讨	2023年中国上市公司治理指数 2023年中国上市公司绿色治理指数	2023年8月19–20日	辽宁工程技术大学	5055家上市公司 1738家上市公司

资料来源：作者整理。

第二节　南开指数的统计分析

一、南开指数统计分析的总体说明

为了深入研究南开指数的具体特征，南开大学中国保险机构治理评价课题组梳理总结了1927年至2024年7月31日南开大学推出的463个南开指数，并分别从南开指数的编制或发布机构、编制或发布负责人、编制或发布时间以及研究周期四个角度展开分析，探究南开指数体系的主要特征。

需要说明的是，对2000年前发布的南开指数，课题组仅根据现有资料选取了部分具有代表性的南开指数，更多历史上的南开指数可以参考本章第一节南开指数的发展脉络及南开指数相关著作。

二、南开指数的具体特征统计分析

（一）南开指数编制或发布机构具体分析

1.编制或发布机构数量分析

如图3-1所示，在463个南开指数中，共有240个南开指数仅有一个编制或发布机构，占比为51.84%，超过总数的一半；152个南开指数拥有2个编制或发布机构，占比33.83%；拥有3个及以上编制或发布机构的南开指数共有71个，占比15.33%。可见，大多南开指数仅由1个或2个编制或发布机构发布。

2.编制或发布机构合作情况分析

如图3-2所示，在南开指数编制或发布的校内外合作方面，240个南开指数不存在校内外合作情况，指数仅由校内单一机构编制或发布，占比51.84%；

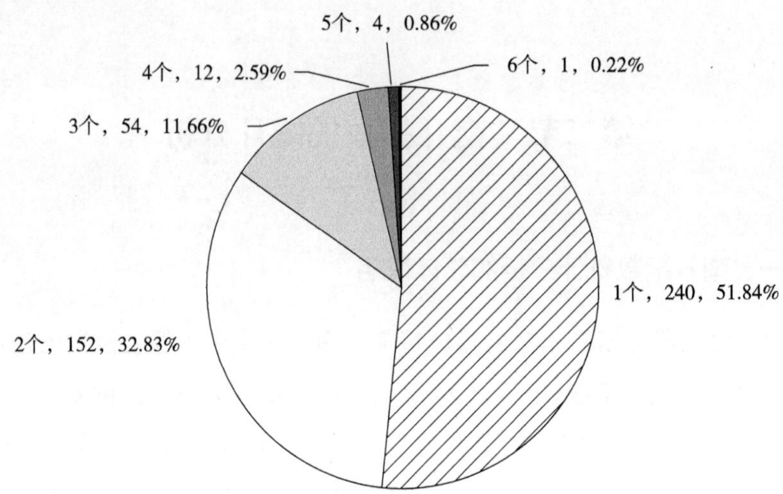

图 3-1　南开指数编制或发布机构数量统计

资料来源：作者整理。

29个南开指数仅存在校内合作机构，占比6.26%；179个南开指数仅存在校外合作机构，占比38.66%。此外，还有15个南开指数既有校内合作机构又有校外合作机构，占比3.24%。

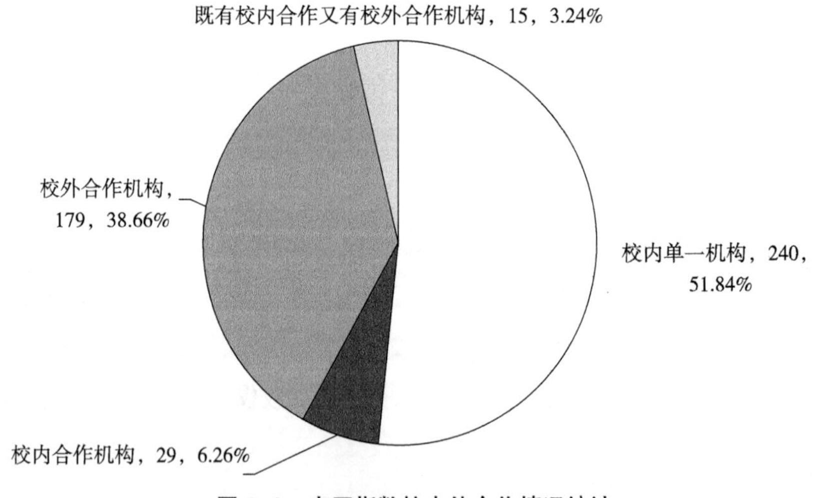

图 3-2　南开指数校内外合作情况统计

资料来源：作者整理。

如图3-3所示，在校内合作方面，大多南开指数并不存在校内合作的情况，即该南开指数的编制或发布机构中只有一个校内机构，其占比高达90.50%。需要说明的是，其中有3个南开指数的负责人存在校外机构兼职情况，占比0.65%，本研究不将这种情况视为合作研究。相比之下，仅44个南开指数存在校内合作情况，占比9.50%。其中，41个南开指数拥有2个相互合作的校内机构，3个南开指数拥有3个相互合作的校内机构，占比分别为8.85%和0.65%。

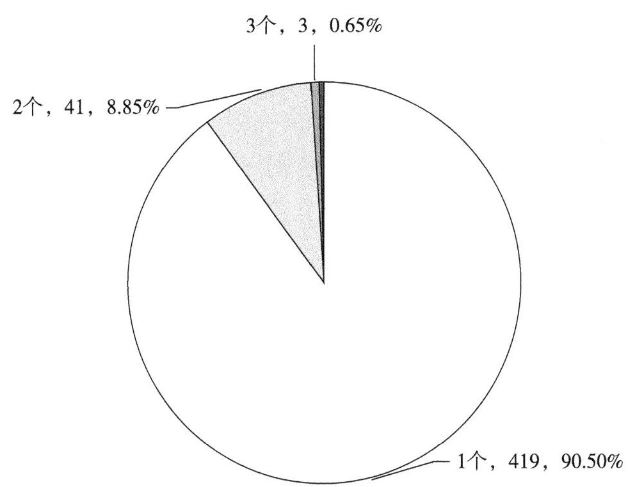

图 3-3　南开指数校内机构数量统计

资料来源：作者整理。

如图3-4所示，在校外合作方面，269个南开指数没有校外合作的情况，占比58.10%，194个南开指数存在校外合作的情况，拥有校外合作机构。其中，134个南开指数拥有1个校外合作机构，占比28.94%；48个南开指数拥有2个校外合作机构，占比10.37%；12个南开指数拥有3个及以上校外合作机构，校外合作机构数量相对较多，占比总计为2.59%。可见，南开指数的发扬壮大少不了校内校外力量的共同合作和协同共进。

3.编制或发布机构具体类型分析

如表3-2所示，从南开指数的第1编制或发布机构来看，351个南开指

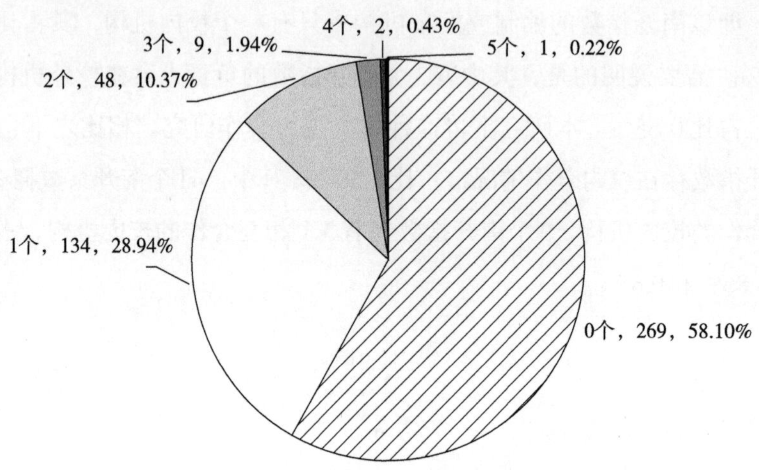

图 3-4　南开指数校外合作机构数量统计

资料来源：作者整理。

数的第1编制或发布机构均为南开大学校内机构，112个南开指数的第1编制或发布机构为非南开大学机构，占比24.19%。以南开大学机构作为第1编制或发布机构的南开指数中，南开大学经济学院编制或发布的指数数量最多，为118个，占比达到25.49%；南开大学商学院、南开大学环境科学与工程学院以及南开大学中国公司治理研究院发布的指数数量相对较多，分别为53个、46个和29个，占比分别为11.45%、9.94%和6.26%；剩余机构的指数发布数量则相对较少，均在20个以下。

以非南开大学机构作为第1编制或发布机构的南开指数中，上海社会科学院世界经济研究所编制或发布的南开指数数量最多，为6个；天津城建大学经济与管理学院发布的南开指数数量也相对较多，为3个；国家海洋信息中心、河北工业大学经济管理学院、南昌大学经济管理学院、天津财经大学金融学院、天津大学管理学院、天津师范大学经济学院、天津市中国特色社会主义理论体系研究中心南开大学基地、烟台大学经济管理学院、中国泛海控股集团有限公司博士后科研工作站、中国科学技术发展战略研究院、中央电视台财经频道和北京邮电大学经济管理学院均发布了2个南开指数，其余非南开大学机构皆发布了一个南开指数。

表3–2　南开指数第1编制或发布机构统计

序号	第1编制或发布机构	指数数量（个）	占比（%）
1	南开大学经济学院	118	25.49
2	非南开大学机构	112	24.19
3	南开大学商学院	53	11.45
4	南开大学环境科学与工程学院	46	9.94
5	南开大学中国公司治理研究院	29	6.26
6	南开大学周恩来政府管理学院	19	4.10
7	南开大学金融学院	16	3.46
8	南开大学经济与社会发展研究院	15	3.24
9	南开大学旅游与服务学院	10	2.16
10	南开大学跨国公司研究中心	7	1.51
11	南开大学滨海学院	6	1.30
12	中国特色社会主义经济建设协同创新中心	4	0.86
13	南开大学中国公司治理研究院/南开大学商学院	4	0.86
14	南开大学滨海开发研究院	3	0.65
15	南开大学图书馆	3	0.65
16	南开大学信息化建设与管理办公室	3	0.65
17	南开大学经济学院/中国特色社会主义经济建设协同创新中心	2	0.43
18	南开大学马克思主义教育学院	2	0.43
19	南开大学分校①	1	0.22
20	南开大学环境污染过程与基准教育部重点实验室/天津市城市生态环境修复与污染防治重点实验室/环境科学与工程学院水环境模拟研究室	1	0.22
21	南开大学金融发展研究院	1	0.22
22	南开大学京津冀协同发展研究院	1	0.22
23	南开大学经济与社会发展研究院/中国特色社会主义经济建设协同创新中心	1	0.22

① 分校和校区是两个不同的概念。改革开放之初，为了培养社会发展所急需的人才，全国很多地方纷纷恢复以前停办的高校，同时尝试依托知名大学创建分校。天津市在1978年设立了八所分校，名字采用数字编号：南开大学一分校、二分校、三分校，天津大学一分校、二分校、三分校、四分校、五分校。各分校发展的最后结局不尽相同，如天津大学四分校经过发展后，变成今天的天津城建大学。

续表

序号	第1编制或发布机构	指数数量（个）	占比（%）
24	南开大学商学院/天津市津能投资公司	1	0.22
25	南开大学泰达学院	1	0.22
26	南开大学统计与数据科学学院	1	0.22
27	南开大学政治经济学研究中心	1	0.22
28	南开大学中国公司治理研究院/南开大学商学院/南开大学中国式现代化发展研究院	1	0.22
29	中国新一代人工智能发展战略研究院/南开大学经济学院/南开大学中国式现代化发展研究院	1	0.22
合计		463	100.00

资料来源：作者整理。

注：在计算占比过程中，因四舍五入可能导致占比求和不等于100.00，统一标注为100.00，后续表格不再说明。

如表3–3所示，从南开指数的第2编制或发布机构来看，240个南开指数无第2编制或发布机构，占比51.84%，可见仅有48.16%的南开指数拥有2个及以上编制或发布机构。其中，非南开大学机构的占比数量最多，为21.17%；以南开大学经济学院和商学院作为第2编制或发布机构的南开指数也相对较多，分别为56个和19个，占比为12.10%和4.10%；其余机构的数量占比则相对较少。

表3–3　南开指数第2编制或发布机构统计

序号	第2编制或发布机构	指数数量（个）	占比（%）
1	非南开大学机构	98	21.17
2	南开大学经济学院	56	12.10
3	南开大学商学院	19	4.10
4	南开大学环境科学与工程学院	10	2.16
5	南开大学周恩来政府管理学院	7	1.51
6	南开大学金融学院	5	1.08
7	南开大学经济与社会发展研究院	5	1.08
8	南开大学中国公司治理研究院	4	0.86
9	南开大学跨国公司研究中心	2	0.43
10	南开大学旅游与服务学院	2	0.43

续表

序号	第2编制或发布机构	指数数量（个）	占比（%）
11	南开大学数学科学学院	2	0.43
12	南开大学研究生院	2	0.43
13	南开大学	1	0.22
14	南开大学滨海学院	1	0.22
15	南开大学电子信息与光学工程学院	1	0.22
16	南开大学后勤集团	1	0.22
17	南开大学计算机学院	1	0.22
18	南开大学经济与社会发展研究院与中国科学技术发展战略研究院联合博士后工作站	1	0.22
19	南开大学协同创新中心	1	0.22
20	南开大学信息技术科学学院	1	0.22
21	中国公司治理研究院	1	0.22
22	中国气象局—南开大学大气环境与健康研究联合实验室	1	0.22
23	中国特色社会主义经济建设协同创新中心	1	0.22
24	无	240	51.84
合计		463	100.00

资料来源：作者整理。

如表3–4所示，从南开指数的第3编制或发布机构来看，392个南开指数无第3编制或发布机构，占比84.67%，可见仅有15.33%的南开指数拥有3个及以上编制或发布机构。其中，非南开大学机构的占比数量最多，为9.29%；其余第3编制或发布机构发布的指数数量均在10个以下，南开大学经济学院发布了9个，南开大学商学院发布了6个，南开大学环境科学与工程学院发布了5个，南开大学金融学院和南开大学马克思主义学院均发布了2个，其余机构仅发布了1个。

表3–4　南开指数第3编制或发布机构统计

序号	第3编制或发布机构	指数数量（个）	占比（%）
1	非南开大学机构	43	9.29
2	南开大学经济学院	9	1.94

续表

序号	第3编制或发布机构	指数数量（个）	占比（%）
3	南开大学商学院	6	1.30
4	南开大学环境科学与工程学院	5	1.08
5	南开大学金融学院	2	0.43
6	南开大学马克思主义学院	2	0.43
7	南开大学金融发展研究院	1	0.22
8	南开大学旅游与服务学院	1	0.22
9	南开大学中国公司治理研究院	1	0.22
10	中国特色社会主义经济建设协同创新中心	1	0.22
11	无	392	84.67
合计		463	100.00

资料来源：作者整理。

如表3–5所示，从南开指数的第4编制或发布机构来看，446个南开指数无第4编制或发布机构，占比96.33%，只有极少数南开指数拥有4个及以上编制或发布机构。其中，非南开大学机构作为第4编制或发布机构发布11个指数，占比2.38%，其余机构则均只发布了1个指数。

表3–5　南开指数第4编制或发布机构统计

序号	第4编制或发布机构	指数数量（个）	占比（%）
1	非南开大学机构	11	2.38
2	南开大学	1	0.22
3	南开大学金融发展研究院	1	0.22
4	南开大学经济行为与政策模拟实验室	1	0.22
5	南开大学旅游与服务学院	1	0.22
6	南开大学商学院	1	0.22
7	南开大学中国公司治理研究院	1	0.22
8	无	446	96.33
合计		463	100.00

资料来源：作者整理。

（二）南开指数编制或发布负责人具体分析

1.南开指数负责人数量分析

如表3-6所示，超过80%的南开指数拥有1~3位负责人。其中，115个南开指数仅有1位负责人，占比24.84%；拥有2位负责人的南开指数数量最多，为164个，占比35.42%；102个南开指数拥有3位负责人，占比22.03%。总的来看，负责人数量较多的南开指数数量较少。此外，共有18个南开指数由课题组负责编制或发布，占比3.89%。其中3个指数由柳欣担任负责人的南开大学经济指数研究中心发布，9个指数由李维安担任负责人的南开大学中国公司治理研究院公司治理评价课题组[①]发布，2个指数由李维安担任负责人的南开大学中国公司治理研究院绿色治理（ESG）评价课题组发布，1个指数由李维安担任负责人的南开大学中国中小企业经济发展指数课题组[②]发布，1个指数由李志辉、梁琪和迈克尔·艾特肯（Michael J. Aitken）担任负责人的南开大学中国市场质量研究中心课题组发布，1个指数由刘秉镰担任负责人的南开大学京津冀协同发展研究院团队发布，1个指数由郝臣担任负责人的南开大学中国保险机构治理评价课题组发布。

表3-6　南开指数负责人数量统计

序号	负责人数量（个）	指数数量（个）	占比（%）
1	1	115	24.84
2	2	164	35.42
3	3	102	22.03
4	4	43	9.29
5	5	16	3.46
6	6	3	0.65

① 郝臣也是南开大学中国公司治理研究院中国上市公司治理评价课题组的主要成员，先后参与了2004—2024年总计21年中国上市公司治理指数的研发工作。

② 郝臣也是南开大学中国中小企业经济发展指数课题组的核心成员，主要负责政策环境维度的评价体系设计与数据分析。

续表

序号	负责人数量（个）	指数数量（个）	占比（%）
7	7	2	0.43
8	课题组	18	3.89
合计		463	100.00

资料来源：作者整理。

2. 南开指数突出贡献的负责人统计

本研究将编制或发布南开指数超过3个的负责人定义为突出贡献负责人。如表3-7所示，李维安发布指数数量最多，为14个；邵超峰发布了12个南开指数；何廉、盛斌和徐鹤分别发布了10个指数；鞠美庭发布了8个指数；郝臣、齐岳和王芳分别发布了7个指数，编制或发布数量均相对较多；戴金平、高疆、王家庭和姚延波分别发布了6个指数；陈思含、高俊丽、梁琪、刘茂和朱铭来分别发布了5个指数。此外，发布了4个指数的负责人有5位，发布了3个指数的负责人共有21位，发布了2个指数的负责人共有97位，发布了1个指数的负责人共有642位。此外，针对由课题组编制或发布的18个南开指数，本研究在上述统计中仅将课题组负责人纳入统计对象，课题组成员没有纳入负责人统计的范畴。

表3-7 南开指数突出贡献负责人统计

序号	负责人姓名	指数数量（个）
1	李维安	14
2	邵超峰	12
3	何廉	10
4	盛斌	10
5	徐鹤	10
6	鞠美庭	8
7	郝臣	7
8	齐岳	7
9	王芳	7
10	戴金平	6

续表

序号	负责人姓名	指数数量（个）
11	高疆	6
12	王家庭	6
13	姚延波	6
14	陈思含	5
15	高俊丽	5
16	梁琪	5
17	刘茂	5
18	朱铭来	5
19	吉鸿荣	4
20	李莉	4
21	王会芝	4
22	王玲	4
23	朱坦	4
24	白宏涛	3
25	邓向荣	3
26	葛察忠	3
27	贺瑜	3
28	侯平平	3
29	黄岁樑	3
30	江生忠	3
31	焦宝臣	3
32	李洪远	3
33	李志辉	3
34	刘秉镰	3
35	孟伟庆	3
36	柳欣	3
37	裴蕾	3
38	王启山	3
39	吴帆	3
40	谢思全	3

续表

序号	负责人姓名	指数数量（个）
41	徐虹	3
42	许晖	3
43	张诚	3
44	甄筱宇	3
45	周海林	3

资料来源：作者整理。

如表3-8所示，在南开指数第一负责人统计中，李维安作为第一负责人编制或发布的南开指数数量最多，为13个；何廉作为第一负责人发布的指数数量为10个；郝臣和齐岳发布了7个指数；高疆和邵超峰发布了6个南开指数；其余第一负责人发布的指数均在5个及以下。其中，3位第一负责人发布了5个指数，4位第一负责人发布了4个指数，9位第一负责人发布了3个指数，42位第一负责人发布了2个指数，271位第一负责人发布了1个南开指数。

表3-8　南开指数第一负责人统计

序号	负责人姓名	指数数量（个）
1	李维安	13
2	何廉	10
3	郝臣	7
4	齐岳	7
5	高疆	6
6	邵超峰	6
7	戴金平	5
8	王家庭	5
9	朱铭来	5
10	吉鸿荣	4
11	梁琪	4
12	王芳	4
13	姚延波	4
14	邓向荣	3

续表

序号	负责人姓名	指数数量（个）
15	李莉	3
16	李志辉	3
17	柳欣	3
18	裴蕾	3
19	王玲	3
20	吴帆	3
21	徐虹	3
22	许晖	3

资料来源：作者整理。

（三）南开指数编制或发布时间具体分析

如图3-5所示，南开指数自1927年发布，在2000年之后，随着南开指数传统进一步的发展壮大，南开指数发布数量整体较多。其中，2010年共编制或发布了39个南开指数，发布数量最多；2021年编制或发布了33个

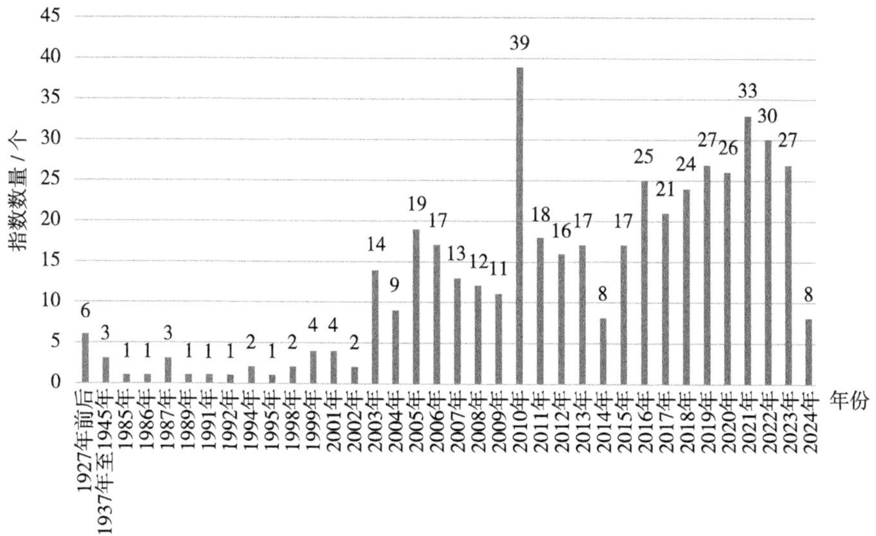

图 3-5　南开指数编制或发布时间统计

资料来源：作者整理。

南开指数，数量次多；2022年编制或发布了30个南开指数，发布数量位列第三，可见南开指数编制及发布情况整体态势向好，南开指数家族正日益壮大。

（四）南开指数研究周期具体分析

本研究将南开指数的编制或发布分为两种情况，分别为仅发布指标体系但未发布具体指数，以及既发布指标体系又发布具体指数并进行指数分析。在463个南开指数中，共有105个南开指数仅发布了相关指标体系，其余358个南开指数则既发布了指标体系，又进行了具体的指数分析。

如表3-9所示，在358个发布了具体指数的南开指数中，大多数南开指数的研究周期仅为1年，数量为135个，占比37.71%；超过一半的南开指数研究周期集中在2~17年；有42个南开指数的研究周期长度超过17年，占比为11.73%。其中，研究周期最长的南开指数为中国进出口贸易物量物价指数，周期长达71年。

表3-9　南开指数研究周期统计

序号	研究周期（年）	指数数量（个）	占比（%）
1	1	135	37.71
2	2	18	5.03
3	3	8	2.23
4	4	6	1.68
5	5	14	3.91
6	6	14	3.91
7	7	11	3.07
8	8	15	4.19
9	9	8	2.23
10	10	15	4.19
11	11	16	4.47
12	12	11	3.07

续表

序号	研究周期(年)	指数数量(个)	占比(%)
13	13	8	2.23
14	14	7	1.96
15	15	12	3.35
16	16	9	2.51
17	17	9	2.51
18	18	2	0.56
19	19	4	1.12
20	20	2	0.56
21	21	11	3.07
22	22	3	0.84
23	23	2	0.56
24	25	1	0.28
25	26	2	0.56
26	27	2	0.56
27	33	1	0.28
28	36	6	1.68
29	40	3	0.84
30	42	1	0.28
31	46	1	0.28
32	71	1	0.28
合计		358	100.00

资料来源：作者整理。

如表3-10所示，在所有南开指数中，据不完全统计，有多个指数持续发布至今，其中包括南开大学公司中国公司治理研究院发布的中国上市公司治理指数及其分指数，南开大学经济学院发布的南开中国对外直接投资指数，南开大学京津冀协同发展研究院发布的京津冀协同发展南开指数等，以及本研究所使用的中国保险机构治理指数，这些指数仍在各个研究领域产生广泛影响。

表3-10　持续发布至今的南开指数统计

序号	指数名称	第1编制或发布机构	主要负责人	编制或发布时间
1	中国上市公司治理指数	南开大学中国公司治理研究院（1997年成立，原名南开大学公司治理研究中心，2012年更名为南开大学中国公司治理研究院）	南开大学中国公司治理研究院公司治理评价课题组（负责人李维安）	2003年
2	中国上市公司治理指数分指数——股东治理指数	南开大学中国公司治理研究院	南开大学中国公司治理研究院公司治理评价课题组（负责人李维安）	2003年
3	中国上市公司治理指数分指数——董事会治理指数	南开大学中国公司治理研究院	南开大学中国公司治理研究院公司治理评价课题组（负责人李维安）	2003年
4	中国上市公司治理指数分指数——监事会治理指数	南开大学中国公司治理研究院	南开大学中国公司治理研究院公司治理评价课题组（负责人李维安）	2003年
5	中国上市公司治理指数分指数——经理层治理指数	南开大学中国公司治理研究院	南开大学中国公司治理研究院公司治理评价课题组（负责人李维安）	2003年
6	中国上市公司治理指数分指数——信息披露指数	南开大学中国公司治理研究院	南开大学中国公司治理研究院公司治理评价课题组（负责人李维安）	2003年
7	中国上市公司治理指数分指数——利益相关者治理指数	南开大学中国公司治理研究院	南开大学中国公司治理研究院公司治理评价课题组（负责人李维安）	2003年
8	央视财经50指数（指数代码：399550）	中央电视台财经频道	南开大学中国公司治理研究院公司治理评价课题组（负责人李维安）	2013年
9	央视财经治理领先指数（指数代码：399554）	南开大学中国公司治理研究院	南开大学中国公司治理研究院公司治理评价课题组（负责人李维安）	2013年
10	中国保险公司治理指数	南开大学中国公司治理研究院/南开大学商学院	郝臣	2016年
11	南开中国对外直接投资指数	南开大学经济学院	薛军	2017年

续表

序号	指数名称	第1编制或发布机构	主要负责人	编制或发布时间
12	中国上市公司绿色治理指数	南开大学中国公司治理研究院	南开大学中国公司治理研究院绿色治理评价课题组（负责人李维安）	2018年
13	数据赋能政府治理指数	南开大学商学院	王芳	2019年
14	互联网健康险保障指数	南开大学金融学院	朱铭来	2019年
15	公司治理研究院绿色治理股价指数（指数代码：980058）	南开大学中国公司治理研究院	南开大学中国公司治理研究院绿色治理评价课题组（负责人李维安）	2020年
16	中国保险机构治理指数	南开大学中国公司治理研究院/南开大学商学院/南开大学现代化发展研究院	南开大学中国保险机构治理评价课题组（负责人郝臣）	2020年
17	大数据提升政府治理效能评价指标体系	南开大学商学院	王芳	2020年
18	京津冀协同发展南开指数	南开大学京津冀协同发展研究院	南开大学京津冀协同发展研究院团队（负责人刘秉镰）	2024年

资料来源：作者整理。

第三节　南开指数家族新成员

一、中国保险机构治理指数的提出

中央金融工作会议（2023）首次提出“金融强国”的概念，而治理良好或现代的金融机构是建设金融强国的组织基础和微观保障。保险业是我国金融业的重要组成部分，我国保险业正处于实现高质量发展和治理能力现代化的重要时期，保险机构治理质量备受关注。基于上述背景，为全面、科学、系统和量化反映我国保险机构治理质量，充分发扬南开指数的优良传统，在全面吸收借鉴优秀南开指数之一——中国上市公司治理指数的经验和做法的基础上，南开大学中国保险机构治理评价课题组立足我国现实背景，充分考虑保险机构治理的特殊性，基于多年在保险机构治理领域的研究基础，设计出一套涵盖目标、维度、指标、权重、标准、数据、方法、模型、结果、等级、评级等评价要素在内的中国保险机构治理评价体系或系统。

中国保险机构治理指数是中国保险机构治理评价体系所得出的评价结果，该指数亦称南开保险机构治理指数，是我国首支基于公开信息得出的保险机构治理指数，为实现我国保险业的高质量发展提供了治理质量的“指示器”或“晴雨表”。中国保险机构治理指数既是南开指数大家族的新成员，也是南开治理指数小家族的重要一员。如图3-6所示，按照评价内容不同，中国保险机构治理指数包括股东与股权结构分指数、董事与董事会分指数、监事与监事会分指数、高级管理人员分指数、信息披露分指数、利益相关者分指数六个治理内容维度分指数，以及强制性治理分指数与自主性治理分指数两个治理层次维度分指数。

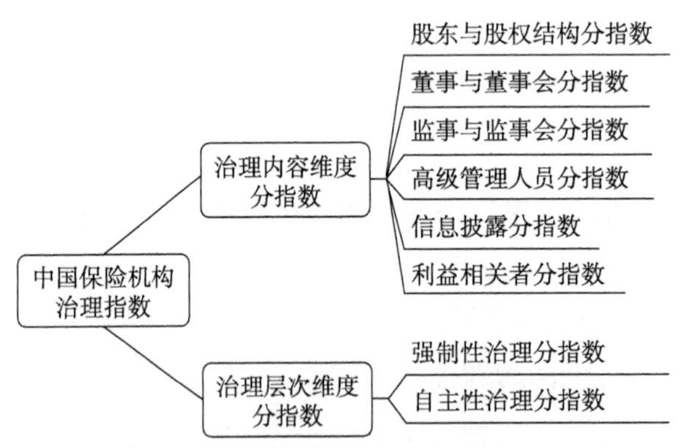

图3-6　中国保险机构治理指数分指数体系

资料来源：作者整理。

如图3-7所示，按照评价对象不同，中国保险机构治理指数包括中国保险经营机构治理和中国保险中介机构治理两大分类治理指数。其中，中国保险经营机构治理指数包括保险集团（控股）公司治理指数、保险公司治理指数、财产保险机构治理指数、人身保险机构治理指数、保险资产管理公司治理指数、再保险机构治理指数和相互保险组织治理指数，保险公司治理指数根据险种类型不同还可分为财产险公司治理指数和人身险公司治理指数，中国保险经营机构治理指数是本研究关注的重点。中国保险中介机构治理指数则包括保险中介集团治理指数、保险经纪机构治理指数、保险代理机构治理指数和保险公估机构治理指数。

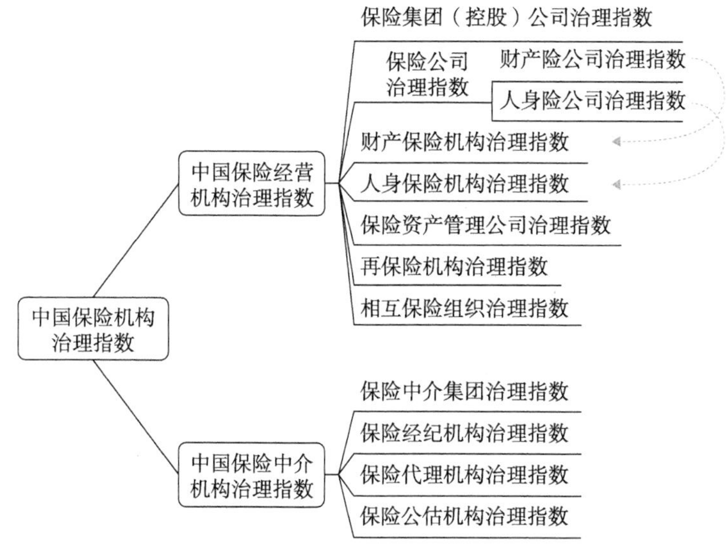

图 3–7　中国保险机构治理指数分类指数体系

资料来源：作者整理。

可以说，中国保险机构治理指数是南开指数在新时期的又一重要体现，该指数不仅是对南开指数传统的继承和发扬，也是对南开指数体系的丰富和创新性发展，体现了南开指数“知中国，服务中国”的优良传统，彰显出南开指数与时俱进的优秀品质。

二、中国保险机构治理指数的研发历程

中国保险机构治理指数的研发历程，逻辑上可划分为四个阶段，即理

论基础积累与沉淀、指标体系构建与优化、治理指数推出与发布、治理指数应用与普及。需要说明的是，这四个阶段并非严格的时间继起关系，而是各项研究工作并行推进，如指标体系优化和理论基础工作均贯穿整个研发过程。

（一）理论基础积累与沉淀

理论基础积累与沉淀是中国保险机构治理指数研发历程中的奠基环节，此阶段的工作至关重要且全面深入。首先，南开大学中国保险机构治理评价课题组系统分析了保险机构治理评价的研究现状，掌握了该领域的前沿动态与发展趋势，为后续研究提供了宝贵的参考。其次，课题组明确了保险机构治理评价的研究定位，确保研究方向的准确性和实用性。在此基础上，课题组构建了科学、合理的保险机构治理评价模型，细致梳理了保险机构治理评价标准，并重点关注了具体类型保险机构治理特殊性，为指数的生成提供了坚实的支撑。最后，课题组致力于拓展保险机构治理评价体系，以期不断完善和优化中国保险机构治理评价研究。

1. 分析保险机构治理评价研究现状

张扬等在《保险研究》2012年第10期发表题为《国外保险公司治理研究：主题、逻辑与展望》的学术论文，分析了保险机构治理评价的研究现状。该论文指出，在保险公司治理研究中，目前并没有开展治理评价研究，可能的原因是其治理的目标较一般公司治理更为复杂，对其进行治理评价难度较大。

2. 明确保险机构治理评价研究定位

郝臣在《保险职业学院学报》2022年第2期发表题为《保险公司治理学：一门新兴分支学科》的学术论文，明确保险机构治理评价的研究定位。该论文将保险公司治理学的研究对象即治理制度安排划分为保险公司具体的治理制度、保险公司治理结构、保险公司治理机制、保险公司治理质量评价与治理风险管控四个层次。

3.构建保险机构治理评价模型

郝臣在《上海保险》2018年第4期发表题为《保险法人机构治理评价新思路》的学术论文，构建了保险法人机构治理评价的三维立体模型。该论文将保险法人机构治理评价从治理内容“一维”拓展到治理内容、治理对象和治理层次“三维”。

4.梳理保险机构治理评价标准

学术文献是治理评价标准的重要来源。郝臣等在《保险研究》2018年第4期发表题为《国外保险公司治理研究最新进展——基于2008—2017年文献的综述》的学术论文，梳理了2008—2017年国内外240篇保险公司治理文献。

法律法规文件是治理评价标准的最重要来源。郝臣在南开大学出版社于2023年出版名为《我国保险治理法律法规研究：1979—2022》的学术著作，梳理了1979—2022年我国1000部保险治理法律法规文件。

郝臣等在《保险职业学院学报》2023年第3期发表题为《中国式保险治理现代化进程研究——基于1979—2022年的1000部法律法规文件》，认为法律法规是治理制度安排的基础，保险治理法律法规的建设状况能够科学地刻画中国式保险治理现代化的进程，并提出中国式保险治理现代化进程的六点结论和四点展望。

郝臣在《保险理论与实践》2018年第7期发表题为《提升我国保险公司治理能力的思考——标准引领与监管推动的视角》的学术论文，在梳理已有的公司治理法律、法规、规章和政策文件基础上设计了我国保险公司治理的100条标准。该文提出的治理标准是我国保险公司治理领域首套标准，并为随后出台的行业治理标准文件所吸收借鉴。

5.关注具体类型保险机构治理特殊性

郝臣和马贵军在《中国金融》2023年第4期发表题为《我国保险资管公司治理与优化》的学术论文，关注具体类型保险机构治理评价的特殊指标。该论文在梳理保险资产管理公司治理法律法规文件基础上，从首席风险管理执行官等角度对我国保险资产管理公司的治理状况进行了分析。

6.拓展保险机构治理评价体系

郝臣等在《保险研究》2024年第2期发表题为《保险公司ESG本质、动因与优化研究——基于一个自主构建的研究框架》的学术论文，尝试构建了包含保险公司ESG本质（主要回答“是什么”）、保险公司ESG表现（主要回答“怎么样”）、保险公司ESG机制（主要回答“如何影响”）、保险公司ESG效能（主要回答“会怎样”）、保险公司ESG动因（主要回答“为什么”）和保险公司ESG优化（主要回答“如何做”）六大领域的保险公司ESG研究框架。同时指出，保险公司ESG表现是研究重点，该领域具体研究内容包括：已有ESG评价体系的比较分析与经验总结；保险公司ESG评价体系维度发展研究；保险公司ESG评价指标体系开发研究；保险公司ESG评价标准设计研究；保险公司ESG指数模型构建研究；我国保险公司ESG指数系统分析等。

（二）指标体系构建与优化

指标体系构建与优化是中国保险机构治理指数研发历程中的核心环节，其主要工作是一个系统性且细致化的过程。首先，需开展保险机构治理维度的评价，深入剖析和评估保险机构治理的各个方面，确保指标体系的全面性和准确性。其次，需进行保险机构治理层次的评价，细致考察不同治理层次的状况。在此基础上，构建保险机构治理评价指标体系，形成完整、系统的评价指标体系。最后，根据反馈持续优化指标体系，确保其能准确反映保险机构治理状况，为提高治理水平提供有效指导。

1.开展保险机构治理维度评价

郝臣等在《保险研究》2015年第5期发表题为《我国保险公司社会责任状况研究——基于保险公司社会责任报告的分析》的学术论文。该论文从披露格式和披露内容两个评价指标角度，对我国保险行业公司社会责任履行情况进行了分析。

郝臣等在《保险研究》2017年第7期发表题为《我国保险公司信息披露水平及其影响研究——基于投保人利益保护的视角》的学术论文。该论文构建了保险公司信息披露评价指标体系，评价了我国目前保险公司信息披露的实际情况，并实证研究了保险公司信息披露对投保人利益保护的效果。

2.开展保险机构治理层次评价

李维安等在《中国软科学》2012年第8期发表题为《保险公司治理、偿付能力与利益相关者保护》的学术论文。该论文利用我国46家股份制保险公司的调研数据，从保护以保单持有人为代表的利益相关者的视角，将利用偿付能力这一基础性指标作为证据，采用加权最小二乘（WLS）的方法，检验我国保险公司治理合规性建设程度以及各种治理机制在实践中的有效程度。

3.构建保险机构治理评价指标体系

（1）基于非公开信息的保险机构治理评价指标体系

郝臣于2015年出版了名为《中国保险公司治理研究》的学术著作。该著作构建了基于问卷调查数据（非公开信息）的保险公司治理评价指标体系，并展开评价研究。

郝臣于2016年出版了名为《保险公司治理对绩效影响实证研究——基于公司治理评价视角》的学术著作。该著作构建了基于公司治理内容和治理层次视角的我国股份制与有限制保险公司治理评价指标体系，并利用该指标体系对我国保险公司治理状况进行了评价分析。此外，从公司治理整体的视角，即利用保险公司治理指数实证研究了保险公司治理对效率绩效、竞争力绩效和财务绩效的影响。需要说明的是，该套治理评价指标体系是基于非公开信息设计的，即通过问卷调查方式完成治理评价。

基于非公开信息的治理评价体系具有阶段性的特点，信息来源特点决定了这种评价研究难以长期持续下去。但基于非公开信息的中国保险机构治理评价体系设计为基于公开信息的中国保险机构治理评价体系设计奠定了基础。

（2）基于公开信息的第一版保险机构治理评价指标体系

随着我国保险业基础性制度改革的不断推进，公司治理已然成为防范化解保险业风险、完善现代保险企业制度的“牛鼻子”。在保险业中，中小型保险机构数量占比超过90%，但其对治理的重视程度和对治理的建设投入还远远不够，其治理的现状、问题、改进等亟须进行研究。郝臣和刘琦在《保险研究》2020年第10期发表题为《我国中小型保险机构治理质量研究——基于2016—2019年公开数据的治理评价》的学术论文。该论文构建了一套基于公开信息的，针对我国保险机构的治理评价指标体系，采用哑变量量化方法，利用该评价指标体系对我国2016—2019年中小型保险机构的治理状况进行了全面评价，并重点关注小型保险机构的治理质量。需要特别说明的是，该文献所构建和推出的是中国保险机构治理评价体系的第一版。

（3）基于公开信息的第二版保险机构治理评价指标体系

在此之后，郝臣在南开大学出版社于2024年出版了名为《中国保险机构治理指数研究——暨中国保险机构治理发展报告2016—2022》的学术著作。该著作基于《银行保险机构公司治理准则》(2021）实施背景，推出了第二版中国保险机构治理评价指标体系。相较第一版来说，第二版的优化与改进主要体现在三个方面：一是指标体系优化，二是评价标准优化，三是技术细节优化。

指标体系优化方面：将第一版中国保险机构治理评价指标体系由60个评价指标扩展到70个，具体来说新增董事会专门委员会共计9个评价指标以及外部监事比例1个评价指标。

评价标准优化方面：第一，分评价年度和组织形式对董事会规模指标的评价标准进行细化，2022年及以后所有保险机构均要求至少有5名董事，2021年及以前对于股份制保险机构要求至少有5名董事，对于有限制保险机构和相互保险组织要求至少有3名董事；第二，分评价年度和组织形式对独立董事比例指标的评价标准进行细化，2019年及以后所有保险机构要求至少有3名独立董事且独立董事比例不得低于1/3，2018年及以前对于股份制保险机构要求至少有2名独立董事，对于有限制保险机构和相互保险组织要求至少有1名独立董事；第三，分组织形式对监事会规模或监事人数指标的评价标准进行细化，对于股份制保险机构要求设立监事会且至少有3名监事，对于有限制保险机构设立监事会的要求至少有3名监事，而未设立监事会的要求至少有1名监事，对于相互保险组织要求至少有1名监事但对是否设立监事会并无要求；第四，分业务类型对高管规模指标的评价标准进行细化，保险资产管理公司要求至少有4名高管，其他业务类型保险机构要求至少有5名高管。

技术细节优化方面：第一，对赋分方法进行优化，如以历史评价年度学历评分中位数为基准对董事、独董和监事学历状况进行评价，高于或等于中位数赋1分、低于中位数赋0分，从而确保不同评价年度指数的可比性；第二，对原始数据字段类型进行优化，如董事长和总经理非正常变更指标的原始数据字段类型在“未变更”“正常变更”“非正常变更”“未披露”基础上新增“职位空缺”这一字段，在不影响最终评分的情况下增加原始数据信息含量。

由此可见，郝臣（2024）所推出的治理评价体系不是对第一版的简单升级，而是全新的第二版中国保险机构治理评价体系。

4.优化保险机构治理评价指标体系

（1）基于公开信息的第一版保险机构治理评价指标体系优化

在上述研究基础上，郝臣在南开大学出版社于2022年出版了名为《我国中小型保险机构治理研究》的学术著作。该著作通过建立一套针对我国保险机构的公司治理评价指标体系，基于公开信息对我国中小型保险机构治理状况进行全面评价，并根据评价结果研究中小型保险机构治理的有效性，以期为保险机构治理现代化提供理论指导。该著作包括5篇、17章内容，篇幅共计69.8万字。

《我国中小型保险机构治理研究》推出了第一版中国保险机构治理评价指标体系，该体系包含保险机构内部治理和外部治理共计60个具体评价指标。该著作中所使用的治理评价体系在指标体系框架、权重设计、评价方法等方面与郝臣和刘琦（2020）所推出的评价体系相同，但在评价细节方面作了进一步细化和优化。出于准确性和严谨性考虑，《我国中小型保险机构治理研究》将信息披露维度指标“负面新闻报道情况”“是否披露社会责任报告或社会责任状况”移动到利益相关者维度。其中“是否披露社会责任报告或社会责任状况”重新命名为“社会责任承担状况”，最终使得信息披露维度指标数量由19个变为17个，利益相关者维度指标数量由7个变为9个，由于不同维度指标在进行治理指数合成时使用的权数不同，导致优化后的治理指数与调整之前存在小幅差异。

因此，郝臣（2022）所推出的中国保险机构治理评价体系实际上是郝臣和刘琦（2020）推出的第一版中国保险机构治理评价体系的升级或者优化。

（2）基于公开信息的第二版保险机构治理评价指标体系优化

郝臣代表南开大学中国保险机构治理评价课题组，在2023年8月19日至20日召开的第十二届公司治理国际研讨会“金融机构治理与金融业高质量发展”主题论坛上，作了《中国保险机构治理指数的设计与分析》专题报告，完成了中国保险机构治理指数正式发布前的中国保险机构治理评价指标体系公开征求意见环节，并根据与会专家学者的建议进一步优化了该套治理指标体系。

（三）治理指数推出与发布

治理指数的推出与发布是中国保险机构治理指数研究历程中的关键环节，具有举足轻重的地位。通过持续的数据更新和指数追踪，动态反映我国保险机构治理状况的变迁，为学术研究和行业发展提供权威、客观的治理质量参考。在这一阶段，核心工作主要围绕两方面展开：一是通过学术期刊论文的发表、学术著作或研究报告的出版，推出中国保险机构治理指数，扩大指数在学术界的影响；二是通过媒体发布相关年份的中国保险机构治理指数，扩大该指数在实务界的影响。

1. 中国保险机构治理指数推出

（1）中国保险机构治理指数第一次推出

保险机构治理质量是保险业高质量发展的重要方面，而中小型保险机构治理质量又是我国保险业治理质量提升的关键。郝臣和刘琦（2020）在借鉴国内外已有公司治理评价体系的基础上，构建了一套针对我国保险机构的由六大维度、总计60个指标组成的保险机构治理评价指标体系；在设计保险机构规模类型分类标准的基础上，基于手工整理的公开数据，利用该评价指标体系对我国2016—2019年中小型保险机构的治理状况进行了全面评价，并重点关注了其中的小型保险机构的治理质量。具体来说，进行了不同规模类型保险机构治理指数的对比分析，中小型和小型保险机构治理指数的分布与等级分析，分组织形式、资本性质与险种类型的比较分析，以及治理分指数的具体分析。根据研究结论，在监管和机构两个层面提出提高保险机构治理能力的建议。郝臣和刘琦在《保险研究》2020年第10期发表的《我国中小型保险机构治理质量研究——基于2016—2019年公开数据的治理评价》标志着中国保险机构治理指数首次正式推出，同时也是第一版中国保险机构治理评价体系的正式推出。

（2）中国保险机构治理指数第二次推出

在上述研究基础上，郝臣在南开大学出版社于2022年出版了名为《我国中小型保险机构治理研究》的学术著作。该著作在郝臣和刘琦（2020）研究的基础上，首先进一步优化中国保险机构治理评价体系并介绍了该评价体系的主要构成要素，并基于公开信息对我国保险机构治理状况进行全面评价；其次基于治理评价结果即中国保险机构治理指数分析了我国保险机构治理的总体状况；最后以市场份额占比4%和1%作为临界值将保险机构分为大型、中型和小型保险机构，重点分析了中小型保险机构和其中的小型保险机构治理状况，并检验了中小型保险机构治理的有效性。

可以说，《我国中小型保险机构治理研究》是第一版中国保险机构治理评价指标体系的优化，也是第二次正式推出中国保险机构治理指数，指数周期为2016—2019年。需要说明的是，该研究中的治理评价样本为我国的财产险和人身险保险机构，并没有将再保险机构、资产管理公司、保险集团（控股）公司三类保险法人机构纳入评价范围，因此也没有提出分类治理指数。

（3）中国保险机构治理指数第三次推出

郝臣在南开大学出版社于2024年出版了学术著作《中国保险机构治理指数研究——暨中国保险机构治理发展报告2016—2022》。该著作在充分吸收借鉴中国上市公司治理指数经验和做法的基础上，重点关注我国保险机构治理状况，立足我国治理环境，充分考虑保险机构治理的特殊性，设计了包括六大治理内容维度、70个指标的中国保险机构治理评价指标体系，并基于手工整理的2016—2022年我国保险机构公开披露的治理指标原始数据，利用所构建的模型生成中国保险机构治理指数、治理分指数和分类治理指数。该成果基于所研发的中国保险机构治理指数，重点从治理内容（包括股东与股权结构、董事与董事会、监事与监事会、高级管理人员、信息披露和利益相关者六大具体维度）和治理层次（包括强制性治理和自主性治理两个具体层次）两个方面对我国保险机构2016—2022年的治理状况展开描述性统计分析、分布分析、等级与评级分析，以及分规模类型、资本性质、组织形式、业务类型、设立年限、注册地区、所在城市的比较分析，同时也对具体类型保险机构包括保险集团（控股）公司、保险公司、财产保险机构、人身保险机构、保险资产管理公司、再保险机构和相互保险组织的治理状况展开了相应的分析。该书包括5篇18章44节，216个表、159张图、7个附表、370篇参考文献，篇幅总计75万字。该书是我国公司治理领域首部全体系（All-round）、多方位（Many-sided）、长周期（Long-term）、大样本（Large-sample）科学评价保险机构治理状况的学术著作，丰富了保险机构治理领域的研究。该书适用对象包括但不限于监管部门、行业协会与学会、研究机构、保险机构等主体的相关人员。

《中国保险机构治理指数研究——暨中国保险机构治理发展报告2016—2022》推出了第二版中国保险机构治理评价体系，评价指标由60个拓展到70个，评价对象由财产险和人身险保险机构拓展到所有类型保险机构，评价周期由原来的2016—2019年更新到2016—2022年。《中国保险机构治理指数研究——暨中国保险机构治理发展报告2016—2022》是第三次正式推出中国保险机构治理指数，同时还创新性地推出分类治理指数。

（4）中国保险机构治理指数第四次推出

本书《中国保险机构治理质量研究——基于2023年中国保险机构治理指数》则是第四次正式推出中国保险机构治理指数，所采用的评价体系与《中国保险机构治理指数研究——暨中国保险机构治理发展报告2016—2022》完全一致，但评价样本周期由2016—2022年更新为2016—2023年，实现了基于最新年度披露数据的评价研究工作。

2.中国保险机构治理指数发布

2024年6月18日，新华网发布报道《中国保险机构治理水平稳中向好——2016—2022年中国保险机构治理发展报告发布》，这是中国保险机构治理指数自2020年推出以来的首次公开发布。

如表3-11所示，中国保险机构治理指数在2024年6月18日发布前后，有多家媒体对该指数进行了报道，这些媒体有新华社客户端、新华网、新华财经、中国网财经等官方媒体，中国证券报、上海证券报、证券日报、中国经济时报、北京商报、新浪财经、搜狐等权威财经媒体，中国科学报、天津教育报、中国社会科学网、南开大学官网、南开大学本科招生公众号、南开大学现代院公众号、南开大学商学院官网等教育机构媒体，以及中宏网、津云、财经杂志、观潮财经等其他媒体。报道内容涵盖指数发布、指数意义和指数研究等多个方面。这些报道可以分为直接报道和间接报道两种。其中，直接报道是指报道的标题直接与保险机构治理指数相关；间接报道是指报道的主要内容中有保险机构治理指数相关内容，中国保险机构治理指数于2024年6月18日在新华网首次发布之前的报道均为间接报道。通过这些媒体的报道，在一定程度上不仅扩大了该指数的社会影响力，也推动了该指数在保险机构治理实践中更为广泛的应用。

表3-11 中国保险机构治理指数媒体报道情况

序号	报道媒体	新闻标题	报道时间	报道类型
1	企业观察报	我国上市金融机构治理质量研究——基于中国上市公司治理指数的分析	2024-08-26	间接报道
2	新华社客户端	南开大学课题组发布保险业治理状况“晴雨表”	2024-07-04	直接报道
3	新华财经	南开大学课题组发布保险业治理状况“晴雨表”	2024-07-04	直接报道
4	新浪财经	南开大学课题组发布保险业治理状况“晴雨表”	2024-07-04	直接报道
5	南开大学本科招生	我国首支，正式发布！建设“金融强国”，南开助力！	2024-07-03	直接报道
6	中国社会科学网	首支保险机构治理指数在南开发布	2024-07-03	直接报道
7	南开大学：媒体南开	天津教育报：南大首次发布保险机构治理指数	2024-07-03	直接报道
8	天津教育报	南大首次发布保险机构治理指数	2024-07-03	直接报道
9	中国电力—低碳赋能美好生活	《中央企业社会价值评价体系研究》子课题开题会在中国电力召开	2024-07-02	间接报道
10	搜狐	揭开中国保险机构治理指数面纱	2024-07-02	直接报道
11	南开大学现代院	成果发布丨现代院绿色治理与治理现代化研究中心专家团队发布《南开保险机构治理指数（IIGINK）》	2024-07-02	直接报道
12	南开大学商学院官网	商学院课题组首发保险机构治理指数	2024-07-02	直接报道
13	中国科学报	南开指数家族再添新成员：保险机构治理指数首发	2024-06-30	直接报道
14	南开大学本科招生	建设“金融强国”，南开首发这一指数！	2024-06-30	直接报道
15	中宏网	南开大学指数家族再添新成员：保险机构治理指数首发	2024-06-29	直接报道

续表

序号	报道媒体	新闻标题	报道时间	报道类型
16	南开大学官网	南开指数家族再添新成员：保险机构治理指数首发	2024-06-29	直接报道
17	南开大学—南开人文社科	【成果展示】《中国保险机构治理指数研究》出版	2024-06-28	直接报道
18	南开大学：媒体南开	津云：稳中向好 南开团队发布保险机构治理指数	2024-06-27	直接报道
19	泉州晚报	治理指数持续提升 A类保险机构占比更高了	2024-06-24	直接报道
20	观潮财经	行业信息：研究显示我国保险机构治理指数逐年提高	2024-06-24	直接报道
21	津云	稳中向好 南开团队发布保险机构治理指数	2024-06-21	直接报道
22	中国网财经	研究显示我国保险机构治理指数逐年提高	2024-06-21	直接报道
23	搜狐	首支基于公开信息的保险机构治理指数发布《中国保险机构治理指数研究》	2024-06-21	直接报道
24	证券日报网	我国保险机构治理指数近年来持续提升	2024-06-19	直接报道
25	新浪财经	中国保险机构治理水平稳中向好——2016—2022年中国保险机构治理发展报告发布	2024-06-18	直接报道
26	微博新浪保险频道	2016—2022年中国保险机构治理发展报告发布	2024-06-18	直接报道
27	新华网	中国保险机构治理水平稳中向好——2016—2022年中国保险机构治理发展报告发布	2024-06-18	直接报道
28	财经杂志	数说寿险公司：36家盈利，40家亏损	2024-06-04	间接报道
29	证券日报	12家险企一季度偿付能力不达标 部分险企相关指标好转	2024-05-10	间接报道
30	上海证券报	上市金融机构ESG信息披露：从自主到强制	2024-03-30	间接报道
31	新华社客户端	上证研究丨上市金融机构ESG信息披露：从自主到强制	2024-03-30	间接报道
32	上海证券报	2023年大湾区上市公司治理水平稳步提升	2023-11-22	间接报道
33	新华社客户端	上证研究丨2023年大湾区上市公司治理水平稳步提升	2023-11-22	间接报道

续表

序号	报道媒体	新闻标题	报道时间	报道类型
34	中国经济时报	2023中国上市公司治理水平稳步攀升	2023-08-22	间接报道
35	证券日报	15家险企截至6月底偿付能力不达标 多家险企未按时发布报告	2023-08-07	间接报道
36	证券日报	平安与汇丰“顶牛”5月份股东会或见分晓	2023-04-28	间接报道
37	北京商报	首份险企消保体检背后的秘密	2023-03-08	间接报道
38	证券日报	三个月内两次增资扩股 财信吉祥人寿拟引入新股东芒果传媒	2023-02-10	间接报道
39	证券日报	11家险企偿付能力不达标 公司治理问题突出	2023-02-03	间接报道
40	北京商报	一年罚没2.3亿元 保险业缘何一再“跑偏”	2023-01-03	间接报道
41	上海证券报	2022年中国上市公司治理指数发布 中国上市公司治理水平持续提升	2022-12-05	间接报道
42	新华社客户端	上证观察家 2022年中国上市公司治理指数发布 中国上市公司治理水平持续提升	2022-12-05	间接报道
43	证券日报	多家中小险企股权寻买家三大原因致投资人不愿接盘	2022-11-30	间接报道
44	证券日报	多家险企股东股权质押过半 评级机构开始按下“预警”键	2022-11-16	间接报道
45	证券日报	八家财险公司偿付能力不达标 风险综合评级“不及格”是主因	2022-11-03	间接报道
46	证券日报	上半年A股公司拟投保董责险家数超去年全年 覆盖率仍不足15%	2022-07-05	间接报道
47	北京商报	近三成认购额度滞销 都邦保险“魅力”不足	2022-06-02	间接报道
48	证券日报	险企增资难度增加：46份增资计划仅半数获批	2022-05-13	间接报道
49	上海证券报	董事会中的“她力量”呈持续增长态势——《2021年中国上市公司女性董事专题报告》	2022-02-15	间接报道
50	新华网客户端	上证研究 董事会中的她力量呈持续增长态势——《2021年中国上市公司女性董事专题报告》	2022-02-15	间接报道

续表

序号	报道媒体	新闻标题	报道时间	报道类型
51	中国网财经	鼎和保险2021年关联交易保费占比约47%公司：深耕股东业务 积极发展市场业务	2022-01-20	间接报道
52	北京商报	华海财险股权转让一波四折	2021-12-17	间接报道
53	上海证券报	首个大湾区上市公司治理评价报告发布	2021-12-14	间接报道
54	证券日报	多家险企股东股权质押过半 评级机构开始按下“预警”键	2021-11-16	间接报道
55	上海证券报	完善整体制度框架 全面提升ESG发展水平	2021-10-21	间接报道
56	上海证券报	中国上市公司治理水平达到历史新高——《中国上市公司治理评价报告（2021年）》	2021-09-27	间接报道
57	中国经济新闻网	中国上市公司治理指数和绿色治理指数发布	2021-09-27	间接报道
58	证券日报	一季度“另类”罚单背后 销售误导是顽疾	2021-04-12	间接报道
59	证券日报	中法人寿变身中资险企 宁德时代青山控股并列二股东	2020-12-21	间接报道
60	证券日报	11月份另类罚单：多家险企被骗又被处罚“内鬼”骗保折射风控漏洞	2020-12-03	间接报道
61	证券日报	昆仑健康五家股东上“黑名单”公司称正引进合规股东	2020-07-07	间接报道
62	证券日报	安达增持华泰保险股权至46.2% 绝对控股存悬念	2020-06-24	间接报道
63	中国证券报	防止沦为关联方“提款机”险企关联交易整治再升级	2019-09-10	间接报道
64	新华社客户端	防止沦为关联方“提款机”险企关联交易整治再升级	2019-09-10	间接报道
65	中国证券报	监管紧盯八大问题 详解险企股权与关联交易整治再升级	2019-07-11	间接报道
66	新华社客户端	标准明确 险企公司治理将进一步优化—中国证券报	2018-08-31	间接报道
67	中国证券报	标准明确 险企公司治理将进一步优化—中国证券报	2018-08-31	间接报道

资料来源：作者整理。

（四）治理指数应用与普及

治理指数应用与普及是中国保险机构治理指数研发历程中的重要环节，是一个系统性工程，涉及多个方面的工作。治理指数应用与普及主要工作包括分析保险机构治理质量、向行业监管部门提交相关对策建议报告、参与保险行业公司治理团体标准文件制定、为保险行业董监高进行公司治理培训、建立中国保险机构治理指数数据库等。

1. 中国保险机构治理指数应用

（1）分析保险机构治理质量

郝臣和刘琦在《保险研究》2020年第10期发表题为《我国中小型保险机构治理质量研究——基于2016—2019年公开数据的治理评价》的学术论文。该论文基于手工整理的公开数据，利用中国保险机构治理评价指标体系对我国2016—2019年中小型保险机构的治理状况进行了全面评价，并重点关注其中小型保险机构的治理质量。

郝臣等在《中国商业保险》2024年第1期发表题为《我国保险机构治理质量的透视与提升——基于中国保险机构治理指数（CIIGI）》的学术论文。该论文基于2016—2023年中国保险机构治理指数对我国保险机构治理质量展开总指数、分指数和分类指数的全面分析，并针对性提出五点提升我国保险机构治理质量的对策建议。

（2）向行业监管部门提交相关对策建议报告

郝臣于2021年12月完成的对策建议报告《我国中小型保险机构治理评价与优化研究》，通过中国保险学会以研究专报的形式上报监管部门，并获中国银保监会副主席批示。

（3）参与保险行业公司治理团体标准文件制定

郝臣作为公司治理领域的唯一专家顾问参与了中国保险行业协会公司治理标准文件的起草，2018年8月28日中国保险行业协会正式发布《保险业公司治理实务指南总体框架》等团体治理标准。

2. 中国保险机构治理指数普及

（1）为保险行业董监高进行公司治理培训

郝臣于2019年2月15日受中国保险行业协会邀请为保险行业董监高进行公司治理培训。

郝臣于2023年7月6日受某人寿保险股份有限公司邀请为公司董监高进行公司治理培训。

郝臣于2024年6月1日受中国银行保险传媒股份有限公司邀请为保险行业董监高进行ESG培训。

（2）建立中国保险机构治理指数数据库

南开大学中国保险机构治理评价课题组于2023年8月建立了南开大学中国保险机构治理指数数据库，指数周期为2016—2022年；又于2024年在原数据库基础上更新补充了2023年指数，新增约7.19万个数据字段，现数据库共包含48.98万个数据字段，数据周期为2016—2023年。

（3）创建相关的百度百科词条

课题组为了更好普及中国保险机构治理指数，在百度百科创建“中国保险机构治理指数”词条，从权重、指数模型、分指数体系、分类指数体系和指数分析等方面介绍了该指数。

表3-12　中国保险机构治理指数研发历程

研发工作大类	研发工作细类	具体研发工作或成果	年份
理论基础积累与沉淀	分析保险机构治理评价研究现状	张扬，郝臣，李慧聪.国外保险公司治理研究：主题、逻辑与展望[J].保险研究，2012（10）：86-94.	2012
		郝臣.中国保险公司治理研究[M].北京：清华大学出版社，2015.	2015
理论基础积累与沉淀	明确保险机构治理评价研究定位	郝臣.保险公司治理学：一门新兴分支学科[J].保险职业学院学报，2022（2）：21-27.	2022
理论基础积累与沉淀	构建保险机构治理评价模型	郝臣.保险法人机构治理评价新思路[J].上海保险，2018（4）：10-13.	2018

续表

研发工作大类	研发工作细类	具体研发工作或成果	年份
理论基础积累与沉淀	梳理保险机构治理评价标准	郝臣，付金薇，李维安.国外保险公司治理研究最新进展：基于2008—2017年文献的综述[J].保险研究，2018(4)：112-127.	2018
		郝臣.提升我国保险公司治理能力的思考：标准引领与监管推动的视角[J].保险理论与实践，2018(7)：1-31.	2018
		郝臣.我国保险治理法律法规研究：1979—2022[M].天津：南开大学出版社，2023.	2023
		郝臣，董迎秋，马贵军，等.中国式保险治理现代化进程研究：基于1979—2022年的1000部法律法规文件[J].保险职业学院学报，2023(3)：21-31.	2023
理论基础积累与沉淀	关注具体类型保险机构治理特殊性	郝臣，马贵军.我国保险资管公司治理与优化[J].中国金融，2023(4)：72-73.	2023
理论基础积累与沉淀	拓展保险机构治理评价体系	郝臣，李维安，董迎秋，等.保险公司ESG本质、动因与优化研究：基于一个自主构建的研究框架[J].保险研究，2024(2)：3-15.	2024
指标体系构建与优化	开展保险机构治理维度评价	郝臣，王旭，王励翔.我国保险公司社会责任状况研究：基于保险公司社会责任报告的分析[J].保险研究，2015(5)：92-100.	2015
		郝臣，孙佳琪，钱璟，等.我国保险公司信息披露水平及其影响研究：基于投保人利益保护的视角[J].保险研究，2017(7)：64-79.	2017
指标体系构建与优化	开展保险机构治理层次评价	李维安，李慧聪，郝臣.保险公司治理、偿付能力与利益相关者保护[J].中国软科学，2012(8)：35-44.	2012
指标体系构建与优化	构建保险机构治理评价指标体系	基于非公开信息评价体系构建：郝臣.中国保险公司治理研究[M].清华大学出版社，2015.	2015
		基于非公开信息评价体系构建：郝臣.保险公司治理对绩效影响实证研究：基于公司治理评价视角[M].北京：科学出版社，2016.	2016
		基于公开信息评价体系第一版推出：郝臣，刘琦.我国中小型保险机构治理质量研究：基于2016-2019年公开数据的治理评价[J].保险研究，2020(10)：79-97.	2020
		基于公开信息评价体系第二版推出：郝臣.中国保险机构治理指数研究[M].天津：南开大学出版社，2024.	2024

续表

研发工作大类	研发工作细类	具体研发工作或成果	年份
指标体系构建与优化	优化保险机构治理评价指标体系	基于公开信息评价体系第一版优化：郝臣.我国中小型保险机构治理研究[M].天津：南开大学出版社，2022.	2022
		基于公开信息评价体系第一版优化：郝臣在2023公司治理国际研讨会上分享了中国保险机构治理评价指标体系的最新研究成果，并根据与会专家学者的建议进一步优化了指标体系	2023、2024
治理指数推出与发布	推出中国保险机构治理指数	治理指数第一次推出：郝臣，刘琦.我国中小型保险机构治理质量研究：基于2016—2019年公开数据的治理评价[J].保险研究，2020(10)：79-97.	2020
		治理指数第二次推出：郝臣.我国中小型保险机构治理研究[M].天津：南开大学出版社，2022.	2022
		治理指数第三次推出：郝臣.中国保险机构治理指数研究[M].天津：南开大学出版社，2024.	2024
		治理指数第四次推出：本研究	2024
治理指数推出与发布	发布中国保险机构治理指数	多家媒体报道中国保险机构治理指数，其中新华网在2024年6月18日的报道《中国保险机构治理水平稳中向好——2016—2022年中国保险机构治理发展报告发布》是中国保险机构治理指数的首次发布	2024
治理指数应用与普及	治理指数应用：分析保险机构治理质量	郝臣，刘琦.我国中小型保险机构治理质量研究：基于2016—2019年公开数据的治理评价[J].保险研究，2020(10)：79-97.	2020
		郝臣，姜欣悦，姜语，等.我国保险机构治理质量的透视与提升：基于中国保险机构治理指数(CIIGI)[J].中国商业保险，2024(1)：51-55.	2024
治理指数应用与普及	治理指数应用：用于向行业监管部门提交相关对策建议报告	上报对策建议并获监管部门领导批示	2021
治理指数应用与普及	治理指数应用：参与保险行业公司治理团体标准文件制定	基于指数的研究内容，参与行业治理标准文件的起草	2018

续表

研发工作大类	研发工作细类	具体研发工作或成果	年份
治理指数应用与普及	治理指数普及：为保险行业董监高进行公司治理培训	将治理指数应用于保险机构的公司治理专题培训	2019、2023、2024
治理指数应用与普及	治理指数普及：建立中国保险机构治理指数数据库	建立并更新南开大学中国保险机构治理指数数据库	2023、2024
治理指数应用与普及	治理指数普及：创建相关的百度百科词条	在百度百科创建“中国保险机构治理指数”词条	2024

资料来源：作者整理。

三、中国保险机构治理指数的特点

中国保险机构治理指数，亦称南开保险机构治理指数，是由南开大学中国保险机构治理评价课题组基于公开披露信息，根据中国保险机构治理评价指标体系构建而成的。该治理指数具有以下几个显著特点。

（一）系统性与客观性

系统性（Systematicity）：中国保险机构治理指数通过构建包括股东与股权结构、董事与董事会、监事与监事会、高级管理人员、信息披露和利益相关者六大治理内容维度的保险机构治理评价体系，对中国保险机构的治理质量进行了全面、系统的评价。同时还从强制性治理和自主性治理两大治理层次维度作出了进一步的分析，使得评价更加全面和深入。

客观性（Objectivity）：中国保险机构治理指数的计算基于公开披露的信息，避免了主观判断的影响，确保评价结果的客观性和公正性。

（二）明确性与可比性

明确性（Clarity）：量化评价使得治理质量不再是一个模糊的概念，而是一个具有明确数值的指标。这有助于保险机构清晰地认识到自身在治理方面的优势和不足，从而有针对性地采取措施进行改进。

可比性（Comparability）：中国保险机构治理指数是通过一定的权重加权求和得出的最终指数，数值范围为0到100，治理指数越高代表治理质量越好，从而使治理质量得以量化，可以为保险机构提供明确的治理质量标杆，便于不同保险机构之间的横向比较。

（三）科学性与公开性

科学性（Scientificity）：中国保险机构治理指数的科学性主要体现在其评价方法的科学性上，南开大学中国保险机构治理评价课题组在构建评价指标体系时，充分考虑保险行业的特殊性和监管要求，采用国际上常用的量化治理评分方法，并结合我国实际情况进行了优化和完善，这使得中国保险机构治理指数具有较高的科学性和可信度。

公开性（Openness）：公开性一方面体现为数据来源的公开，中国保险机构治理指数的数据来源主要是公开披露的信息，确保了指数的透明度和公信力；另一方面，体现在发布机制上，南开大学中国保险机构治理评价课题组定期发布中国保险机构治理指数，使得公众和监管机构能够及时了解保险机构的治理状况。

（四）针对性与应用性

针对性（Pertinence）：中国保险机构治理指数针对保险行业的特殊性，设置了符合行业特点的治理内容维度，如利益相关者分指数特别注重保险消费者等利益相关者利益的保护。

应用性（Applicability）：中国保险机构治理指数的发布有助于推动保险机构提高治理水平，提高合规意识和风险管理能力，加强内部管理，从而促进整个保险行业的高质量发展。

（五）持续性与动态性

持续性（Sustainability）：南开大学中国保险机构治理评价课题组对中国保险机构治理指数的编制和发布是一个长期持续的过程，能够反映保险机构治理质量的动态变化。

动态性（Dynamism）：随着保险行业的发展和监管环境的变化，南开大学中国保险机构治理评价课题组可能会适时调整指标体系和各分指数的权重，以确保指数的科学性和时效性。

（六）广泛性与深入性

广泛性（Comprehensiveness）：中国保险机构治理指数覆盖包括保险集团（控股）公司、保险公司、财产保险机构、人身保险机构、保险资产管理公司、再保险机构和相互保险组织等在内的多种类型的保险机构。

深入性（Depth）：中国保险机构治理指数不仅提供了总体治理水平的评价，还从规模类型、资本性质、组织形式、业务类型、成立年限、注册地区等多个具体维度对保险机构的治理状况进行了深入分析。

四、中国保险机构治理指数的学术贡献与应用价值

中国保险机构治理指数在学术贡献和应用价值方面均具有重要意义，不仅推动了保险机构治理领域的学术研究发展，也为实现我国保险业的高质量发展提供了有力支持。

（一）学术贡献

1. 填补保险机构治理评价领域空白

作为我国首支基于公开信息的保险机构治理指数，中国保险机构治理指数填补了保险机构治理评价领域的空白，为公司治理评价领域专门针对保险行业的学术研究提供了重要工具和参考。

2. 丰富南开治理指数家族

中国保险机构治理指数成为南开新时期治理指数家族的重要一员，实现了南开治理指数从上市公司治理指数到以非上市样本为主的具体行业公司治理指数的拓展和丰富，进一步提升了南开治理指数的影响力和扩大了其覆盖面。

3. 推动保险机构治理领域学术研究发展

南开大学中国保险机构治理指数数据库的开发、《中国保险机构治理指数研究——暨中国保险机构治理发展报告2016—2022》及本书的出版，为学术界提供了大量详实的数据和深入的分析，有助于推动保险机构治理领域的学术研究不断向前发展。

（二）应用价值

1. 提供治理质量指示器

中国保险机构治理指数为实现我国保险业的高质量发展提供了治理质量的“指示器”，有助于监管部门、行业协会、研究机构及保险机构自身了解行业治理水平，识别治理短板，从而制定有针对性的改进措施。

2. 促进保险机构治理改进

通过中国保险机构治理指数的分析结果，保险机构可以清晰地看到自身在治理方面的优势与不足，进而采取措施加强治理，提高治理水平，增强市场竞争力。

3. 助力行业监管与政策制定

监管部门可以依据中国保险机构治理指数的分析结果，对行业治理状况进行全面把握，为制定和完善相关监管政策提供科学依据，推动保险行业的健康稳定发展。

4.引导消费者、投资者决策

对保险消费者和保险机构投资者而言，中国保险机构治理指数可以作为其投保和投资决策的重要参考依据之一，有助于消费者和投资者更好地了解保险机构的治理状况，降低投保和投资的风险。

五、中国保险机构治理指数的学术评价

清华大学弗里曼讲席教授、清华大学中国经济思想与实践研究院院长李稻葵，在为本研究的前期成果《中国保险机构治理指数研究——暨中国保险机构治理发展报告2016—2022》一书，所作题为《以中国金融机构治理指数研究推动中国金融现代化》的专家推荐序中，指出，“该书以指数研究形式从治理整体视角研究我国保险机构治理问题，是郝臣老师带领课题组多年研究成果的积累与沉淀，对推动中国金融现代化具有重要的理论与现实意义”“新时期南开指数已经从早期的价格指数拓展至如今的治理指数等，从更多维度为经济理论研究和实践发展提供支持。郝臣老师此著作中的研究成果中国保险机构治理指数（也称南开保险机构治理指数）将成为继中国上市公司治理指数、中国上市公司绿色治理指数、中小企业治理指数、数据赋能政府治理指数等之后的南开治理指数家族中至关重要的新成员。该指数的推出不但是对南开指数传统的继承和发扬，而且是对南开指数体系的丰富和创新性发展，将助力我国金融行业的高质量发展，对推进中国金融为中国式现代化服务以及金融从业人员提升工作实效具有切实的指导意义”。

北京大学经济学院副院长、风险管理与保险学系教授锁凌燕，在为本研究的前期成果《中国保险机构治理指数研究——暨中国保险机构治理发展报告2016—2022》一书，所作题为《开启中国保险业高质量发展新篇章》的专家推荐序中，认为，“此书是保险领域不可多得的聚焦公司治理主题的原创性学术著作，对促进完善我国保险机构治理结构、健全我国保险机构治理机制，进而推动保险业高质量发展具有重要现实意义。相信郝臣老师

学术著作《中国保险机构治理指数研究》的出版能够助力我国保险机构治理的现代化，也希望他未来能够带领课题组逐年编制和发布中国保险机构治理指数，在进一步的深入研究中持续推动该领域发展，为我国保险机构治理现代化和保险业高质量发展写下浓墨重彩的一笔”。

南开大学讲席教授、南开大学中国公司治理研究院院长李维安，在为本研究的前期成果《中国保险机构治理指数研究——暨中国保险机构治理发展报告2016—2022》一书，所作题为《中国公司治理改革逻辑与趋势》的专家推荐序时，提出，“该书在考虑保险机构治理特殊性的基础上，借鉴参考了中国上市公司治理指数相关的经验，导入了公司治理评价领域前沿方法，推出了我国首套基于公开信息的保险机构治理评价系统，并基于中国保险机构治理指数及其分指数对我国保险机构治理质量进行了全面、系统和动态的分析。可以说，《中国保险机构治理指数研究》是公司治理评价领域专门针对保险行业的首创性和原创性学术著作，实现了保险机构治理研究领域从‘碎片化’到‘整合化’的跨越式发展，即从关注保险机构治理的某一方面拓展到关注保险机构治理的整体状况”。

中国保险机构治理评价体系

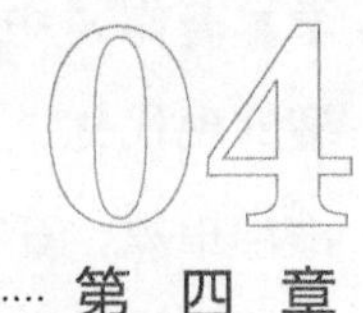

第四章

首先，本章概述了中国保险机构治理评价体系框架结构，说明了该体系的具体构成要素。其次，围绕作为该评价体系核心要素的评价指标，给出在治理评价指标设计过程中所遵循的原则与思路，按照治理内容、治理层次、治理特质和治理方向对所有评价指标进行细分，明确了每一个评价指标的适用对象。再次，本章展示了中国保险机构治理指数模型体系，包括总指数模型、分指数模型和分类指数模型。最后，本章还给出了中国保险机构治理等级与治理评级的划分方法及说明。

第一节　中国保险机构治理评价体系概述

中国保险机构治理评价体系，是一个集全面性、科学性与系统性于一体的评估框架。此体系以精准量化并深入评估我国保险机构治理质量为核心目标，融合了目标、维度、指标、权重、标准、数据、方法、模型、结果、等级、评级等多方面的评价要素，共同构建了一个既完整又高效的治理评估体系，简称为ODIWSDMMRLR-GES。

一、治理评价目标

治理评价目标（Governance Evaluation Objectives）是中国保险机构治理评价体系的方向指引。治理评价目标是指进行治理评价或评估工作时所要达到的具体目标或目的，评价目标不仅有助于明确评价的方向和重点，推动治理体系的持续改进和优化，同时也是评价治理工作效果的重要依据。

本研究确定的评价目标为全面、科学、系统、量化反映我国保险机构治理质量。

二、治理评价维度

治理评价维度（Governance Evaluation Dimension）是中国保险机构治理评价体系的框架基础。本研究不仅涵盖传统的内容维度，尝试构建保险机构治理评价模型，还可以实现从治理层次、治理对象等多个维度的综合考量，进而为全面评价保险机构治理状况提供坚实的基础。

三、治理评价指标

治理评价指标（Governance Evaluation Indicator）是中国保险机构治理评价体系的核心所在。本研究依据我国保险机构治理的法律法规以及国际权威组织的治理标准，动态优化并构建起一套科学、合理的指标体系，确保评价的准确性和时效性，使评价结果更具说服力。

四、治理评价权重

治理评价权重（Governance Evaluation Weight）是中国保险机构治理评价体系的条件保障。评价权重包括维度权重和指标权重。本研究通过主客观相结合的方法科学设定，既体现了各维度的重要性，又保证了评价的公正性和客观性。同时，为避免主观因素的影响，体系内每个维度下的具体指标均赋予相同的权重。

五、治理评价标准

治理评价标准（Governance Evaluation Standard）是中国保险机构治理评价体系的关键环节。本研究基于法律法规、监管要求、行业最佳实践以及公司治理理论，旨在全面、客观、准确地评价保险机构的治理状况。同时，评价标准会根据法律法规的更新、监管要求的调整以及行业发展的变化进行动态调整和优化，保证其先进性和适用性。

六、治理评价数据

治理评价数据（Governance Evaluation Data）是中国保险机构治理评价体系的基础条件。本研究数据主要来源于公开披露信息，确保评价的客观性和连续性。同时，通过对数据的严格筛选和处理，以保证评价结果的准确性和可靠性，为评价体系的科学性提供了有力保障。

七、治理评价方法

治理评价方法（Governance Evaluation Method）是中国保险机构治理评价体系的方法支撑。本研究综合考虑评价数据来源、评价具体目标等因素，采用相对客观的哑变量求和法。这种评价方法既保证了评价的客观性，又提高了评价结果的准确性和可信度。

八、治理评价模型

治理评价模型（Governance Evaluation Model）是中国保险机构治理评价体系的重心所在。本研究的治理评价模型包括总指数模型、六个内容维度的分指数模型、两个层次维度的分指数模型和多个分类指数模型，为计算出准确、全面的评价结果提供了有力支持。

九、治理评价结果

治理评价结果（Governance Evaluation Results）是中国保险机构治理评价体系的结果呈现。具体而言，治理评价结果涵盖中国保险机构治理指数、中国保险机构治理分指数和中国保险机构治理分类指数，这些指数是上述提及的多个关键治理要素共同发挥作用的成果。通过评价结果即这些治理指数，可以直观了解保险机构在治理方面的整体表现及各个细分领域的状况，为进一步提升治理水平提供有力依据。

十、治理评价等级

治理评价等级（Governance Evaluation Level）是中国保险机构治理评价

体系的重要一环。基于上述评价方法和模型，基于采集的评价数据，得到相应的治理指数，并根据中国保险机构治理指数的高低直接将保险机构的治理质量划分为I、II、III、IV、V、VI和VII七个不同等级，为评价结果的直观展示提供了便利。

十一、治理评价评级

治理评价等级（Governance Evaluation Rating）是中国保险机构治理评价体系的重要一环。基于评价结果即中国保险机构治理指数，充分考虑样本的指数分布情况，将保险机构的治理质量划分为A、B和C三个大类评价，以及AAA、AA、A、BBB、BB、B、CCC、CC和C九个细分评级。这种细致的分类方式有助于更准确地反映保险机构的治理质量，是对评价结果的运用和提升，进而为相关决策提供有力支持。

第二节　中国保险机构治理指标设计原则与思路

一、中国保险机构治理评价指标设计原则

（一）科学性原则

科学性原则（Scientificity）是指保险机构治理评价系统的设计以及评价方法的选择应符合公司治理评价的基本理论和原则。评价过程必须在科学理论的指导下进行，遵循科学评价的程序，使得整个评价工作做到科学和合理，并运用科学的思维方法和语言撰写评价报告。

（二）客观性原则

客观性原则（Objectivity）是指保险机构治理评价系统必须能真实反映评价对象的治理水平以及存在的问题。保险机构治理评价主体应以被评价

客体真实可得的数据为评价依据，在计算评分和撰写报告的过程中保持客观、公正的态度，不受主观情绪影响，避免评价结果出现偏离和误差。

（三）系统性原则

系统性原则（Systematicness）是指保险机构治理评价系统的设计应综合考虑公司治理各方面的状况，并依据重要性赋予各维度一定的权重。保险机构治理评价系统设计要遵循系统论的思维，要考虑各子系统和要素之间的关联性，避免因采用单一因素导致的片面性，使评价结果能够全面系统地反映保险机构治理的水平。

（四）可行性原则

可行性原则（Feasibility）是指保险机构治理评价系统的目标要合理、评价系统的具体内容要切合我国保险机构治理实际、评价系统中的具体评价指标要有相应的信息来源等。评价工作正式实施前，需要分别从评价主体和评价客体角度对上述内容逐一进行思考和分析。

（五）动态性原则

动态性原则（Dynamicity）是指保险机构治理评价系统要随着治理环境、治理规则的变化而作出优化调整。评价系统一旦设立，则具有一定的稳定性。但是当评价的外部环境发生了变化，如监管部门出台了新的治理方面的法律法规时，评价的指标及评价的标准可能就需要作出适当的调整和优化。

二、中国保险机构治理评价指标设计思路

（一）我国监管部门保险机构治理评价实践梳理

我国保险监管部门非常重视保险机构治理评价工作，这方面工作先后经历了摸底检查和专项自查的早期探索阶段、导入治理评价系统的正式开

展阶段，以及出台办法和发布结果的全面深入阶段。

1.早期探索阶段：摸底检查和专项自查

我国对保险法人机构治理评价工作的探索始于监管部门进行的治理摸底检查和专项自查工作。2006年初，原中国保监会发布了《关于规范保险公司治理结构的指导意见（试行）》（保监发〔2006〕2号）及一系列完善保险法人机构治理的制度措施，标志着公司治理成为继市场行为和偿付能力之后的第三大保险监管支柱。为推动保险法人机构切实落实相关制度，原中国保监会于2006年9月至10月对44家保险法人机构的治理状况进行了首次全面摸底检查，基本摸清了保险法人机构治理方面存在的问题和风险，为制定后续的监管制度和治理评价方法打下了坚实基础。2007年底，原中国保监会开展了公司治理专项自查活动。保险法人机构治理的摸底检查和专项自查为正式进行保险法人机构治理评价奠定了基础。

2.正式开展阶段：导入治理评价系统

《关于规范报送〈保险公司治理报告〉的通知》（保监发改〔2010〕169号），要求各保险集团（控股）公司、保险公司、保险资产管理公司按照规定的内容和格式要求，于每年4月30日前向原中国保监会报送经董事会审议通过的上一年度公司治理报告。该报告中关于公司治理状况的自评分和监管评分常态化工作，是原中国保监会全面开展保险法人机构治理评价的标志，不同于临时性的摸底或自查。该评价系统中的评价指标体系由遵守性、有效性和调节性三类共计100个指标组成。自2010年之后，原中国保监会先后多次出台文件规范我国保险法人机构治理评价有关问题，如原中国保监会2012年2月10日发布的《关于进一步做好〈保险公司治理报告〉报送工作的通知》（保监发改〔2012〕124号）及2015年6月1日发布的《关于进一步规范报送〈保险公司治理报告〉的通知》（保监发改〔2015〕95号）。

3. 全面深入阶段：出台办法和发布结果

为综合评价保险法人机构治理状况，进一步完善保险法人机构治理结构，提升行业治理水平，2015年12月7日原中国保监会出台《保险法人机构公司治理评价办法（试行）》。该办法对保险法人机构公司治理评价机制、内容和方法、结果运用等方面作出全面系统的规定。为全面摸清保险行业治理现状，强化治理监管力度，原中国保监会按照该办法于2017年上半年开展了首次覆盖全行业的保险法人机构治理现场评估工作，并于2017年9月27日正式发布通报。130家中资保险法人机构的治理评价结果显示，中资保险法人机构治理指数平均分为83.74分；大于等于60分且小于70分的重点关注类公司有4家，包括君康人寿、华夏人寿、华汇人寿和长安责任；没有小于60分的不合格类公司。49家外资保险法人机构治理综合评价平均分为86.21分。评价结果表明，我国保险机构治理合规水平虽然较高，但有效性总体偏低，主要短板是董事会专业委员会、风险管理与内部控制等治理机制还存在虚化现象，没有充分发挥应有的治理效应。2019年11月，原中国银保监会又制定《银行保险机构公司治理监管评估办法（试行）》，并根据治理监管评估结果对保险机构实施分类监管，切实提升保险机构治理有效性。

（二）本研究治理评价指标体系具体设计思路

需要说明的是，我国监管机构的治理评价系统虽然具有一定的特点，但也因此存在一定局限性。首先，从评价指标体系构成上来看，监管部门保险机构治理评价指标体系由合理性、有效性和调节性指标构成，这样设计的思路充分体现出其虽然可以作为一套监管部门所用评价指标体系的特点，但没有充分反映出各维度的治理状况。其次，从评价信息来源上看，我国监管部门这套保险机构治理评价指标体系主要是基于保险机构上报的信息即非公开信息，这决定了其他评价主体难以直接应用该评价指标体系，因为其他主体不能获得这些相应的非公开信息。最后，从监管部门治理评价指标量化上来看，很多评价指标是主观判断指标，客观指标偏少，所以导致存在自评分和监管评分两个评价结果，且两个评分的平均值和中位数差距较大。

本研究在梳理国内外已有公司治理评价研究和主要公司治理评价系统的基础上，借鉴已有公司治理评价系统的框架设计思路，重点参考南开大学中国公司治理研究院发布的中国上市公司治理指数的指标体系框架，立足我国保险机构治理实际，从六个具体治理内容维度出发，设计指标评价我国保险机构各维度治理状况，基于此合成中国保险机构治理指数和两个治理层次分指数，即强制性治理指数和自主性治理指数，全面反映我国保险机构治理质量。本研究设计的保险机构治理评价系统恰好弥补了监管部门评价系统在前述三个方面的不足。

第三节　中国保险机构治理评价指标体系

一、中国保险机构治理评价指标体系构成

中国保险机构治理评价指标体系[①]如表4–1所示，共70个具体评价指标。分指标维度来看，股东与股权结构维度5个评价指标、董事与董事会维度24个评价指标、监事与监事会维度8个评价指标、高级管理人员维度7个评价指标、信息披露维度17个评价指标、利益相关者维度9个评价指标。分指标层次来看，对于财产保险机构和再保险机构，初级指标41个、高级指标29个；对于其他保险机构，初级指标41个、高级指标29个。分指标特质来看，通用指标37个、特有指标33个。分指标方向来看，正向指标58个、负向指标12个。

① 本研究采用的是第二版中国保险机构治理评价体系，关于该评价体系中评价指标构成及其他方面评价要素的详细介绍，可以参考郝臣撰写的著作《中国保险机构治理指数研究》和《我国中小型保险机构治理研究》中的相关章节内容。

表 4-1 中国保险机构治理评价指标体系构成

序号	指标编号	指标名称	指标层次	指标特质	指标方向
1	1-1	股东（大）会召开情况	初级	通用	正向
2	1-2	股权结构状况	高级	通用	正向
3	1-3	是否存在机构投资者	高级	通用	正向
4	1-4	股权层级状况	高级	通用	负向
5	1-5	股权出质或质押情况	高级	通用	负向
6	2-1	董事会规模	初级	通用	正向
7	2-2	是否单独或合并设立资产负债管理专门委员会	初级	特有	正向
8	2-3	是否单独或合并设立战略专门委员会	初级	特有	正向
9	2-4	是否单独或合并设立审计专门委员会	初级	特有	正向
10	2-5	是否单独或合并设立提名专门委员会	初级	特有	正向
11	2-6	是否单独或合并设立薪酬专门委员会	初级	特有	正向
12	2-7	是否单独或合并设立关联交易控制专门委员会	初级	特有	正向
13	2-8	是否单独或合并设立风险管理专门委员会	初级	特有	正向
14	2-9	是否单独或合并设立消费者权益保护专门委员会	初级	特有	正向
15	2-10	是否单独或合并自主设立其他董事会专门委员会	高级	特有	正向
16	2-11	董事学历状况	高级	通用	正向
17	2-12	有无财务会计审计背景董事	高级	通用	正向
18	2-13	有无金融背景董事	高级	通用	正向
19	2-14	有无保险精算背景董事	高级	特有	正向
20	2-15	董事专业和职业背景结构	高级	通用	正向
21	2-16	董事长是否存在非正常变更情况	高级	通用	负向
22	2-17	独立董事比例情况	初级	通用	正向
23	2-18	独立董事学历情况	高级	通用	正向
24	2-19	有无财务会计审计背景独立董事	初级	通用	正向
25	2-20	有无金融背景独立董事	初级	通用	正向
26	2-21	有无保险精算背景独立董事	初级	特有	正向
27	2-22	有无法律背景独立董事	初级	通用	正向
28	2-23	独立董事专业和职业背景结构	高级	通用	正向
29	2-24	独立董事任职结构是否多元化	高级	通用	正向

续表

序号	指标编号	指标名称	指标层次	指标特质	指标方向
30	3-1	监事会规模或监事人数	初级	通用	正向
31	3-2	职工监事比例情况	初级	通用	正向
32	3-3	外部监事比例情况	初级	通用	正向
33	3-4	监事学历情况	高级	通用	正向
34	3-5	有无财务会计审计背景监事	高级	通用	正向
35	3-6	有无金融背景监事	高级	通用	正向
36	3-7	有无保险精算背景监事	高级	特有	正向
37	3-8	监事专业和职业背景结构	高级	通用	正向
38	4-1	高管规模	高级	通用	正向
39	4-2	董事长和总经理两职是否分设	分年份①	通用	正向
40	4-3	是否设立总精算师	分类型+分年份②	特有	正向
41	4-4	是否设立合规负责人	初级	特有	正向
42	4-5	是否设立首席风险官	初级	特有	正向
43	4-6	是否设立审计负责人	初级	特有	正向
44	4-7	总经理是否存在非正常变更情况	高级	通用	负向
45	5-1	有无官网	初级	通用	正向
46	5-2	官网整体建设水平状况	高级	通用	正向
47	5-3	官网客服热线披露情况	初级	通用	正向
48	5-4	官网是否披露官微或公众号	高级	通用	正向
49	5-5	官网有无公开信息披露栏目	初级	特有	正向
50	5-6	官网公开信息披露栏目是否明显	初级	特有	正向
51	5-7	官网披露框架是否符合规定	初级	特有	正向
52	5-8	官网基本信息披露是否完善	初级	特有	正向
53	5-9	官网专项信息披露是否完善	初级	特有	正向
54	5-10	官网重大事项披露是否完善	初级	特有	正向
55	5-11	官网公司治理架构披露是否完善	初级	特有	正向

① 指标 4-2 在 2021 及以前评价年度为高级，在 2022 及以后评价年度为初级。

② 指标 4-3 对于人身保险机构、保险集团（控股）公司而言为初级；对于财产保险机构和再保险机构而言，在 2019 及以前评价年度为高级，在 2020 及以后评价年度为初级。

续表

序号	指标编号	指标名称	指标层次	指标特质	指标方向
56	5-12	偿付能力报告披露是否及时	初级	特有	正向
57	5-13	偿付能力报告披露后是否有更正	高级	特有	负向
58	5-14	年度信息披露报告披露是否及时	初级	特有	正向
59	5-15	年度信息披露报告披露是否完善	初级	特有	正向
60	5-16	年度信息披露报告披露后是否有更正	高级	特有	负向
61	5-17	年度财务会计报告审计意见类型	高级	通用	正向
62	6-1	亿元保费、万张保单投诉情况	高级	特有	负向
63	6-2	有无经营异常情况	初级	通用	负向
64	6-3	是否收到监管函	初级	特有	负向
65	6-4	是否受到行政处罚	初级	特有	负向
66	6-5	风险综合评级状况	初级	特有	正向
67	6-6	纳税信用评级状况	初级	通用	正向
68	6-7	评价年度有无失信情况	初级	通用	负向
69	6-8	社会责任承担状况	高级	特有	正向
70	6-9	负面新闻报道情况	高级	通用	负向

资料来源：南开大学中国保险机构治理评价课题组。

二、中国保险机构治理评价指标适用对象

1.股东与股权结构维度指标适用对象

如表4-2所示，股东与股权结构维度共计5个指标。其中，指标1-1适用于公司制的保险机构，对于非公司制的相互保险组织以其会员代表大会召开情况代替；指标1-2、1-3、1-4和1-5适用于公司制的保险机构，不适用于非公司制的相互保险组织。

表4-2　股权与股权结构维度指标适用对象

序号	指标全称	适用对象
1	指标1-1：股东（大）会召开情况	公司制的保险机构（对于非公司制的相互保险组织则以其会员代表大会召开情况代替）
2	指标1-2：股权结构状况	公司制的保险机构

续表

序号	指标全称	适用对象
3	指标1-3：是否存在机构投资者	公司制的保险机构
4	指标1-4：股权层级状况	公司制的保险机构
5	指标1-5：股权出质或质押情况	公司制的保险机构

资料来源：南开大学中国保险机构治理评价课题组。

2.董事与董事会维度指标适用对象

如表4-3所示，董事与董事会维度共计24个指标。其中，指标2-2适用于保险公司，不适用于其他保险机构；其余指标适用于所有保险机构。

表4-3　董事与董事会维度指标适用对象

序号	指标全称	适用对象
1	指标2-1：董事会规模	所有保险机构
2	指标2-2：是否单独或合并设立资产负债管理专门委员会	保险公司
3	指标2-3：是否单独或合并设立战略专门委员会	所有保险机构
4	指标2-4：是否单独或合并设立审计专门委员会	所有保险机构
5	指标2-5：是否单独或合并设立提名专门委员会	所有保险机构
6	指标2-6：是否单独或合并设立薪酬专门委员会	所有保险机构
7	指标2-7：是否单独或合并设立关联交易控制专门委员会	所有保险机构
8	指标2-8：是否单独或合并设立风险管理专门委员会	所有保险机构
9	指标2-9：是否单独或合并设立消费者权益保护专门委员会	所有保险机构
10	指标2-10：是否单独或合并自主设立其他董事会专门委员会	所有保险机构
11	指标2-11：董事学历状况	所有保险机构
12	指标2-12：有无财务会计审计背景董事	所有保险机构
13	指标2-13：有无金融背景董事	所有保险机构
14	指标2-14：有无保险精算背景董事	所有保险机构
15	指标2-15：董事专业和职业背景结构	所有保险机构
16	指标2-16：董事长是否存在非正常变更情况	所有保险机构
17	指标2-17：独立董事比例情况	所有保险机构
18	指标2-18：独立董事学历情况	所有保险机构
19	指标2-19：有无财务会计审计背景独立董事	所有保险机构
20	指标2-20：有无金融背景独立董事	所有保险机构

续表

序号	指标全称	适用对象
21	指标2-21：有无保险精算背景独立董事	所有保险机构
22	指标2-22：有无法律背景独立董事	所有保险机构
23	指标2-23：独立董事专业和职业背景结构	所有保险机构
24	指标2-24：独立董事任职结构是否多元化	所有保险机构

资料来源：南开大学中国保险机构治理评价课题组。

3.监事与监事会维度指标适用对象

如表4-4所示，监事与监事会维度共计8个指标。各个指标均适用于所有保险机构。

表4-4　监事与监事会维度指标适用对象

序号	指标全称	适用对象
1	指标3-1：监事会规模或监事人数	所有保险机构
2	指标3-2：职工监事比例情况	所有保险机构
3	指标3-3：外部监事比例情况	所有保险机构
4	指标3-4：监事学历情况	所有保险机构
5	指标3-5：有无财务会计审计背景监事	所有保险机构
6	指标3-6：有无金融背景监事	所有保险机构
7	指标3-7：有无保险精算背景监事	所有保险机构
8	指标3-8：监事专业和职业背景结构	所有保险机构

资料来源：南开大学中国保险机构治理评价课题组。

4.高级管理人员维度指标适用对象

如表4-5所示，高级管理人员维度共计7个指标。其中，指标4-3不适用于保险资产管理公司，适用于其他保险机构；其余指标适用于所有保险机构。

表4-5　高级管理人员维度指标适用对象

序号	指标全称	适用对象
1	指标4-1：高管规模	所有保险机构
2	指标4-2：董事长和总经理两职是否分设	所有保险机构

续表

序号	指标全称	适用对象
3	指标4-3：是否设立总精算师	保险资产管理公司外的其他保险机构
4	指标4-4：是否设立合规负责人	所有保险机构
5	指标4-5：是否设立首席风险官	所有保险机构
6	指标4-6：是否设立审计负责人	所有保险机构
7	指标4-7：总经理是否存在非正常变更情况	所有保险机构

资料来源：南开大学中国保险机构治理评价课题组。

5.信息披露维度指标适用对象

如表4-6所示，信息披露维度共计17个指标。其中，指标5-12和5-13不适用于保险资产管理公司和仅经营受托型业务的养老保险公司，适用于其他保险机构；其余指标适用于所有保险机构。

表4-6　信息披露维度指标适用对象

序号	指标全称	适用对象
1	指标5-1：有无官网	所有保险机构
2	指标5-2：官网整体建设水平状况	所有保险机构
3	指标5-3：官网客服热线披露情况	所有保险机构
4	指标5-4：官网是否披露官微或公众号	所有保险机构
5	指标5-5：官网有无公开信息披露栏目	所有保险机构
6	指标5-6：官网公开信息披露栏目是否明显	所有保险机构
7	指标5-7：官网披露框架是否符合规定	所有保险机构
8	指标5-8：官网基本信息披露是否完善	所有保险机构
9	指标5-9：官网专项信息披露是否完善	所有保险机构
10	指标5-10：官网重大事项披露是否完善	所有保险机构
11	指标5-11：官网公司治理架构披露是否完善	所有保险机构
12	指标5-12：偿付能力报告披露是否及时	除保险资产管理公司和仅经营受托型业务的养老保险公司外的其他保险机构
13	指标5-13：偿付能力报告披露后是否有更正	除保险资产管理公司和仅经营受托型业务的养老保险公司外的其他保险机构
14	指标5-14：年度信息披露报告披露是否及时	所有保险机构
15	指标5-15：年度信息披露报告披露是否完善	所有保险机构

续表

序号	指标全称	适用对象
16	指标5-16：年度信息披露报告披露后是否有更正	所有保险机构
17	指标5-17：年度财务会计报告审计意见类型	所有保险机构

资料来源：南开大学中国保险机构治理评价课题组。

6.利益相关者维度指标适用对象

如表4-7所示，利益相关者维度共计9个指标。其中，指标6-1不适用于再保险机构、保险集团（控股）公司和保险资产管理公司，适用于其他的保险机构；指标6-5不适用于保险集团（控股）公司和保险资产管理公司，适用于其他保险机构；其余指标适用于所有保险机构。

表4-7　利益相关者维度指标适用对象

序号	指标全称	适用对象
1	指标6-1：亿元保费、万张保单投诉情况	除再保险机构、保险集团（控股）公司和保险资产管理公司外的其他保险机构
2	指标6-2：有无经营异常情况	所有保险机构
3	指标6-3：是否收到监管函	所有保险机构
4	指标6-4：是否受到行政处罚	所有保险机构
5	指标6-5：风险综合评级状况	除保险集团（控股）公司和保险资产管理公司外的其他保险机构
6	指标6-6：纳税信用评级状况	所有保险机构
7	指标6-7：评价年度有无失信情况	所有保险机构
8	指标6-8：社会责任承担状况	所有保险机构
9	指标6-9：负面新闻报道情况	所有保险机构

资料来源：南开大学中国保险机构治理评价课题组。

第四节　中国保险机构治理评价指数模型

一、中国保险机构治理总指数模型

公司治理指数是运用统计学及运筹学原理，根据一定的指标体系，对照一定的标准，按照科学的程序，通过定量分析与定性分析，以指数形式对公司治理状况作出的系统、客观和准确的评价（李维安和程新生，2005）。

中国保险机构治理指数，也称南开保险机构治理指数，是基于公开披露信息，根据中国保险机构治理指标体系，将股东与股权结构、董事与董事会、监事与监事会、高级管理人员、信息披露及利益相关者六大内容维度分指数以一定的权重加权求和，对中国保险机构治理质量作出的系统、客观、准确的评价，指数最小值为0，最大值为100，治理指数越高代表治理质量越好。相对内容维度分指数来说，中国保险机构治理指数也是总指数。

围绕治理内容维度各分指数的权重，南开大学中国保险机构治理评价课题组先后发放118份调查问卷，其中68份通过了数据一致性检验（Consistency Test），即CR值（Consistency Ratio）小于0.1。进而使用软件yaahp12.4中的群决策层次分析法（AHP）计算后确定各分指数的权重为：股东与股权结构分指数权重0.1833、董事与董事会分指数权重0.2069、监事与监事会分指数权重0.0998、高级管理人员分指数权重0.1507、信息披露分指数权重0.1925以及利益相关者分指数权重0.1668。

本研究按照该权重对治理内容维度的六大分指数加权求和进而生成中国保险机构治理指数，指数模型见式4-1。

$$\begin{aligned} CIIGI = {} & 0.1833 \times CIIGI_{SHARE} + 0.2069 \times CIIGI_{BOD} + \\ & 0.0998 \times CIIGI_{SUPER} + 0.1507 \times CIIGI_{TOP} + \\ & 0.1925 \times CIIGI_{DISCL} + 0.1668 \times CIIGI_{STAKE} \end{aligned} \qquad \text{（式4-1）}$$

其中，$CIIGI_{SHARE}$表示股东与股权结构分指数、$CIIGI_{BOD}$表示董事与董事会分指数、$CIIGI_{SUPER}$表示监事与监事会分指数、$CIIGI_{TOP}$表示高级管理人员分指数、$CIIGI_{DISCL}$表示信息披露分指数、$CIIGI_{STAKE}$表示利益相关者分指数。

二、治理内容维度中国保险机构治理分指数模型

中国保险机构治理评价指标体系包含六大治理内容维度，分别是股东

与股权结构维度、董事与董事会维度、监事与监事会维度、高级管理人员维度、信息披露维度和利益相关者维度。对各维度指标的哑变量量化结果进行等权重求和，可以得到每一个维度的治理原始评分。因为各维度的指标数量不一致，因此为确保各维度评价结果具有可比性，对每个维度的原始评分进行标准化处理，采用百分化后的结果。

（一）股东与股权结构分指数模型

股东与股权结构维度共计5个评价指标，其中非公司制的相互保险组织适用1个指标，其他保险机构适用全部指标，分指数计算过程如式4–2所示。

$$CIIGI_{SHARE}=\left(\sum_{1-i}^{n}Score_{1-i}\div n\right)\times 100 \qquad (式4–2)$$

其中，$Score_{1-i}$表示股东与股权结构维度各评价指标的哑变量评分，1–i代表指标编号；n表示适用指标数量。对于公司制的保险机构，i=1，…，5；对于非公司制的相互保险组织，i=1。

（二）董事与董事会分指数模型

董事与董事会维度共计24个评价指标，其中2021年及以前评价年度所有保险机构适用15个指标，2022年及以后评价年度保险公司适用24个指标，其他保险机构适用23个指标，分指数计算过程如式4–3所示。

$$CIIGI_{BOD}=\left(\sum_{2-i}^{n}Score_{2-i}\div n\right)\times 100 \qquad (式4–3)$$

其中，$Score_{2-i}$表示董事与董事会维度各评价指标的哑变量评分，2–i代表指标编号；n表示适用指标数量。2021年及以前评价年度，i=1，11，12，…，24。2022年及以后评价年度，对与保险公司，i=1，…，24；对于除保险公司外的其他保险机构，i=1，3，4，…，24。

（三）监事与监事会分指数模型

监事与监事会维度共计8个评价指标，其中2021年及以前评价年度所有保险机构适用7个指标，2022年及以后评价年度所有保险机构适用8个指标，分指数计算过程如式4–4所示。

$$CIIGI_{SUPER}=(\sum_{3-i}^{n} Score_{3-i} \div n) \times 100 \qquad (式4–4)$$

其中，$Score_{3-i}$表示监事与监事会维度各评价指标的哑变量评分，3–i代表指标编号；n表示适用指标数量。2021年及以前评价年度，i=1，2，4，5，…，8。2022年及以后评价年度，i=1，…，8。

（四）高级管理人员分指数模型

高级管理人员维度共计7个评价指标，其中保险资产管理公司适用6个指标，其他保险机构适用全部指标，分指数计算过程如式4–5所示。

$$CIIGI_{TOP}=(\sum_{4-i}^{n} Score_{4-i} \div n) \times 100 \qquad (式4–5)$$

其中，$Score_{4-i}$表示高级管理人员维度各评价指标的哑变量评分，4–i代表指标编号；n表示适用指标数量。对于保险资产管理公司，i=1，2，4，5，6，7；对于其他保险机构，i=1，…，7。

（五）信息披露分指数模型

信息披露维度共计17个评价指标，其中保险资产管理公司和仅经营受托型业务的养老保险公司适用15个指标，其他保险机构适用全部指标，分指数计算过程如式4–6所示。

$$CIIGI_{DISCL}=(\sum_{5-i}^{n} Score_{5-i} \div n) \times 100 \qquad (式4–6)$$

其中，$Score_{5-i}$表示股东与股权结构维度各评价指标的哑变量评分，5–i代表指标编号；n表示适用指标数量。对于保险资产管理公司和仅经营受托型业务的养老保险公司，i=1，…，11，14，…，17；对于其他保险机构，i=1，…，17。

（六）利益相关者分指数模型

利益相关者维度共计9个评价指标，其中保险集团（控股）公司和保险资产管理公司适用7个指标，再保险机构适用8个指标，其他保险机构适用全部指标，分指数计算过程如式4–7所示。

$$CIIGI_{STAKE}=\left(\sum_{6-i}^{n}Score_{6-i}\div n\right)\times 100 \quad （式4–7）$$

其中，$Score_{6-i}$表示股东与股权结构维度各评价指标的哑变量评分，6–i代表指标编号；n表示适用指标数量。对于保险集团（控股）公司和保险资产管理公司，i=2，3，4，6，7，8，9；对于再保险机构，i=2，…，9。

三、治理层次维度中国保险机构治理分指数模型

中国保险机构治理评价指标体系对各治理内容维度指标依照治理层次进一步划分为初级指标和高级指标，本研究根据初级指标和高级指标分别生成强制性治理指数和自主性治理指数。对于财产保险机构和再保险机构，2022年及以后评价年度初级指标41个、高级指标29个；对于其他保险机构，2022年及以后评价年度初级指标41个、高级指标29个。针对不同类型、不同年份机构对应的初高级指标，首先根据式4–2至4–7生成各治理内容维度强制性治理分指数和自主性治理分指数，进而根据前述六大治理内容维度的权重，加权求和生成强制性治理指数和自主性治理指数。

（一）强制性治理分指数模型

根据表4–1中国保险机构治理评价指标体系中的初级指标，生成中国保险机构强制性治理指数，计算过程如式4–8所示。

$$\begin{aligned}CIIGI_{MANDA}=&0.1833\times CIIGI_{SHARE-MANDA}+0.2069\times CIIGI_{BOD-MANDA}+\\&0.0998\times CIIGI_{SUPER-MANDA}+0.1507\times CIIGI_{TOP-MANDA}+\\&0.1925\times CIIGI_{DISCL-MANDA}+0.1668\times CIIGI_{STAKE-MANDA}\end{aligned} \quad （式4–8）$$

其中，$CIIGI_{SHARE-MANDA}$、$CIIGI_{BOD-MANDA}$、$CIIGI_{SUPER-MANDA}$、$CIIGI_{TOP-MANDA}$、$CIIGI_{DISCL-MANDA}$和$CIIGI_{STAKE-MANDA}$分别代表各治理内容维度的强制性治理分指数，基于式4–2、式4–3、式4–4、式4–5、式4–6和式4–7导入初级指标计算而来。

（二）自主性治理分指数模型

根据表4–1中国保险机构治理评价指标体系中的高级指标，生成中国

保险机构自主性治理指数，计算过程如式4–9所示。

$$\begin{aligned} CIIGI_{VOLUN} = {} & 0.1833 \times CIIGI_{SHARE-VOLUN} + 0.2069 \times CIIGI_{BOD-VOLUN} + \\ & 0.0998 \times CIIGI_{SUPER-VOLUN} + 0.1507 \times CIIGI_{TOP-VOLUN} + \\ & 0.1925 \times CIIGI_{DISCL-VOLUN} + 0.1668 \times CIIGI_{STAKE-VOLUN} \end{aligned} \quad \text{（式4–9）}$$

其中，$CIIGI_{SHARE-VOLUN}$、$CIIGI_{BOD-VOLUN}$、$CIIGI_{SUPER-VOLUN}$、$CIIGI_{TOP-VOLUN}$、$CIIGI_{DISCL-VOLUN}$和$CIIGI_{STAKE-VOLUN}$分别代表各治理内容维度的自主性治理分指数，基于式4–2、式4–3、式4–4、式4–5、式4–6和式4–7导入高级指标计算而来。

需要说明的是，非公司制的相互保险组织在股东与股权结构维度并无高级指标，因此这类机构在生成自主性治理指数时需要特殊处理。本研究将其他五个治理内容维度的权重进行标准化处理，使其之和为1，进而生成非公司制的相互保险组织自主性治理指数，具体模型见式4–10所示。

$$\begin{aligned} CIIGI_{VOLUN} = {} & 0.2534 \times CIIGI_{BOD-VOLUN} + 0.1222 \times CIIGI_{SUPER-VOLUN} + \\ & 0.1845 \times CIIGI_{TOP-VOLUN} + 0.2357 \times CIIGI_{DISCL-VOLUN} + \\ & 0.2042 \times CIIGI_{STAKE-VOLUN} \end{aligned} \quad \text{（式4–10）}$$

四、中国保险机构治理分类指数模型

不同类型保险机构有其治理特殊性，因此要针对特定类型保险机构开展治理评价，生成治理指数以量化反映其治理状况。本节构建了中国保险机构治理指数（CIIGI）分类指数体系，针对保险集团（控股）公司、保险公司、人身保险机构、财产保险机构、保险资产管理公司和相互保险组织分别建立治理指数模型，生成治理分类指数。

（一）中国保险集团（控股）公司治理指数模型

中国保险机构治理评价指标体系70个具体指标中有67个适用于保险集团（控股）公司，其余3个指标即指标2–2（是否单独或合并设立资产负债管理专门委员会）、指标6–1（亿元保费）、万张保单投诉情况和指标6–5（风险综合评级状况）不适用。中国保险集团（控股）公司治理指数［China

Insurance Group（Holdings）Corporate Governance Index，CIGCGI］是基于这67个评价指标生成股东与股权结构等六大分指数进而加权求和而得，指数模型如式4-11所示。

$$\begin{aligned} CIIGI_{GROUP} = & 0.1833 \times CIIGI_{SHARE-GROUP} + 0.2069 \times CIIGI_{BOD-GROUP} + \\ & 0.0998 \times CIIGI_{SUPER-GROUP} + 0.1507 \times CIIGI_{TOP-GROUP} + \\ & 0.1925 \times CIIGI_{DISCL-GROUP} + 0.1668 \times CIIGI_{STAKE-GROUP} \end{aligned} \quad (式4-11)$$

其中，$CIIGI_{SHARE-GROUP}$、$CIIGI_{BOD-GROUP}$、$CIIGI_{SUPER-GROUP}$、$CIIGI_{TOP-GROUP}$、$CIIGI_{DISCL-GROUP}$和$CIIGI_{STAKE-GROUP}$分别基于式4-2、式4-3、式4-4、式4-5、式4-6和式4-7计算而来。

（二）中国保险公司治理指数模型

中国保险机构治理评价指标体系70个具体指标中有68个指标适用于仅经营受托型业务的养老保险公司，指标5-12（偿付能力报告披露是否及时）和指标5-13（偿付能力报告披露后是否有更正）不适用；其余保险公司对70个指标均适用。中国保险公司治理指数（China Insurance Company Governance Index，CICGI）是基于前述适用指标生成股东与股权结构等六大分指数进而加权求和而得，指数模型如式4-12所示。

$$\begin{aligned} CIIGI_{INCOM} = & 0.1833 \times CIIGI_{SHARE-INCOM} + 0.2069 \times CIIGI_{BOD-INCOM} + \\ & 0.0998 \times CIIGI_{SUPER-INCOM} + 0.1507 \times CIIGI_{TOP-INCOM} + \\ & 0.1925 \times CIIGI_{DISCL-INCOM} + 0.1668 \times CIIGI_{STAKE-INCOM} \end{aligned} \quad (式4-12)$$

其中，$CIIGI_{SHARE-INCOM}$、$CIIGI_{BOD-INCOM}$、$CIIGI_{SUPER-INCOM}$、$CIIGI_{TOP-INCOM}$、$CIIGI_{DISCL-INCOM}$和$CIIGI_{STAKE-INCOM}$分别基于式4-2、式4-3、式4-4、式4-5、式4-6和式4-7计算而来。

（三）中国人身保险机构治理指数模型

中国保险机构治理评价指标体系70个具体指标中有68个指标适用于仅经营受托型业务的养老保险公司，指标5-12（偿付能力报告披露是否及时）和指标5-13（偿付能力报告披露后是否有更正）不适用；有65个指标适用于人身保险机构中的非公司制相互保险组织，指标1-2（股权结构状况）、指标1-3（是否存在机构投资者）、指标1-4（股权层级状况）、指标1-5（股权出质或质押情况）和指标2-2（是否单独或合并设立资产负债管理专门委员会）不适用；其余人身保险机构对70个指标均适用。中国人身保险机构治理指数（China Personal Insurance Institution Governance Index，CPLIIGI）是基于前述适用指标生成股东与股权结构等六大分指数进而加权求和而得，指数模型如式4-13所示。

$$
\begin{aligned}
CIIGI_{NONPR} = {} & 0.1833 \times CIIGI_{SHARE-NONPR} + 0.2069 \times CIIGI_{BOD-NONPR} + \\
& 0.0998 \times CIIGI_{SUPER-NONPR} + 0.1507 \times CIIGI_{TOP-NONPR} + \\
& 0.1925 \times CIIGI_{DISCL-NONPR} + 0.1668 \times CIIGI_{STAKE-NONPR}
\end{aligned}
\quad（式4-13）
$$

其中，$CIIGI_{SHARE-NONPR}$、$CIIGI_{BOD-NONPR}$、$CIIGI_{SUPER-NONPR}$、$CIIGI_{TOP-NONPR}$、$CIIGI_{DISCL-NONPR}$和$CIIGI_{STAKE-NONPR}$分别基于式4-2、式4-3、式4-4、式4-5、式4-6和式4-7计算而来。

（四）中国财产保险机构治理指数模型

中国保险机构治理评价指标体系70个具体指标中有65个指标适用于财产保险机构中的非公司制相互保险组织，指标1-2（股权结构状况）、指标1-3（是否存在机构投资者）、指标1-4（股权层级状况）、指标1-5（股权出质或质押情况）和指标2-2（是否单独或合并设立资产负债管理专门委员会）不适用；其余财产保险机构对70个指标均适用。中国财产保险机构治理指数（China Property Insurance Institution Governance Index，CPYIIGI）是基于前述适用指标生成股东与股权结构等六大分指数进而加权求和而得，指数模型如式4-14所示。

$$
\begin{aligned}
CIIGI_{PROPE} = {} & 0.1833 \times CIIGI_{SHARE-PROPE} + 0.2069 \times CIIGI_{BOD-PROPE} + \\
& 0.0998 \times CIIGI_{SUPER-PROPE} + 0.1507 \times CIIGI_{TOP-PROPE} + \\
& 0.1925 \times CIIGI_{DISCL-PROPE} + 0.1668 \times CIIGI_{STAKE-PROPE}
\end{aligned}
\quad（式4-14）
$$

其中，$CIIGI_{SHARE-PROPE}$、$CIIGI_{BOD-PROPE}$、$CIIGI_{SUPER-PROPE}$、$CIIGI_{TOP-PROPE}$、$CIIGI_{DISCL-PROPE}$和$CIIGI_{STAKE-PROPE}$分别基于式4-2、式4-3、式4-4、式4-5、

式4-6和式4-7计算而来。

（五）中国保险资产管理公司治理指数模型

中国保险机构治理评价指标体系70个具体指标中有64个适用于保险资产管理公司，其余6个指标即指标2-2（是否单独或合并设立资产负债管理专门委员会）、指标4-3（是否设立总精算师）、指标5-12（偿付能力报告披露是否及时）、指标5-13（偿付能力报告披露后是否有更正）、指标6-1（亿元保费、万张保单投诉情况）和指标6-5（风险综合评级状况）不适用。中国保险资产管理公司治理指数（China Insurance Asset Management Company Governance Index，CIAMCGI）是基于这64个评价指标生成股东与股权结构等六大分指数进而加权求和而得，指数模型如式4-15所示。

$$\begin{aligned} CIIGI_{ASSET} = & 0.1833 \times CIIGI_{SHARE-ASSET} + 0.2069 \times CIIGI_{BOD-ASSET} + \\ & 0.0998 \times CIIGI_{SUPER-ASSET} + 0.1507 \times CIIGI_{TOP-ASSET} + \\ & 0.1925 \times CIIGI_{DISCL-ASSET} + 0.1668 \times CIIGI_{STAKE-ASSET} \end{aligned} \quad （式4-15）$$

其中，$CIIGI_{SHARE-ASSET}$、$CIIGI_{BOD-ASSET}$、$CIIGI_{SUPER-ASSET}$、$CIIGI_{TOP-ASSET}$、$CIIGI_{DISCL-ASSET}$和$CIIGI_{STAKE-ASSET}$分别基于式4-2、式4-3、式4-4、式4-5、式4-6和式4-7计算而来。

（六）中国再保险机构治理指数模型

中国保险机构治理评价指标体系70个具体指标中有69个适用于再保险机构，仅有指标6-1（亿元保费、万张保单投诉情况）不适用。中国再保险机构治理指数（China Reinsurance Company Governance Index，CRCGI）是基于这69个评价指标生成股东与股权结构等六大分指数进而加权求和而得，指数模型如式4-16所示。

$$\begin{aligned} CIIGI_{REINS} = & 0.1833 \times CIIGI_{SHARE-REINS} + 0.2069 \times CIIGI_{BOD-REINS} + \\ & 0.0998 \times CIIGI_{SUPER-REINS} + 0.1507 \times CIIGI_{TOP-REINS} + \\ & 0.1925 \times CIIGI_{DISCL-REINS} + 0.1668 \times CIIGI_{STAKE-REINS} \end{aligned} \quad （式4-16）$$

其中，$CIIGI_{SHARE-REINS}$、$CIIGI_{BOD-REINS}$、$CIIGI_{SUPER-REINS}$、$CIIGI_{TOP-REINS}$、

$CIIGI_{DISCL-REINS}$和$CIIGI_{STAKE-REINS}$分别基于式4-2、式4-3、式4-4、式4-5、式4-6和式4-7计算而来。

（七）中国相互保险组织治理指数模型

中国保险机构治理评价指标体系70个具体指标中有65个指标适用于非公司制相互保险组织，其余5个指标即指标1-2（股权结构状况）、指标1-3（是否存在机构投资者）、指标1-4（股权层级状况）、指标1-5（股权出质或质押情况）和指标2-2（是否单独或合并设立资产负债管理专门委员会）不适用；公司制的相互保险组织对70个指标均适用。中国相互保险组织治理指数（China Mutual Insurance Organization Governance Index，CMIOGI）是基于前述适用指标生成股东与股权结构等六大分指数进而加权求和而得，指数模型如式4-17所示。

$$\begin{aligned} CIIGI_{MUTUA} = & 0.1833 \times CIIGI_{SHARE-MUTUA} + 0.2069 \times CIIGI_{BOD-MUTUA} + \\ & 0.0998 \times CIIGI_{SUPER-MUTUA} + 0.1507 \times CIIGI_{TOP-MUTUA} + \\ & 0.1925 \times CIIGI_{DISCL-MUTUA} + 0.1668 \times CIIGI_{STAKE-MUTUA} \end{aligned} \quad （式4-17）$$

其中，$CIIGI_{SHARE-MUTUA}$、$CIIGI_{BOD-MUTUA}$、$CIIGI_{SUPER-MUTUA}$、$CIIGI_{TOP-MUTUA}$、$CIIGI_{DISCL-MUTUA}$和$CIIGI_{STAKE-MUTUA}$分别基于式4-2、式4-3、式4-4、式4-5、式4-6和式4-7计算而来。

第五节　中国保险机构治理等级与评级

一、中国保险机构治理等级说明

中国保险机构治理等级按照治理指数大小划分为I、II、III、IV、V、VI和VII七个等级。其中，等级I对应的指数区间为[90，100]，等级II对应的指数区间为[80，90)，等级III对应的指数区间为[70，80)，等级IV对应的指数区间为[60，70)，等级V对应的指数区间为[50，60)，等级VI对应的指数区间为[40，50)，等级VII对应的指数区间为[0，40)。治理等级是对保险机构治理指数的简单分组，没有考虑样本整体的分布情况，无特殊的经济含义，主要作用在于可以清晰地观察到中国保险机构治理质量的整体变化趋势。

表4-8 中国保险机构治理等级划分

序号	治理等级	指数区间
1	I	[90，100]
2	II	[80，90)
3	III	[70，80)
4	IV	[60，70)
5	V	[50，60)
6	VI	[40，50)
7	VII	[0，40)

资料来源：作者整理。

二、中国保险机构治理评级说明

治理等级划分相对简单明了且比较好操作，但是也存在如下明显的不足：第一，治理等级根据指数等额区间强制划分，没有考虑样本整体的分布情况，且缺少经济含义；第二，公众针对治理等级没有形成一种规范的认知，在没有明确说明的情况下，有人会认为Ⅵ等级是治理水平较高的等级，也有人会认为Ⅵ等级是治理水平较低的等级；第三，现实中罗马数字使用频率较英文字母低，同时罗马数字不方便公众理解和记忆，有些人可能会分不清IV和VI。治理评级能够弥补治理等级表现出的不足，评级结果的分布更加符合正态分布规律，经济含义更加符合实际，评级结果也便于理解和接受。

参照国内外专业机构信用评级、ESG评级主流做法，本研究在保险机构治理等级的基础上，充分考虑到样本的治理指数整体分布情况，根据保险机构治理指数大小每年为每家保险机构确定一个治理评级。治理评级结果包括A、B和C三个大类评级，以及AAA、AA、A、BBB、BB、B、CCC、

CC和C九个细分评级，不同评级具有不同的经济含义。各细分治理评级的划分标准为：AAA对应指数区间[90，100]，AA对应指数区间[85，90)，A对应指数区间[80，85)，BBB对应指数区间[70，80)，BB对应指数区间[65，70)，B对应指数区间[60，65)，CCC对应指数区间[50，60)，CC对应指数区间[40，50)，C对应指数区间[0，40)。

其中，A大类评级（包括AAA、AA和A）表示公司治理水平优秀，治理结构健全，治理机制高效。B大类评级（包括BBB、BB和B）表示公司治理水平良好，仅在个别方面表现欠佳，总体上治理比较稳健，治理风险较小。C大类评级（包括CCC、CC和C）表示公司治理水平较差，在多个方面表现欠佳，总体上治理稳健，治理风险明显。在C大类评级中，CCC和CC表示公司治理水平一般，在部分内容与层次维度或多个方面存在明显短板，有一定的治理风险；C表示公司治理水平较差，结构安排不合理，机制不健全，治理合规性较低，暴露出或隐含较大的治理风险。

表4-9　中国保险机构治理评级划分

序号	治理大类评级	治理细分评级	指数区间	经济含义
1	A类 治理优秀	AAA	[90，100]	治理非常优秀
2		AA	[85，90)	距离优秀有一点距离
3		A	[80，85)	治理总体不错，但有效性待提高
4	B类 治理良好	BBB	[70，80)	治理较为良好，无明显短板
5		BB	[65，70)	治理总体良好，但个别方面表现欠佳
6		B	[60，65)	治理总体良好，隐含一定治理风险
7	C类 治理较差	CCC	[50，60)	治理较差，存在明显短板
8		CC	[40，50)	治理很差，有一定治理风险
9		C	[0，40)	治理极差，治理风险很大

资料来源：作者整理。

2023年保险机构治理评价样本与数据来源

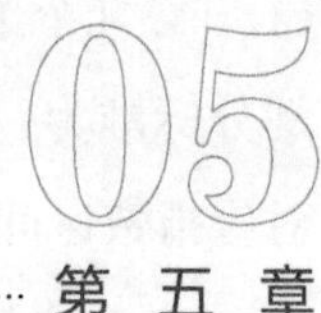

第五章

在全面勾勒我国保险机构类型体系轮廓的基础上，针对2023年度的样本数据，本章进行了详尽的构成剖析，从规模类型、资本性质、组织形式、险种类型、成立年限、注册地区、所在城市等多个维度，全方位揭示了样本的多元化特征及其分布情况。同时，对不同业务类型保险机构的规模类型、资本性质、组织形式和注册地区进行了透视分析。此外，本章还就评价过程中所采用的治理数据来源进行了清晰说明，确保了评价体系所用数据的透明度与科学性。

第一节　保险机构治理评价样本情况

一、保险机构治理评价样本的选择

如表5-1和图5-1所示，中国保险机构治理指数历年评价样本数合计1627家次，2016—2023年的评价样本数依次为160、172、180、180、227、234、236和238家，每年均选取了行业的全样本。其中2023年的评价样本数最多，相较于2016年增加了78家。截至2023年底，我国保险业238家各类法人保险机构名单详见附表1、附表2、附表3、附表4、附表5、附表6和附表7。

表5-1　2016—2023年保险机构治理评价样本数统计

年份	样本数（家）	占比（%）
2016	160	9.83
2017	172	10.57

续表

年份	样本数（家）	占比（%）
2018	180	11.06
2019	180	11.06
2020	227	13.95
2021	234	14.38
2022	236	14.51
2023	238	14.63
合计	1627	100.00

资料来源：南开大学中国保险机构治理指数数据库。

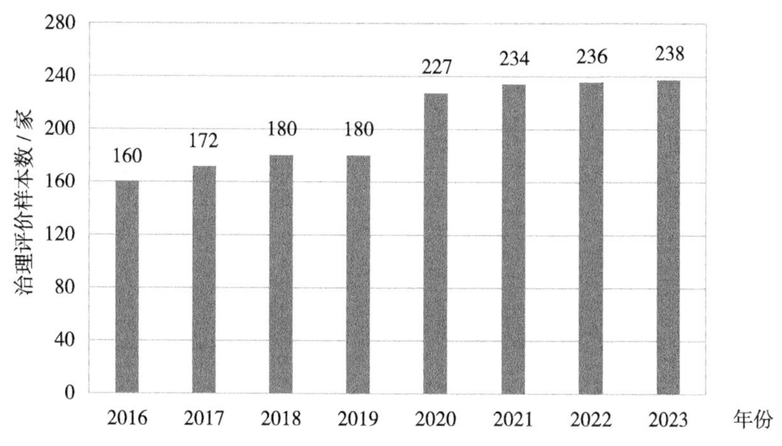

图 5-1　2016—2023 年保险机构治理评价样本数统计

资料来源：南开大学中国保险机构治理指数数据库。

二、保险机构治理评价样本的构成

（一）样本规模类型

如表5-2和图5-2所示，中国保险机构治理指数评价样本按照规模类型可划分为大型保险机构、中型保险机构、小型保险机构和微型保险机构四种。为方便统计和分析，上述机构规模类型分别用B、M、S和T表示，这些字母实际上对应Big、Medium、Small和Tiny单词的首字母，本章后续表沿用此种表述方式。在2023年的样本中，四种规模类型机构按照样本数量由多到少分别为小型保险机构、中型保险机构、微型保险机构和大型保险机构，评价样本数分别是116、58、45和19家，占比分别是48.74%、24.37%、18.91%和7.98%。

表5-2　2023年保险机构治理评价样本规模类型统计

规模类型	样本数（家）	占比（%）
B	19	7.98
M	58	24.37
S	116	48.74
T	45	18.91
合计	238	100.00

资料来源：南开大学中国保险机构治理指数数据库。

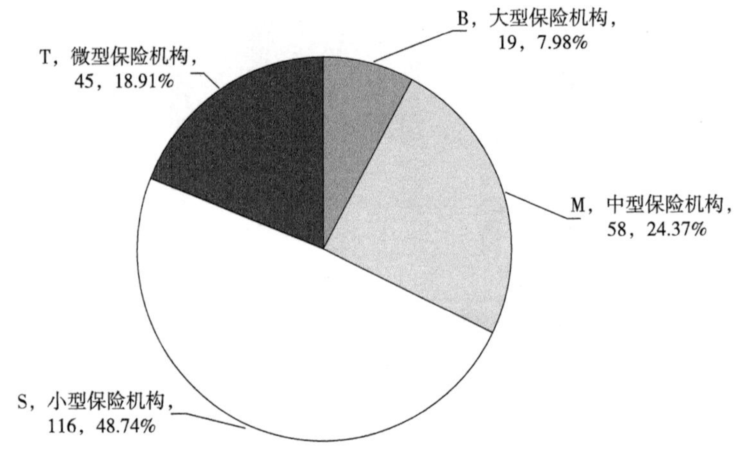

图5-2　2023年保险机构治理评价样本规模类型占比统计

资料来源：南开大学中国保险机构治理指数数据库。

（二）样本资本性质

如表5-3和图5-3所示，按照资本性质不同，中国保险机构治理指数评价样本可以分为中资保险机构和外资保险机构。为方便统计和分析，上述机构资本性质分别用C和F表示，这两个字母实际上对应Chinese和Foreign

单词的首字母，本章后续表沿用此种表述方式。在2023年的样本中，中资保险机构占比较多，样本数为181家，占比为76.05%；外资保险机构占比较少，样本数仅为57家，占比为23.95%。

表5-3　2023年保险机构治理评价样本资本性质统计

资本性质	样本数（家）	占比（%）
C	181	76.05
F	57	23.95
合计	238	100.00

资料来源：南开大学中国保险机构治理指数数据库。

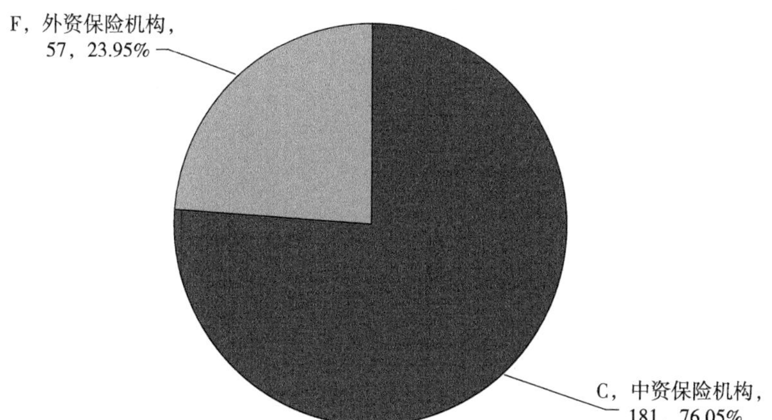

图5-3　2023年保险机构治理评价样本资本性质占比统计

资料来源：南开大学中国保险机构治理指数数据库。

（三）样本组织形式

如表5-4和图5-4所示，按照组织形式不同，中国保险机构治理指数评价样本可以分为有限制保险机构、相互保险组织和股份制保险机构。为方便统计和分析，这些机构组织形式分别用L、M和S表示，这些字母实际上对应Limited、Mutual和Stock单词的首字母，本章后续表沿用此种表述方式。2023年我国保险机构三种组织形式按照样本数量由多到少分别为股份制保险机构、有限制保险机构和相互保险组织，样本数分别是127、103和8家，占比分别是53.36%、43.28%和3.36%。

表 5-4　2023 年保险机构治理评价样本组织形式统计

组织形式	样本数（家）	占比（%）
L	103	43.28
M	8	3.36
S	127	53.36
合计	238	100.00

资料来源：南开大学中国保险机构治理指数数据库。

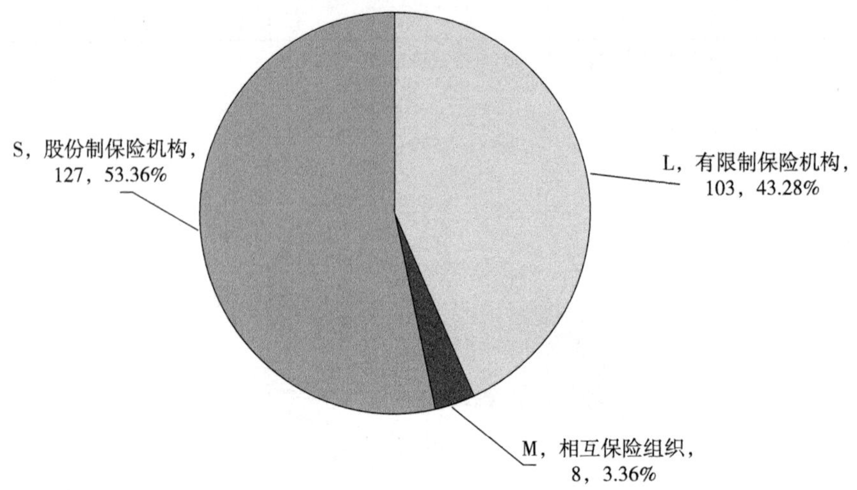

图 5-4　2023 年保险机构治理评价样本组织形式占比统计

资料来源：南开大学中国保险机构治理指数数据库。

（四）样本业务类型

如表 5-5 和图 5-5 所示，按照业务类型不同，中国保险机构治理指数评价样本划分为资产管理公司、集团（控股）公司、人身保险机构、财产保险机构和再保险机构。为方便统计和分析，上述机构业务类型分别用 A、G、N、P 和 R 表示，这些字母实际上对应 Asset、Group、Non-property、Property 和 Reinsurance 单词的首字母，本章后续表沿用此种表述方式。2023 年我国保险机构五种业务类型按照样本数量由多到少分别为人身保险机构、财产保险机构、资产管理公司、集团（控股）公司、再保险机构，样本数分别是 94、90、34、13 和 7 家，占比分别是 39.50%、37.82%、14.29%、

5.46%和2.94%。

表5-5　2023年保险机构治理评价样本业务类型统计

业务类型	样本数（家）	占比（%）
A	34	14.29
G	13	5.46
N	94	39.50
P	90	37.82
R	7	2.94
合计	238	100.00

资料来源：南开大学中国保险机构治理指数数据库。

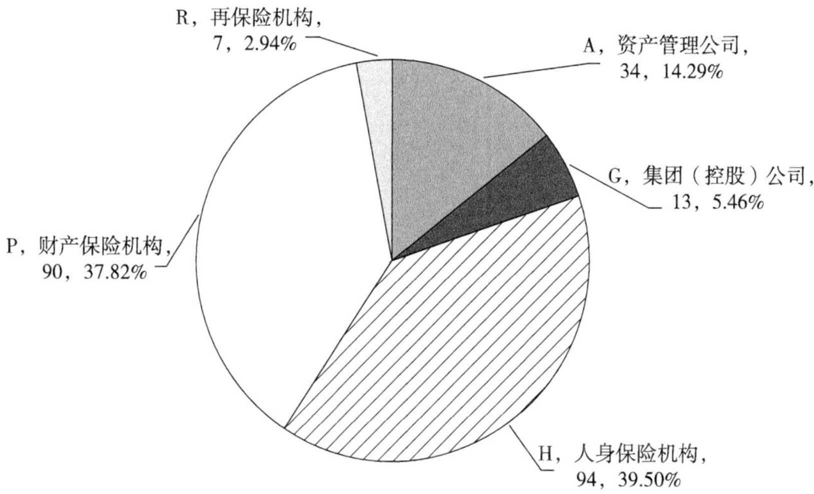

图5-5　2023年保险机构治理评价样本业务类型占比统计

资料来源：南开大学中国保险机构治理指数数据库。

（五）样本成立年限

如表5-6所示，2023年我国保险机构治理评价样本数基本呈随成立年限增加先增后减的趋势。其中成立年限为18年的样本数量最多，样本数为22家，占比是9.24%；成立年限为32、35、37和74年的样本数量最少，样本数均为1家，占比均为0.42%。

表5-6 2023年保险机构治理评价样本成立年限统计

序号	成立年限（年）	样本数（家）	占比（%）
1	0	5	2.10
2	1	2	0.84
3	2	6	2.52
4	3	4	1.68
5	4	5	2.10
6	5	8	3.36
7	6	13	5.46
8	7	14	5.88
9	8	16	6.72
10	9	5	2.10
11	10	10	4.20
12	11	13	5.46
13	12	12	5.04
14	13	5	2.10
15	14	10	4.20
16	15	9	3.78
17	16	16	6.72
18	17	11	4.62
19	18	22	9.24
20	19	7	2.94
21	20	11	4.62
22	21	9	3.78
23	22	5	2.10
24	23	2	0.84
25	24	1	0.42
26	25	3	1.26
27	27	8	3.36
28	28	2	0.84
29	32	1	0.42
30	35	1	0.42

续表

序号	成立年限（年）	样本数（家）	占比（%）
31	37	1	0.42
32	74	1	0.42
合计		238	100.00

资料来源：南开大学中国保险机构治理指数数据库。

（六）样本注册地区

如表5-7所示，2023年我国保险机构治理评价样本来自29个注册地区，其中注册地区为北京市的样本数量最多，样本数为75家，占比是31.51%；注册地区为甘肃省、贵州省、河南省、黑龙江省、湖南省、江西省、宁夏、山西省、陕西省、西藏和云南省的样本数量最少，样本数均为1家，占比均为0.42%。

表5-7　2023年保险机构治理评价样本注册地区统计

序号	注册地区	样本数（家）	占比（%）
1	安徽省	2	0.84
2	北京市	75	31.51
3	福建省	3	1.26
4	甘肃省	1	0.42
5	广东省	36	15.13
6	广西壮族自治区	2	0.84
7	贵州省	1	0.42
8	海南省	2	0.84
9	河北省	2	0.84
10	河南省	1	0.42
11	黑龙江省	1	0.42
12	湖北省	4	1.68
13	湖南省	1	0.42
14	吉林省	3	1.26
15	江苏省	5	2.10
16	江西省	1	0.42

续表

序号	注册地区	样本数（家）	占比（%）
17	辽宁省	6	2.52
18	宁夏回族自治区	1	0.42
19	山东省	5	2.10
20	山西省	1	0.42
21	陕西省	1	0.42
22	上海市	56	23.53
23	四川省	4	1.68
24	天津市	7	2.94
25	西藏自治区	1	0.42
26	新疆维吾尔自治区	2	0.84
27	云南省	1	0.42
28	浙江省	9	3.78
29	重庆市	4	1.68
合计		238	100.00

资料来源：南开大学中国保险机构治理指数数据库。

（七）样本所在城市

如表5-8所示，2023年我国保险机构治理评价样本分别位于47个城市，其中所在城市为北京市的样本数量最多，样本数为75家，占比是31.51%；所在城市为蚌埠市、保定市、佛山市、福州市、贵阳市、哈尔滨市、海口市、合肥市、吉林市、嘉兴市、克拉玛依市、昆明市、拉萨市、兰州市、南昌市、青岛市、瑞安市、三亚市、石家庄市、苏州市、太原市、乌鲁木齐市、无锡市、西安市、烟台市、银川市、长沙市和郑州市的样本数量最少，样本数均为1家，占比均为0.42%。

表5-8　2023年保险机构治理评价样本所在城市统计

序号	所在城市	样本数（家）	占比（%）
1	蚌埠市	1	0.42
2	保定市	1	0.42
3	北京市	75	31.51

续表

序号	所在城市	样本数（家）	占比（%）
4	沈阳市	2	0.84
5	成都市	4	1.68
6	慈溪市	2	0.84
7	大连市	4	1.68
8	佛山市	1	0.42
9	福州市	1	0.42
10	广州市	5	2.10
11	贵阳市	1	0.42
12	哈尔滨市	1	0.42
13	海口市	1	0.42
14	杭州市	3	1.26
15	合肥市	1	0.42
16	吉林市	1	0.42
17	济南市	3	1.26
18	嘉兴市	1	0.42
19	克拉玛依市	1	0.42
20	昆明市	1	0.42
21	拉萨市	1	0.42
22	兰州市	1	0.42
23	南昌市	1	0.42
24	南京市	3	1.26
25	南宁市	2	0.84
26	宁波市	2	0.84
27	青岛市	1	0.42
28	瑞安市	1	0.42
29	三亚市	1	0.42
30	厦门市	2	0.84
31	上海市	56	23.53
32	深圳市	28	11.76
33	石家庄市	1	0.42
34	苏州市	1	0.42

续表

序号	所在城市	样本数（家）	占比（%）
35	太原市	1	0.42
36	天津市	7	2.94
37	乌鲁木齐市	1	0.42
38	无锡市	1	0.42
39	武汉市	4	1.68
40	西安市	1	0.42
41	烟台市	1	0.42
42	银川市	1	0.42
43	长春市	2	0.84
44	长沙市	1	0.42
45	郑州市	1	0.42
46	重庆市	4	1.68
47	珠海市	2	0.84
合计		238	100.00

资料来源：南开大学中国保险机构治理指数数据库。

三、保险机构治理评价样本的透视

（一）不同业务类型保险机构规模类型

如表5-9所示，2023年资产管理公司仅包括小型与微型保险机构，以微型保险机构为主，样本数为21家；集团（控股）公司包括大型、中型以及小型保险机构，无微型机构，以大型保险机构为主，中型次之，小型最少，依次为8家、4家和1家；人身保险机构中规模类型最多的为中型保险机构，其次为小型，大型再次之，微型最少；财产保险机构中规模类型最多的是小型保险机构，微型次之，中型再次之，大型最少；再保险机构包括中型、小型与微型保险机构，无大型保险机构，以小型保险机构为主，中型次之，微型最少。总体而言，集团（控股）公司、人身保险机构和资产管理公司分别以大型、中型和微型保险机构为主，财产保险机构与再保险机构则以小型保险机构为主。

此外，从保险机构的规模类型来看，2023年大型保险机构中业务类型样本占比最多的是人身保险机构，占比最少的是财产保险机构；中型保险机构中业务类型样本占比最多的是人身保险机构，最少的是再保险机构；小型保险机构中业务类型样本占比最多的是财产保险机构，最少的是集团（控股）公司；微型保险机构中业务类型样本占比最多的是资产管理公司，最少的是再保险机构。

表5-9 2023年不同业务类型保险机构规模类型统计

业务类型	规模类型	样本数（家）	占比（%）
A	B	0	0.00
	M	0	0.00
	S	13	38.24
	T	21	61.76
	小计	34	100.00
G	B	8	61.54
	M	4	30.77
	S	1	7.69
	T	0	0.00
	小计	13	100.00
N	B	10	10.64
	M	41	43.62
	S	38	40.43
	T	5	5.32
	小计	94	100.00
P	B	1	1.11
	M	11	12.22
	S	60	66.67
	T	18	20.00
	小计	90	100.00

续表

业务类型	规模类型	样本数（家）	占比（%）
R	B	0	0.00
	M	2	28.57
	S	4	57.14
	T	1	14.29
	小计	7	100.00

资料来源：南开大学中国保险机构治理指数数据库。

（二）不同业务类型保险机构资本性质

如表5-10所示，2023年资产管理公司、集团（控股）公司与再保险机构的中资保险机构样本数分别为28、11和6家，占比分别为82.35%、84.62%和85.71%；外资保险机构样本数分别为6、2和1家，占比分别为17.65%、15.38%和14.29%。2023年人身保险机构的中资保险机构样本数为68家，占比72.34%；外资保险机构样本数为26家，占比27.66%。2023年财产保险机构的中资保险机构样本数为68家，占比75.56%；外资保险机构样本数为22家，占比24.44%。总体上看，各业务类型保险机构均以中资保险机构为主，占比均在70%以上。

在中资保险机构中，业务类型样本数最多的是人身保险机构与财产保险机构，最少的是再保险机构。在外资保险机构中，业务类型样本数最多的是人身保险机构，最少的是再保险机构。

表5-10　2023年不同业务类型保险机构资本性质统计

业务类型	规模类型	样本数（家）	占比（%）
A	C	28	82.35
	F	6	17.65
	小计	34	100.00
G	C	11	84.62
	F	2	15.38
	小计	13	100.00

续表

业务类型	规模类型	样本数（家）	占比（%）
N	C	68	72.34
	F	26	27.66
	小计	94	100.00
P	C	68	75.56
	F	22	24.44
	小计	90	100.00
R	C	6	85.71
	F	1	14.29
	小计	7	100.00

资料来源：南开大学中国保险机构治理指数数据库。

（三）不同业务类型保险机构组织形式

如表5-11所示，在人身保险机构和财产保险机构2023年样本中，股份制保险机构最多，样本数分别为58和52家，占比分别为61.70%和57.78%；有限制保险机构次之，样本数均为33家，占比分别为35.11%和36.67%；相互保险组织最少，占比分别为3.19%和5.56%。资产管理公司、集团（控股）公司与再保险机构三类中均不包括组织形式为相互制的样本，资产管理公司与再保险机构的有限制样本占比均在75%以上，远多于股份制样本，而集团（控股）公司的情况则相反。

在有限制组织形式中，样本数量最多的业务类型是人身保险机构与财产保险机构，资产管理公司次之，再保险机构再次之，集体（控股）公司最少。相互保险组织仅包含人身保险机构与财产保险机构，财产保险机构样本数略高于人身保险机构。股份制组织形式中业务类型按照样本数量从高到低排序为人身保险机构、财产保险机构、集体（控股）公司、资产管理公司与再保险机构。

表5-11　2023年不同业务类型保险机构组织形式统计

业务类型	组织形式	样本数（家）	占比（%）
A	L	27	79.41
	M	0	0.00
	S	7	20.59
	小计	34	100.00
G	L	4	30.77
	M	0	0.00
	S	9	69.23
	小计	13	100.00
N	L	33	35.11
	M	3	3.19
	S	58	61.70
	小计	94	100.00
P	L	33	36.67
	M	5	5.56
	S	52	57.78
	小计	90	100.00
R	L	6	85.71
	M	0	0.00
	S	1	14.29
	小计	7	100.00

资料来源：南开大学中国保险机构治理指数数据库。

（四）不同业务类型保险机构注册地区

如表5-12所示，在2023年，资产管理公司注册地区样本分布占比最高的三个地区依次为北京市、上海市和广东省，样本数分别为16、10和5家，占比分别为47.06%、29.41%和14.71%。集团（控股）公司注册地区占比从高至低排序分别为北京市、广东省和上海市，样本数分别为8、3和2家，占比分别为61.54%、23.08%和15.38%。人身保险机构中样本数量最多的三个注册地区依次为北京市、上海市和广东省，样本数分别为32、23和11

家，占比分别为34.04%、24.47%和11.70%。财产保险机构中样本数量最多的三个注册地区依次为上海市、广东省和北京市，样本数量为20、16和14家，占比分别为22.22%、17.78%和15.56%。再保险机构注册地区分布在北京市、上海市和广东省，样本数量分为5、1和1家，占比依次为71.43%、14.29%和14.29%。

表5-12　2023年不同业务类型保险机构注册地区统计

注册地区	业务类型									
	A		G		N		P		R	
	样本数（家）	占比（%）	样本数（家）	占比（%）	样本数（家）	占比（%）	样本数（家）	占比（%）	样本数（家）	占比（%）
安徽省	0	0.00	0	0.00	0	0.00	2	2.22	0	0.00
北京市	16	47.06	8	61.54	32	34.04	14	15.56	5	71.43
福建省	0	0.00	0	0.00	1	1.06	2	2.22	0	0.00
甘肃省	0	0.00	0	0.00	0	0.00	1	1.11	0	0.00
广东省	5	14.71	3	23.08	11	11.70	16	17.78	1	14.29
广西壮族自治区	0	0.00	0	0.00	1	1.06	1	1.11	0	0.00
贵州省	0	0.00	0	0.00	1	1.06	0	0.00	0	0.00
海南省	0	0.00	0	0.00	2	2.13	0	0.00	0	0.00
河北省	0	0.00	0	0.00	1	1.06	1	1.11	0	0.00
河南省	0	0.00	0	0.00	0	0.00	1	1.11	0	0.00
黑龙江省	0	0.00	0	0.00	0	0.00	1	1.11	0	0.00
湖北省	0	0.00	0	0.00	2	2.13	2	2.22	0	0.00
湖南省	0	0.00	0	0.00	1	1.06	0	0.00	0	0.00
吉林省	0	0.00	0	0.00	0	0.00	3	3.33	0	0.00
江苏省	0	0.00	0	0.00	3	3.19	2	2.22	0	0.00
江西省	0	0.00	0	0.00	0	0.00	1	1.11	0	0.00
辽宁省	1	2.94	0	0.00	3	3.19	2	2.22	0	0.00
宁夏回族自治区	0	0.00	0	0.00	0	0.00	1	1.11	0	0.00
山东省	0	0.00	0	0.00	2	2.13	3	3.33	0	0.00
山西省	0	0.00	0	0.00	0	0.00	1	1.11	0	0.00
陕西省	0	0.00	0	0.00	0	0.00	1	1.11	0	0.00
上海市	10	29.41	2	15.38	23	24.47	20	22.22	1	14.29

续表

注册地区	业务类型									
	A		G		N		P		R	
	样本数（家）	占比（%）	样本数（家）	占比（%）	样本数（家）	占比（%）	样本数（家）	占比（%）	样本数（家）	占比（%）
四川省	0	0.00	0	0.00	2	2.13	2	2.22	0	0.00
天津市	1	2.94	0	0.00	4	4.26	2	2.22	0	0.00
西藏自治区	0	0.00	0	0.00	0	0.00	1	1.11	0	0.00
新疆维吾尔自治区	0	0.00	0	0.00	0	0.00	2	2.22	0	0.00
云南省	0	0.00	0	0.00	0	0.00	1	1.11	0	0.00
浙江省	1	2.94	0	0.00	4	4.26	4	4.44	0	0.00
重庆市	0	0.00	0	0.00	1	1.06	3	3.33	0	0.00
合计	34	100.00	13	100.00	94	100.00	90	100.00	7	100.00

资料来源：南开大学中国保险机构治理指数数据库。

第二节　保险机构治理评价数据来源

本节主要内容是对保险机构治理评价指标原始数据来源的说明，包括总体说明和具体说明。评价数据均来自为公开信息渠道，具体包括保险机构官网披露的信息、国家金融监督管理总局官网（https：//www.cbirc.gov.cn/）公布的信息、中国保险行业协会官网（https：//www.iachina.cn/）发布的信息、企查查和天眼查检索的信息、主要搜索引擎搜索的信息等。

一、保险机构治理指标原始数据来源总体说明

关于保险机构治理指标原始数据的来源，为保证原始数据的质量，以获得客观和准确的评价结果，本研究关于原始数据来源遵循如下原则：

第一，从数据来源渠道来看，保险机构治理评价的原始数据来源十分

丰富，本研究提出数据应主要从公开信息渠道取得，而非内部信息或者调研信息。

第二，从数据来源方式来看，保险机构治理评价指标原始数据可以通过监管机构官网、保险机构官网相关栏目检索、企查查等专业网站检索这三种方式进行整理与记录，若无相关信息则可记录为“未披露”。

第三，从数据来源主体来看，不同的指标可能适用于不同的评价对象，因此各指标原始数据整理过程会略有不同，整理过程中要注意指标所适用的对象。

第四，从数据来源时间来看，不同指标原始数据的整理时间与紧急程度不同，对于及时性要求较高的指标原始数据一般于评价年度的12月31日前整理完毕（紧急程度为紧急），某些需要根据年度信息披露报告、偿付能力报告等文件整理的指标数据则可在次年等相关报告披露后进行整理（紧急程度为一般）。

第五，从数据来源细节来看，保险机构治理评价指标原始数据整理过程中需要全面、客观地考虑相应的注意事项，以确保评价所用原始数据的科学性和准确性。

二、保险机构内部治理评价指标原始数据来源具体说明

保险机构内部治理评价指标原始数据来源见表5-13至表5-16，主要来源为“保险机构官网—公开信息披露—基本信息—公司治理概要”“保险机构官网—公开信息披露—专项信息—偿付能力”“保险机构官网—关于我们—组织架构”“保险机构官网—公开信息披露—重大事项”“国家金融监督管理总局官网—政务信息—行政许可”“企查查—基本信息—查查图谱”“企查查—经营风险”等。其中，偿付能力报告也可以在“中国保险行业协会—信息披露—偿付能力信息披露”途径查找，因该途径与保险机构官网披露信息一致，因此未在表5-13至表5-16中列示。此外，诸如指标1-1［股东（大）会召开情况］、指标2-16（董事长是否存在非正常变更情况）等的原始数据需要配合搜索引擎搜索信息进

行确认。

表5-13　股东与股权结构维度指标原始数据来源

序号	指标编号	指标名称	数据来源
1	1-1	股东（大）会召开情况	保险机构官网—公开信息披露—基本信息—公司治理概要—近三年股东（大）会主要决议
2	1-2	股权结构状况	（1）企查查—基本信息—查查图谱—股权穿透图； （2）保险机构官网—公开信息披露—基本信息—公司治理概要—持股比例在5%以上的股东及其持股情况
3	1-3	是否存在机构投资者	（1）企查查—基本信息—查查图谱—股权穿透图； （2）保险机构官网—公开信息披露—基本信息—公司治理概要—持股比例在5%以上的股东及其持股情况
4	1-4	股权层级状况	（1）企查查—基本信息—查查图谱—股权穿透图； （2）企查查—基本信息—查查图谱—企业受益股东
5	1-5	股权出质或质押情况	（1）企查查—经营风险—股权出质； （2）企查查—经营风险—股权质押； （3）企查查—历史信息—历史股权出质

资料来源：作者整理。

表5-14　董事与董事会维度指标原始数据来源

序号	指标编号	指标名称	数据来源
1	2-1	董事会规模	（1）保险机构官网—公开信息披露—专项信息—偿付能力—偿付能力报告—基本信息—董事、监事和高级管理人员的基本情况； （2）企查查—变更记录—查看距离统计年份年底最近的一次董事变更后的情况
2	2-2	是否单独或合并设立资产负债管理专门委员会	（1）保险机构官网—公开信息披露—基本信息—公司治理概要—公司部门设置情况； （2）保险机构官网—关于我们—组织架构
3	2-3	是否单独或合并设立战略专门委员会	（1）保险机构官网—公开信息披露—基本信息—公司治理概要—公司部门设置情况； （2）保险机构官网—关于我们—组织架构
4	2-4	是否单独或合并设立审计专门委员会	（1）保险机构官网—公开信息披露—基本信息—公司治理概要—公司部门设置情况； （2）保险机构官网—关于我们—组织架构
5	2-5	是否单独或合并设立提名专门委员会	（1）保险机构官网—公开信息披露—基本信息—公司治理概要—公司部门设置情况； （2）保险机构官网—关于我们—组织架构

续表

序号	指标编号	指标名称	数据来源
6	2-6	是否单独或合并设立薪酬专门委员会	（1）保险机构官网—公开信息披露—基本信息—公司治理概要—公司部门设置情况； （2）保险机构官网—关于我们—组织架构
7	2-7	是否单独或合并设立关联交易控制专门委员会	（1）保险机构官网—公开信息披露—基本信息—公司治理概要—公司部门设置情况； （2）保险机构官网—关于我们—组织架构
8	2-8	是否单独或合并设立风险管理专门委员会	（1）保险机构官网—公开信息披露—基本信息—公司治理概要—公司部门设置情况； （2）保险机构官网—关于我们—组织架构
9	2-9	是否单独或合并设立消费者权益保护专门委员会	（1）保险机构官网—公开信息披露—基本信息—公司治理概要—公司部门设置情况； （2）保险机构官网—关于我们—组织架构
10	2-10	是否单独或合并自主设立其他董事会专门委员会	（1）保险机构官网—公开信息披露—基本信息—公司治理概要—公司部门设置情况； （2）保险机构官网—关于我们—组织架构
11	2-11	董事学历状况	（1）保险机构官网—公开信息披露—专项信息—偿付能力—偿付能力报告—基本信息—董事、监事和高级管理人员的基本情况； （2）企查查—变更记录—查看距离统计年份年底最近的一次董事变更后的情况
12	2-12	有无财务会计审计背景董事	（1）保险机构官网—公开信息披露—专项信息—偿付能力—偿付能力报告—基本信息—董事、监事和高级管理人员的基本情况； （2）企查查—变更记录—查看距离统计年份年底最近的一次董事变更后的情况
13	2-13	有无金融背景董事	（1）保险机构官网—公开信息披露—专项信息—偿付能力—偿付能力报告—基本信息—董事、监事和高级管理人员的基本情况； （2）企查查—变更记录—查看距离统计年份年底最近的一次董事变更后的情况
14	2-14	有无保险精算背景董事	（1）保险机构官网—公开信息披露—专项信息—偿付能力—偿付能力报告—基本信息—董事、监事和高级管理人员的基本情况； （2）企查查—变更记录—查看距离统计年份年底最近的一次董事变更后的情况

续表

序号	指标编号	指标名称	数据来源
15	2-15	董事专业和职业背景结构	(1)保险机构官网—公开信息披露—专项信息—偿付能力—偿付能力报告—基本信息—董事、监事和高级管理人员的基本情况; (2)企查查—变更记录—查看距离统计年份年底最近的一次董事变更后的情况
16	2-16	董事长是否存在非正常变更情况	(1)国家金融监督管理总局官网—政务信息—行政许可; (2)保险机构官网—公开信息披露—重大事项
17	2-17	独立董事比例情况	(1)保险机构官网—公开信息披露—专项信息—偿付能力—偿付能力报告—基本信息—董事、监事和高级管理人员的基本情况; (2)企查查—变更记录—查看距离统计年份年底最近的一次董事变更后的情况
18	2-18	独立董事学历情况	(1)保险机构官网—公开信息披露—专项信息—偿付能力—偿付能力报告—基本信息—董事、监事和高级管理人员的基本情况; (2)企查查—变更记录—查看距离统计年份年底最近的一次董事变更后的情况
19	2-19	有无财务会计审计背景独立董事	(1)保险机构官网—公开信息披露—专项信息—偿付能力—偿付能力报告—基本信息—董事、监事和高级管理人员的基本情况; (2)企查查—变更记录—查看距离统计年份年底最近的一次董事变更后的情况
20	2-20	有无金融背景独立董事	(1)保险机构官网—公开信息披露—专项信息—偿付能力—偿付能力报告—基本信息—董事、监事和高级管理人员的基本情况; (2)企查查—变更记录—查看距离统计年份年底最近的一次董事变更后的情况
21	2-21	有无保险精算背景独立董事	(1)保险机构官网—公开信息披露—专项信息—偿付能力—偿付能力报告—基本信息—董事、监事和高级管理人员的基本情况; (2)企查查—变更记录—查看距离统计年份年底最近的一次董事变更后的情况
22	2-22	有无法律背景独立董事	(1)保险机构官网—公开信息披露—专项信息—偿付能力—偿付能力报告—基本信息—董事、监事和高级管理人员的基本情况; (2)企查查—变更记录—查看距离统计年份年底最近的一次董事变更后的情况

续表

序号	指标编号	指标名称	数据来源
23	2–23	独立董事专业和职业背景结构	(1)保险机构官网—公开信息披露—专项信息—偿付能力—偿付能力报告—基本信息—董事、监事和高级管理人员的基本情况； (2)企查查—变更记录—查看距离统计年份年底最近的一次董事变更后的情况
24	2–24	独立董事任职结构是否多元化	(1)保险机构官网—公开信息披露—专项信息—偿付能力—偿付能力报告—基本信息—董事、监事和高级管理人员的基本情况； (2)企查查—变更记录—查看距离统计年份年底最近的一次董事变更后的情况

资料来源：作者整理。

表5–15 监事与监事会维度指标原始数据来源

序号	指标编号	指标名称	数据来源
1	3–1	监事会规模或监事人数	(1)保险机构官网—公开信息披露—专项信息—偿付能力—偿付能力报告—基本信息—董事、监事和高级管理人员的基本情况； (2)企查查—变更记录—查看距离统计年份年底最近的一次监事变更后的情况
2	3–2	职工监事比例情况	(1)保险机构官网—公开信息披露—专项信息—偿付能力—偿付能力报告—基本信息—董事、监事和高级管理人员的基本情况； (2)企查查—变更记录—查看距离统计年份年底最近的一次监事变更后的情况
3	3–3	外部监事比例情况	(1)保险机构官网—公开信息披露—专项信息—偿付能力—偿付能力报告—基本信息—董事、监事和高级管理人员的基本情况； (2)企查查—变更记录—查看距离统计年份年底最近的一次监事变更后的情况
4	3–4	监事学历情况	(1)保险机构官网—公开信息披露—专项信息—偿付能力—偿付能力报告—基本信息—董事、监事和高级管理人员的基本情况； (2)企查查—变更记录—查看距离统计年份年底最近的一次监事变更后的情况

续表

序号	指标编号	指标名称	数据来源
5	3-5	有无财务会计审计背景监事	(1)保险机构官网—公开信息披露—专项信息—偿付能力—偿付能力报告—基本信息—董事、监事和高级管理人员的基本情况; (2)企查查—变更记录—查看距离统计年份年底最近的一次监事变更后的情况
6	3-6	有无金融背景监事	(1)保险机构官网—公开信息披露—专项信息—偿付能力—偿付能力报告—基本信息—董事、监事和高级管理人员的基本情况; (2)企查查—变更记录—查看距离统计年份年底最近的一次监事变更后的情况
7	3-7	有无保险精算背景监事	(1)保险机构官网—公开信息披露—专项信息—偿付能力—偿付能力报告—基本信息—董事、监事和高级管理人员的基本情况; (2)企查查—变更记录—查看距离统计年份年底最近的一次监事变更后的情况
8	3-8	监事专业和职业背景结构	(1)保险机构官网—公开信息披露—专项信息—偿付能力—偿付能力报告—基本信息—董事、监事和高级管理人员的基本情况; (2)企查查—变更记录—查看距离统计年份年底最近的一次监事变更后的情况

资料来源：作者整理。

表5-16　高级管理人员维度指标原始数据来源

序号	指标编号	指标名称	数据来源
1	4-1	高管规模	(1)保险机构官网—公开信息披露—专项信息—偿付能力—偿付能力报告—基本信息—董事、监事和高级管理人员的基本情况; (2)企查查—变更记录—查看距离统计年份年底最近的一次高管变更后的情况
2	4-2	董事长和总经理两职是否分设	(1)保险机构官网—公开信息披露—专项信息—偿付能力—偿付能力报告—基本信息—董事、监事和高级管理人员的基本情况; (2)企查查—变更记录—查看距离统计年份年底最近的一次高管变更后的情况

续表

序号	指标编号	指标名称	数据来源
3	4-3	是否设立总精算师	（1）保险机构官网—公开信息披露—专项信息—偿付能力—偿付能力报告—基本信息—董事、监事和高级管理人员的基本情况；（2）保险机构官网—公开信息披露—基本信息—公司治理概要—高级管理人员简历
4	4-4	是否设立合规负责人	（1）保险机构官网—公开信息披露—专项信息—偿付能力—偿付能力报告—基本信息—董事、监事和高级管理人员的基本情况；（2）保险机构官网—公开信息披露—基本信息—公司治理概要—高级管理人员简历
5	4-5	是否设立首席风险官	（1）保险机构官网—公开信息披露—专项信息—偿付能力—偿付能力报告—基本信息—董事、监事和高级管理人员的基本情况；（2）保险机构官网—公开信息披露—基本信息—公司治理概要—高级管理人员简历
6	4-6	是否设立审计负责人	（1）保险机构官网—公开信息披露—专项信息—偿付能力—偿付能力报告—基本信息—董事、监事和高级管理人员的基本情况；（2）保险机构官网—公开信息披露—基本信息—公司治理概要—高级管理人员简历
7	4-7	总经理是否存在非正常变更情况	（1）国家金融监督管理总局官网—政务信息—行政许可；（2）保险机构官网—公开信息披露—重大事项

资料来源：作者整理。

三、保险机构外部治理评价指标原始数据来源具体说明

保险机构外部治理评价指标原始数据来源见表5-17和表5-18，主要来源为“企查查—保险机构官网”“企查查—官网—保险机构官网—公开信息披露”“国家金融监督管理总局官网—政务信息—公告通知”“国家税务总局官网—纳税服务—纳税信用A级纳税人名单公布栏”“天眼查—司法风险—历史失信信息”等。其中，偿付能力报告也可以在“中国保险行业协会—信息披露—偿付能力信息披露”途径查找，年度信息披露报告也可以在“中国保险行业协会—信息披露—保险公司年度信息披露”途径查找，

因前述中国保险行业协会官网途径与保险机构官网披露信息一致，因此未在表5-17和表5-18中列示。此外，诸如指标6-8（社会责任承担状况）、指标6-9（负面新闻报道情况）等的原始数据需要配合搜索引擎搜索信息进行确认。

表5-17　信息披露维度指标原始数据来源

序号	指标编号	指标名称	数据来源
1	5-1	有无官网	企查查—官网
2	5-2	官网整体建设水平状况	企查查—官网—保险机构官网
3	5-3	官网客服热线披露情况	企查查—官网—保险机构官网
4	5-4	官网是否披露官微或公众号	企查查—官网—保险机构官网
5	5-5	官网有无公开信息披露栏目	企查查—官网—保险机构官网
6	5-6	官网公开信息披露栏目是否明显	企查查—官网—保险机构官网
7	5-7	官网披露框架是否符合规定	企查查—官网—保险机构官网
8	5-8	官网基本信息披露是否完善	企查查—官网—保险机构官网—公开信息披露
9	5-9	官网专项信息披露是否完善	企查查—官网—保险机构官网—公开信息披露
10	5-10	官网重大事项披露是否完善	企查查—官网—保险机构官网—公开信息披露
11	5-11	官网公司治理架构披露是否完善	企查查—官网—保险机构官网—公开信息披露—基本信息
12	5-12	偿付能力报告披露是否及时	保险机构官网—公开信息披露—专项信息—偿付能力
13	5-13	偿付能力报告披露后是否有更正	保险机构官网—公开信息披露—专项信息—偿付能力
14	5-14	年度信息披露报告披露是否及时	保险机构官网—公开信息披露—年度信息
15	5-15	年度信息披露报告披露是否完善	保险机构官网—公开信息披露—年度信息

续表

序号	指标编号	指标名称	数据来源
16	5-16	年度信息披露报告披露后是否有更正	保险机构官网—公开信息披露—年度信息
17	5-17	年度财务会计报告审计意见类型	保险机构官网—公开信息披露—年度信息

资料来源：作者整理。

表5-18 利益相关者维度指标原始数据来源

序号	指标编号	指标名称	数据来源
1	6-1	亿元保费、万张保单投诉情况	国家金融监督管理总局官网—政务信息—公告通知
2	6-2	有无经营异常情况	企查查—经营风险—经营异常
3	6-3	是否收到监管函	保险机构官网—公开信息披露—重大事项
4	6-4	是否受到行政处罚	保险机构官网—公开信息披露—重大事项
5	6-5	风险综合评级状况	保险机构官网—公开信息披露—专项信息—偿付能力—偿付能力报告—风险综合评级
6	6-6	纳税信用评级状况	（1）国家税务总局官网—纳税服务—纳税信用A级纳税人名单公布栏； （2）天眼查—经营状况—税务评级途径
7	6-7	评价年度有无失信情况	天眼查—司法风险—历史失信信息
8	6-8	社会责任承担状况	（1）保险机构官网—社会责任/社会公益； （2）保险机构官网—关于我们—社会责任/社会公益； （3）保险机构官网—公开信息披露—社会责任/社会公益
9	6-9	负面新闻报道情况	企查查—企业发展—新闻舆情—情感选择（消极）

资料来源：作者整理。

2023年中国保险机构治理指数

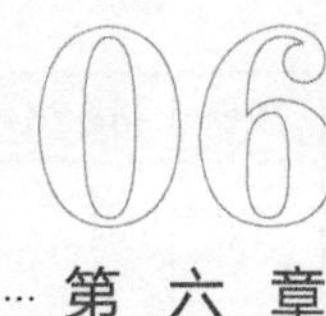

第六章

本章利用2023年中国保险机构治理指数，对我国保险机构治理状况进行总体分析，包括描述性统计分析和分布分析，同时还尝试从评价样本的治理等级和治理评级角度解读我国保险机构治理的状况。本章分别从规模类型、资本性质、组织形式、业务类型、成立年限、注册地区和所在城市角度展开保险机构治理总指数的分组比较分析，以此发掘上述因素对保险机构治理状况的影响。此外，本章还利用2016—2023年中国保险机构治理指数进行全面和重点分析，以精准捕捉我国保险机构治理状况的演进趋势。

第一节　中国保险机构治理指数总体分析

一、中国保险机构治理指数描述性统计分析

如表6-1所示，2023年中国保险机构治理指数的平均值为74.69，中位数为76.32，平均值小于中位数，可见中国保险机构治理指数分布为左偏。

表6-1　2023年中国保险机构治理指数统计分析

年份	样本数（家）	平均值	中位数	标准差	极差	最小值	最大值
2023	238	74.69	76.32	11.46	81.76	12.37	94.13

资料来源：南开大学中国保险机构治理指数数据库。

二、中国保险机构治理指数分布分析

如表6-2和图6-1所示，2023年中国保险机构治理指数的偏度系数

为-2.439，系数为负，由此可知中国保险机构治理指数分布为左偏。峰态系数10.096大于0，可见与标准正态分布相比较，中国保险机构治理指数分布更尖锐，即存在尖峰分布。

表6-2 2023年中国保险机构治理指数分布分析

年份	样本数（家）	偏度系数	偏度误差标准差	峰态系数	峰态系数标准差	下四分位数	中位数	上四分位数
2023	238	-2.439	0.158	10.096	0.314	71.164	76.323	81.574

资料来源：南开大学中国保险机构治理指数数据库。

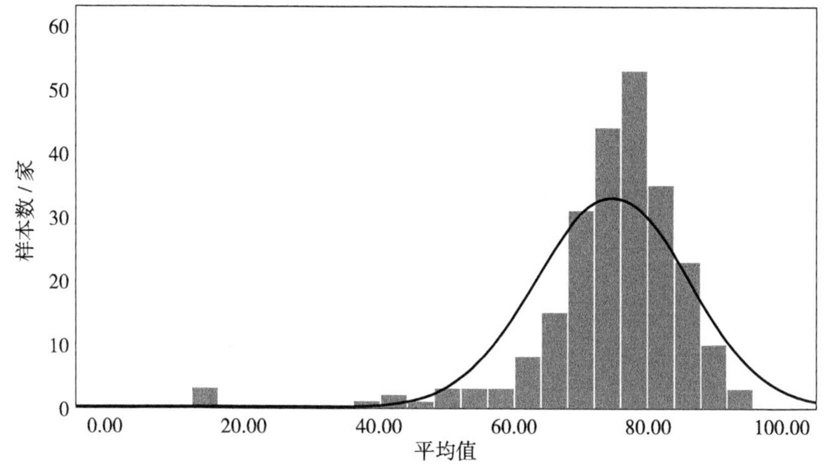

图6-1 2023年中国保险机构治理指数分布图

资料来源：南开大学中国保险机构治理评价课题组。

三、中国保险机构治理等级与评级分析

（一）中国保险机构治理等级分析

如表6-3所示，中国保险机构2023年治理等级以III级为主，样本数为119家，样本占比达到50%。样本数次多的治理等级是II级，样本数为66家，样本占比达到27.73%。样本数最少的治理等级为VI级，样本数为3家，样本占比小于1.5%。中国保险机构治理等级为I、V、VI和VII级的样本占比均小于5%，且这四个等级总占比小于10%；II、III、IV级的样本占比均

大于10%，且这四个等级总占比超过90%。

表6-3　2023年中国保险机构治理等级统计分析

治理等级	样本数（家）	占比（%）
I	5	2.10
II	66	27.73
III	119	50.00
IV	32	13.45
V	9	3.78
VI	3	1.26
VII	4	1.68
合计	238	100.00

资料来源：南开大学中国保险机构治理指数数据库。

（二）中国保险机构治理评级分析

如表6-4所示，从治理评级大类来看，2023年中国保险机构治理评级B类样本数量最多，占比为63.45%；A类样本数量次之，占比为29.83%；C类样本数量最少，占比为6.73。从治理评级细分来看，2023年大部分中国保险机构治理评级主要是BBB级，样本数为119家，样本占比达到50.00%。次多的是A级，样本数为42家，样本占比为17.65%。样本数最少的治理评级是CC级，样本数为3家，样本占比为1.26%。中国保险机构治理等级为AA、A和BBB级的样本占比均大于10.00%，总体占比达到77.73%；AAA、BB、B、CCC、CC、C级的占比均低于10.00%，总体占比小于25.00%。

表6-4　2023年中国保险机构治理评级统计分析

治理评级	样本数（家）	占比（%）
AAA	42	17.65
AA	24	10.08
A	5	2.10
BBB	10	4.20
BB	22	9.24
B	119	50.00

续表

治理评级	样本数（家）	占比（%）
CCC	4	1.68
CC	3	1.26
C	9	3.78
合计	238	100.00

资料来源：南开大学中国保险机构治理指数数据库。

注：文中B类样本和C类样本与表中占比求和不一致为计算过程中四舍五入导致的偏差，非计算错误。

第二节　中国保险机构治理指数比较分析

一、中国保险机构治理指数分规模类型比较分析

如表6-5所示，在不同规模类型的保险机构中，2023年微型保险机构的治理指数平均值相对较低，为68.67；而治理指数平均值最高的为大型保险机构，为77.18；小型与中型保险机构的治理指数平均值略次于大型保险机构，分别为76.88和74.16。从中位数角度来看，中型保险机构的治理指数中位数最高，为77.25；微型保险机构的治理指数中位数最低，为74.45。其中，大型保险机构治理指数中位数76.69，低于其平均值77.18，小型保险机构治理指数中位数76.72，低于其平均值76.88，其余规模类型的保险机构治理指数中位数均高于其平均值。

表6-5　2023年中国保险机构治理指数分规模类型比较分析

规模类型	样本数（家）	平均值	中位数
B	19	77.18	76.69
M	58	74.16	77.25
S	116	76.88	76.72
T	45	68.67	74.45

资料来源：南开大学中国保险机构治理指数数据库。

二、中国保险机构治理指数分资本性质比较分析

如表6-6所示，2023年中资保险机构治理指数平均值为74.64，略低于外资保险机构平均值74.84；而中资保险机构治理指数中位数为76.67，高于外资保险机构中位数74.62。

表6-6　2023年中国保险机构治理指数分资本性质比较分析

资本性质	样本数（家）	平均值	中位数
C	181	74.64	76.67
F	57	74.84	74.62

资料来源：南开大学中国保险机构治理指数数据库。

三、中国保险机构治理指数分组织形式比较分析

如表6-7所示，2023年股份制保险机构的治理指数平均值最高，达到76.63，有限制保险机构次之，为73.77，而相互保险组织的治理指数平均值最低，仅为55.79；从中位数角度来看，相互保险组织的中位数为74.09，与有限制保险机构中位数74.73接近，而股份制保险机构中位数最高，为77.70。

表6-7　2023年中国保险机构治理指数分组织形式比较分析

组织形式	样本数（家）	平均值	中位数
L	103	73.77	74.73
M	8	55.79	74.09
S	127	76.63	77.70

资料来源：南开大学中国保险机构治理指数数据库。

四、中国保险机构治理指数分业务类型比较分析

如表6-8所示，从业务类型的角度来看，治理指数平均值由高到低的业务类型依次为集团（控股）公司、财产保险机构、资产管理公司、人身保险机构、再保险机构，平均值分别为77.80、75.53、74.53、73.74和71.56；从中位数角度来看，集团（控股）公司的治理指数中位数也最高，

为77.54，再保险机构的治理指数中位数最低，为73.15。

表6-8　2023年中国保险机构治理指数分业务类型比较分析

业务类型	样本数（家）	平均值	中位数
A	34	74.53	75.95
G	13	77.80	77.54
N	94	73.74	76.60
P	90	75.53	76.64
R	7	71.56	73.15

资料来源：南开大学中国保险机构治理指数数据库。

五、中国保险机构治理指数分成立年限比较分析

如表6-9所示，将保险机构按成立年限分组，随着成立年限的增加，治理指数平均值依次为68.95、75.65、70.71、77.14、76.70和77.94，除成立10～14年的保险机构治理指数较低外，整体来说，成立年限越长，治理指数平均值也越高；而治理指数中位数则没有明显的随成立年限增加而增长的趋势，成立15～19年组别的治理指数中位数最高，为77.90，最低在成立0～4年组别，为72.65。

表6-9　2023年中国保险机构治理指数分成立年限比较分析

成立年限分组	样本数（家）	平均值	中位数
0～4年	22	68.95	72.65
5～9年	56	75.65	76.66
10～14年	50	70.71	73.64
15～19年	65	77.14	77.90
20～24年	28	76.70	77.53
25年及以上	17	77.94	76.89

资料来源：南开大学中国保险机构治理指数数据库。

六、中国保险机构治理指数分注册地区比较分析

如表6-10所示，从不同注册地区来分析保险机构的治理指数，注册地

位于甘肃省的保险机构治理指数平均值与中位数均最高，均为85.43，注册地位于山西省的保险机构治理指数平均值与中位数略低于甘肃省，均为84.88；而注册地位于浙江省的保险机构治理指数平均值最低，仅为55.23，与其余注册地区的保险机构治理指数平均值差距较大，但其治理指数中位数为72.77，处于中游水平，注册地位于安徽省的保险机构治理指数中位数最低，为66.81。

表6-10　2023年中国保险机构治理指数分注册地区比较分析

序号	注册地区	样本数（家）	平均值	中位数
1	安徽省	2	66.81	66.81
2	北京市	75	75.60	77.38
3	福建省	3	77.76	78.45
4	甘肃省	1	85.43	85.43
5	广东省	36	76.12	76.51
6	广西壮族自治区	2	77.46	77.46
7	贵州省	1	82.59	82.59
8	海南省	2	81.59	81.59
9	河北省	2	67.89	67.89
10	河南省	1	83.93	83.93
11	黑龙江省	1	83.46	83.46
12	湖北省	4	75.22	76.59
13	湖南省	1	82.92	82.92
14	吉林省	3	68.07	67.59
15	江苏省	5	78.98	79.95
16	江西省	1	82.01	82.01
17	辽宁省	6	67.98	72.77
18	宁夏回族自治区	1	84.27	84.27
19	山东省	5	75.15	75.22
20	山西省	1	84.88	84.88
21	陕西省	1	76.26	76.26
22	上海市	56	75.41	76.04
23	四川省	4	74.26	73.98

续表

序号	注册地区	样本数（家）	平均值	中位数
24	天津市	7	73.20	72.03
25	西藏自治区	1	74.45	74.45
26	新疆维吾尔自治区	2	71.59	71.59
27	云南省	1	74.13	74.13
28	浙江省	9	55.23	72.77
29	重庆市	4	73.53	75.34

资料来源：南开大学中国保险机构治理指数数据库。

七、中国保险机构治理指数分所在城市比较分析

如表6-11所示，按保险机构所在城市分析，无锡市保险机构治理指数的平均值与中位数最高，均为85.86，兰州市保险机构治理指数的平均值与中位数略低于无锡市，均为85.43；慈溪市的两家保险机构的平均值与中位数最低，均仅有12.37。除此之外，瑞安市只有一家保险机构，其平均值与中位数同样较低，均为13.61。有三家及以上保险机构所在的城市的治理指数平均值与中位数则一般在70以上。其中，大连市与杭州市的保险机构治理指数水平较低，平均值分别为71.44和72.29，中位数分别为72.77和72.77。

表6-11　2023年中国保险机构治理指数分所在城市比较分析

序号	所在城市	样本数（家）	平均值	中位数
1	蚌埠市	1	51.98	51.98
2	保定市	1	66.06	66.06
3	北京市	75	75.60	77.38
4	沈阳市	2	61.06	61.06
5	成都市	4	74.26	73.98
6	慈溪市	2	12.37	12.37
7	大连市	4	71.44	72.77
8	佛山市	1	75.69	75.69
9	福州市	1	73.69	73.69

续表

序号	所在城市	样本数（家）	平均值	中位数
10	广州市	5	81.86	78.78
11	贵阳市	1	82.59	82.59
12	哈尔滨市	1	83.46	83.46
13	海口市	1	80.34	80.34
14	杭州市	3	72.29	72.77
15	合肥市	1	81.65	81.65
16	吉林市	1	73.54	73.54
17	济南市	3	74.05	75.22
18	嘉兴市	1	80.87	80.87
19	克拉玛依市	1	71.28	71.28
20	昆明市	1	74.13	74.13
21	拉萨市	1	74.45	74.45
22	兰州市	1	85.43	85.43
23	南昌市	1	82.01	82.01
24	南京市	3	76.36	73.84
25	南宁市	2	77.46	77.46
26	宁波市	2	80.50	80.50
27	青岛市	1	81.90	81.90
28	瑞安市	1	13.61	13.61
29	三亚市	1	82.83	82.83
30	厦门市	2	79.79	79.79
31	上海市	56	75.41	76.04
32	深圳市	28	75.13	76.52
33	石家庄市	1	69.71	69.71
34	苏州市	1	79.95	79.95
35	太原市	1	84.88	84.88
36	天津市	7	73.20	72.03
37	乌鲁木齐市	1	71.91	71.91
38	无锡市	1	85.86	85.86
39	武汉市	4	75.22	76.59

续表

序号	所在城市	样本数（家）	平均值	中位数
40	西安市	1	76.26	76.26
41	烟台市	1	71.73	71.73
42	银川市	1	84.27	84.27
43	长春市	2	65.33	65.33
44	长沙市	1	82.92	82.92
45	郑州市	1	83.93	83.93
46	重庆市	4	73.53	75.34
47	珠海市	2	75.81	75.81

资料来源：南开大学中国保险机构治理指数数据库。

第三节　中国保险机构治理总指数趋势分析

一、中国保险机构治理总指数趋势全面分析

如表6-12所示，2016—2023年中国保险机构样本数整体上呈现递增趋势；中国保险机构治理指数平均值分别为66.69、67.32、68.37、70.38、71.94、73.16、73.79和74.69，呈现上升趋势；中位数从68.17增长到76.32，且在2016—2023年，中位数始终大于平均值，说明我国保险机构治理总指数呈左偏分布。

表6-12　2016—2023年中国保险机构治理指数趋势分析

年份	样本数（家）	平均值	中位数	标准差	极差	最小值	最大值
2016	160	66.69	68.17	11.52	74.38	11.12	85.50
2017	172	67.32	68.68	12.17	82.09	11.12	93.21
2018	180	68.37	69.67	12.24	79.99	11.12	91.11
2019	180	70.38	72.13	12.49	80.71	11.12	91.83
2020	227	71.94	72.83	12.02	82.45	11.12	93.57
2021	234	73.16	75.39	11.69	82.96	11.12	94.08

续表

年份	样本数（家）	平均值	中位数	标准差	极差	最小值	最大值
2022	236	73.79	74.93	10.89	82.55	11.12	93.67
2023	238	74.69	76.32	11.46	81.76	12.37	94.13

资料来源：南开大学中国保险机构治理指数数据库。

二、中国保险机构治理总指数趋势重点分析

如图6–2所示，从平均值角度看，中国保险机构治理指数自2016年起呈现稳步上升态势，由最初的66.69逐步攀升至2023年的74.69。具体来看，2017年至2023年中国保险机构治理指数每年的增长量依次为0.63、1.05、2.01、1.56、1.22、0.63和0.90，中国保险机构治理指数的增长率依次为0.94%、1.56%、2.94%、2.22%、1.70%、0.86%和1.22%。可以明显看出2019年和2020年中国保险治理指数的增长幅度最大，2020年之后中国保险机构治理指数的增速放缓。

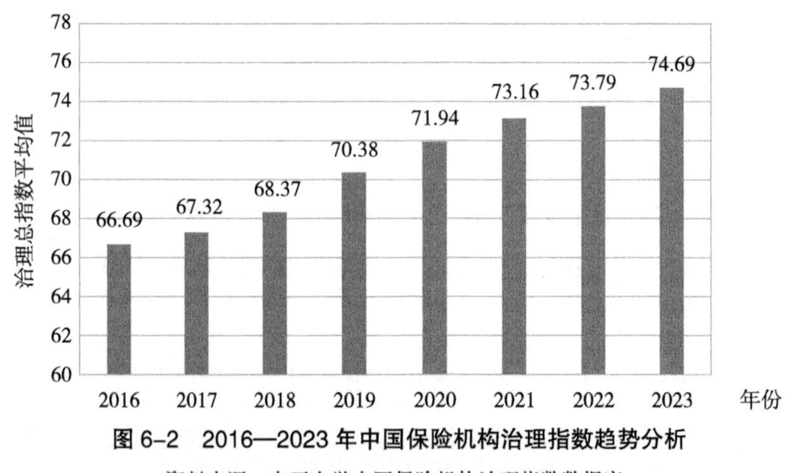

图6–2　2016—2023年中国保险机构治理指数趋势分析

资料来源：南开大学中国保险机构治理指数数据库。

保险机构治理发展动力模型将保险机构发展的动力分为内在需求拉动型、外部力量推动型和混合动力型这三种（郝臣，2018a；郝臣，2021；郝臣，2022b；郝臣，2024）。当下，我国保险机构治理发展更多是混合动力型，即既有内因，又有外部影响因素。保险机构治理指数的增长不仅能够

反映出保险机构内部由于发展自身的需要而不断完善其治理结构与机制，也能反映出国家监管[①]强有力的推动和行业标准的引领，在未来一段时间这两个保险机构治理的“驱动轮”将不断监督、完善、发展我国的保险机构并推动治理实践深入。

在2023年的样本中，小型保险机构、中型保险机构、微型保险机构和大型保险机构的评价样本数分别是116、58、45和19家，占比分别是48.74%、24.37%、18.91%和7.98%。由此可知，我国目前以中小型保险机构为主，而中小型保险机构在治理发展的内在动力方面相对来说不够充足，因此需要足够的外在动力。结合2020年之后中国保险机构治理指数增长放缓的现象来看，外部监管驱动和行业标准引领这两个外部动力更加需要发挥好自己的作用。

① 2024年9月11日发布的《国务院关于加强监管防范风险推动保险业高质量发展的若干意见》（国发〔2024〕21号）在总体要求中明确提出四个“必须”，其中之一就是必须坚持从严监管，确保监管“长牙带刺”、有棱有角，实现监管全覆盖、无例外，牢牢守住不发生系统性风险的底线。

2023年中国保险机构治理内容分指数

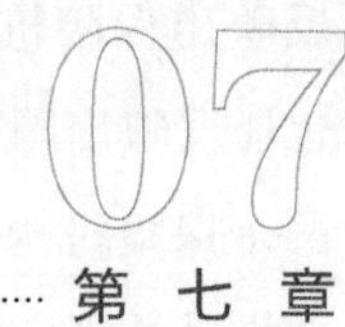

第七章

中国保险机构治理指数由股东与股权结构、董事与董事会、监事与监事会、高级管理人员、信息披露和利益相关者六个内容维度分指数构成。本章首先在对中国保险机构治理总指数分析的基础上，进一步从公司治理六个内容维度的分指数展开分析；其次对六个内容维度分指数展开分规模类型、资本性质、组织形式、业务类型、成立年限、注册地区和所在城市的比较分析，以更全面地反映中国保险机构治理的状况；最后利用2016—2023年中国保险机构治理内容分指数进行趋势分析，以观察我国保险机构六大治理维度的变化趋势与演进规律。

第一节　中国保险机构治理内容分指数总体分析

一、股东与股权结构分指数描述性统计分析

如表7-1所示，对股东与股权结构分指数进行统计分析，2023年样本平均值为63.28，中位数为60，且中位数低于平均值，股东与股权结构分指数呈右偏分布。2023年样本标准差为19.38，极差为100.00。

表7-1　2023年中国保险机构股东与股权结构分指数统计分析

年份	样本数（家）	平均值	中位数	标准差	极差	最小值	最大值
2023	238	63.28	60.00	19.38	100.00	0.00	100.00

资料来源：南开大学中国保险机构治理指数数据库。

二、董事与董事会分指数描述性统计分析

如表7-2所示，对董事与董事会分指数进行统计分析，2023年样本平均值为62.02，中位数为62.50，且中位数高于平均值，董事与董事会分指数呈左偏分布。2023年样本标准差为20.35，极差为100.00。

表7-2　2023年中国保险机构董事与董事会分指数统计分析

年份	样本数（家）	平均值	中位数	标准差	极差	最小值	最大值
2023	238	62.02	62.50	20.35	100.00	0.00	100.00

资料来源：南开大学中国保险机构治理指数数据库。

三、监事与监事会分指数描述性统计分析

如表7-3所示，对监事与监事会分指数进行统计分析，2023年样本平均值为50.26，中位数为50.00，且中位数低于平均值，监事与监事会分指数呈右偏分布。2023年样本标准差为22.81，极差为100.00。

表7-3　2023年中国保险机构监事与监事会分指数统计分析

年份	样本数（家）	平均值	中位数	标准差	极差	最小值	最大值
2023	238	50.26	50.00	22.81	100.00	0.00	100.00

资料来源：南开大学中国保险机构治理指数数据库。

四、高级管理人员分指数描述性统计分析

如表7-4所示，对高级管理人员分指数进行统计分析，2023年样本平均值为86.09，中位数为85.71，且中位数低于平均值，高级管理人员分指数呈右偏分布。2023年样本标准差为18.74，极差为100.00。

表7-4　2023年中国保险机构高级管理人员分指数统计分析

年份	样本数（家）	平均值	中位数	标准差	极差	最小值	最大值
2023	238	86.09	85.71	18.74	100.00	0.00	100.00

资料来源：南开大学中国保险机构治理指数数据库。

五、信息披露分指数描述性统计分析

如表7-5所示，对信息披露分指数进行统计分析，2023年样本平均值为91.41，中位数为94.12，且中位数高于平均值，信息披露分指数呈左偏分布。2023年样本标准差为15.45，极差为100.00。

表7-5　2023年中国保险机构信息披露分指数统计分析

年份	样本数（家）	平均值	中位数	标准差	极差	最小值	最大值
2023	238	91.41	94.12	15.45	100.00	0.00	100.00

资料来源：南开大学中国保险机构治理指数数据库。

六、利益相关者分指数描述性统计分析

如表7-6所示，对利益相关者分指数进行统计分析，2023年样本平均值为87.95，中位数为88.89，且中位数高于平均值，利益相关者分指数呈左偏分布。2023年样本标准差为11.42，极差为55.56。

表7-6　2023年中国保险机构利益相关者分指数统计分析

年份	样本数（家）	平均值	中位数	标准差	极差	最小值	最大值
2023	238	87.95	88.89	11.42	55.56	44.44	100.00

资料来源：南开大学中国保险机构治理指数数据库。

第二节　中国保险机构治理内容分指数比较分析

一、治理内容分指数分规模类型比较分析

如表7-7所示，从不同规模类型的保险机构来看，微型保险机构的各类指数总体较低；大型保险机构的股东与股权结构分指数、董事与董事会分指数和监事与监事会分指数最高，在2023年分别为74.74、64.18和59.21，小型保险机构的上述指标次之；小型保险机构的高级管理人员分指数和信息披露分指数最高，在2023年分别为89.74和96.31，中型保险机构

的上述指标次之，大型保险机构的上述指标再次之，微型保险机构的上述指标最低；中型保险机构的利益相关者分指数最高，在2023年为89.22，小型保险机构的该指标次之。可见大型保险机构治理水平相对较高，微型保险机构治理水平相对较低。

表7-7　2023年中国保险机构治理内容维度分指数分规模类型比较分析

规模类型	样本数（家）	股东与股权结构	董事与董事会	监事与监事会	高级管理人员	信息披露	利益相关者
B	19	74.74	64.18	59.21	87.22	85.45	88.14
M	58	60.34	62.38	50.22	87.44	88.95	89.22
S	116	63.97	63.76	51.51	89.74	96.31	88.50
T	45	60.44	56.17	43.33	74.50	84.49	84.84

资料来源：南开大学中国保险机构治理指数数据库。

二、治理内容分指数分资本性质比较分析

如表7-8所示，从不同资本性质的保险机构来看，外资保险机构的股东与股权结构分指数、高级管理人员分指数、信息披露分指数和利益相关者分指数较高，在2023年分别为65.61、92.48、96.50和91.65，均高于中资保险机构。中资保险机构的董事与董事会分指数和监事与监事会分指数则较高，在2023年分别为64.47和54.14，均高于外资保险机构。

表7-8　2023年中国保险机构治理内容维度分指数分资本性质比较分析

资本性质	样本数（家）	股东与股权结构	董事与董事会	监事与监事会	高级管理人员	信息披露	利益相关者
C	181	62.54	64.47	54.14	84.08	89.81	86.79
F	57	65.61	54.25	37.94	92.48	96.50	91.65

资料来源：南开大学中国保险机构治理指数数据库。

三、治理内容分指数分组织形式比较分析

如表7-9所示，从不同组织形式的保险机构来看，相互保险组织各项指数均最低，且与其他组织形式保险机构有明显差距。有限制保险机构的

高级管理人员分指数、信息披露分指数和利益相关者分指数最高，在2023年分别为87.89、93.25和90.40，股份制保险机构的上述指标次之；股份制保险机构的股东与股权结构分指数、董事与董事会分指数和监事与监事会分指数最高，在2023年分别为63.46、67.68和57.87，有限制保险机构的上述指标次之。可见股份制保险机构治理水平相对较高，相互保险组织治理水平相对较低。

表7–9　2023年中国保险机构治理内容维度分指数分组织形式比较分析

组织形式	样本数（家）	股东与股权结构	董事与董事会	监事与监事会	高级管理人员	信息披露	利益相关者
L	103	63.11	56.66	42.11	87.89	93.25	90.40
M	8	62.50	41.30	34.38	48.21	61.76	79.17
S	127	63.46	67.68	57.87	87.03	91.79	86.52

资料来源：南开大学中国保险机构治理指数数据库。

四、治理内容分指数分业务类型比较分析

如表7–10所示，从不同业务类型的保险机构来看，集团（控股）公司的股东与股权结构分指数、董事与董事会分指数和监事与监事会分指数最高，在2023年分别为73.85、68.90和59.62。人身保险机构的股东与股权结构分指数最低，在2023年为59.69；再保险机构的董事与董事会分指数最低，在2023年为42.86；资产管理公司的监事与监事会分指数最低，在2023年为46.69。再保险机构的高级管理人员分指数和利益相关者分指数最高，在2023年分别为87.76和92.86。财产保险机构的信息披露分指数最高，在2023年为93.73，资产管理公司的该指数次之。可见与其他业务类型的保险机构相比，集团（控股）公司的治理水平相对较高。

表7–10　2023年中国保险机构治理内容维度分指数分业务类型比较分析

业务类型	样本数（家）	股东与股权结构	董事与董事会	监事与监事会	高级管理人员	信息披露	利益相关者
A	34	61.18	63.04	46.69	83.33	91.96	92.02
G	13	73.85	68.90	59.62	83.52	87.33	87.91

续表

业务类型	样本数（家）	股东与股权结构	董事与董事会	监事与监事会	高级管理人员	信息披露	利益相关者
N	94	59.79	62.41	49.73	86.32	89.61	87.83
P	90	66.22	61.73	50.83	87.14	93.73	86.17
R	7	62.86	42.86	50.00	87.76	90.76	92.86

资料来源：南开大学中国保险机构治理指数数据库。

五、治理内容分指数分成立年限比较分析

如表 7-11 所示，从不同成立年限的保险机构来看，成立 0~4 年的保险机构除股东与股权结构分指数外，其余指数均最低。成立 25 年及以上的保险机构股东与股权结构分指数和董事与董事会分指数最高，在 2023 年分别为 70.59 和 72.94。成立 10~14 年的保险机构的股东与股权结构分指数最低，为 55.20。成立 5~9 年的保险机构的监事与监事会分指数最高，在 2023 年为 53.79，成立 25 年及以上的保险机构该指数次之。成立 20~24 年的保险机构高级管理人员分指数和利益相关者分指数最高，在 2023 年分别为 92.77 和 92.35，成立 15~19 年的保险机构上述指数次之。成立 15~19 年的保险机构的信息披露分指数最高，在 2023 年为 94.07，成立 20~24 年的保险机构该指数次之。可见成立 15 年及以上的保险机构治理水平相对较高，成立 0~4 年的保险机构治理水平相对较低。

表 7-11　2023 年中国保险机构治理内容维度分指数分成立年限比较分析

成立年限	样本数（家）	股东与股权结构	董事与董事会	监事与监事会	高级管理人员	信息披露	利益相关者
0~4年	22	64.55	55.13	41.48	74.03	84.12	85.30
5~9年	56	62.50	66.03	53.79	86.56	92.61	85.66
10~14年	50	55.20	57.45	51.50	81.90	88.68	84.86
15~19年	65	65.54	62.95	50.58	90.88	94.07	91.45
20~24年	28	68.57	58.80	45.98	92.77	93.49	92.35
25年及以上	17	70.59	72.94	52.21	83.19	91.35	87.39

资料来源：南开大学中国保险机构治理指数数据库。

六、治理内容分指数分注册地区比较分析

如表7-12所示，从不同注册地区的保险机构来看，注册地区为浙江省的保险机构各项指数均最低。注册地区为江苏省的保险机构除股东与股权结构分指数和信息披露分指数外，其余指数均最高，其中董事与董事会分指数、监事与监事会分指数、高级管理人员分指数和利益相关者分指数在2023年分别为70.00、57.50、94.29和95.56。注册地区为上海市的保险机构股东与股权结构分指数最高，在2023年为66.43，注册地区为北京市的保险机构该指数次之。注册地区为天津市的信息披露分指数最高，在2023年为96.53，注册地区为重庆市的保险机构次之。可见注册地区为江苏省的保险机构治理水平相对较高，注册地区为浙江省的保险机构治理水平相对较低。

表7-12　2023年中国保险机构治理内容维度分指数分注册地区比较分析

注册地区	样本数（家）	股东与股权结构	董事与董事会	监事与监事会	高级管理人员	信息披露	利益相关者
北京市	75	66.13	62.11	52.33	84.54	91.05	90.76
广东省	36	60.56	68.47	55.90	88.43	89.65	88.05
江苏省	5	56.00	70.00	57.50	94.29	95.29	95.56
上海市	56	66.43	56.49	43.75	92.47	94.03	90.79
天津市	7	54.29	61.13	53.57	82.65	96.53	85.26
浙江省	9	44.44	47.12	43.06	55.29	63.40	74.96
重庆市	4	60.00	65.63	31.25	92.86	95.59	80.56

资料来源：南开大学中国保险机构治理指数数据库。

七、治理内容分指数分所在城市比较分析

如表7-13所示，从不同所在城市的保险机构来看，2023年上海市保险机构的股东与股权结构分指数和利益相关者分指数最高，分别为66.43和90.79，其董事与董事会分指数则保持最低水平，为56.49。深圳市保险机构的董事与董事会分指数和监事与监事会分指数整体最高，在2023年分别为66.61和54.02，其信息披露分指数则最低，为88.38。重庆市保险机构的高级管理人员分指数最高，在2023年为92.86，其监事与监事会分指数和利益

相关者分指数则为最低，分别为31.25和80.56。天津市保险机构的信息披露分指数最高，在2023年为96.53，其股东与股权结构分指数和高级管理人员分指数则最低，分别为54.29和82.65。可见不同所在城市的保险机构在治理内容维度的治理水平各有差异。

表7-13　2023年中国保险机构治理内容维度分指数分所在城市比较分析

所在城市	样本数（家）	股东与股权结构	董事与董事会	监事与监事会	高级管理人员	信息披露	利益相关者
北京市	75	66.13	62.11	52.33	84.54	91.05	90.76
上海市	56	66.43	56.49	43.75	92.47	94.03	90.79
深圳市	28	60.71	66.61	54.02	88.69	88.38	86.62
天津市	7	54.29	61.13	53.57	82.65	96.53	85.26
重庆市	4	60.00	65.63	31.25	92.86	95.59	80.56

资料来源：南开大学中国保险机构治理指数数据库。

第三节　中国保险机构治理内容分指数趋势分析

一、股东与股权结构分指数趋势分析

如表7-14和图7-1所示，对股东与股权结构分指数进行趋势分析，2016—2023年样本平均值分别为62.50、62.21、61.78、61.33、65.64、66.07、66.78和63.28，总体呈小幅波动上升状态，其中2021年和2022年数值较高，而2023年数值有所降低，但依然高于2016—2019年数值。从中位数看，2016—2023年，每年的股东与股权结构分指数中位数均为60，且每年的中位数均低于当年的平均值，说明股东与股权结构分指数呈右偏分布。从标准差来看，2016—2023年各年份样本标准差呈相对平稳状态，说明该分指数各年变动程度基本一致。从极差和最值来看，2016—2023年各年份样本的极差和最大值均为100.00，最小值均为0.00。

表7-14　2016—2023年中国保险机构股东与股权结构分指数趋势分析

年份	样本数（家）	平均值	中位数	标准差	极差	最小值	最大值
2016	160	62.50	60.00	21.01	100.00	0.00	100.00
2017	172	62.21	60.00	21.13	100.00	0.00	100.00
2018	180	61.78	60.00	21.69	100.00	0.00	100.00
2019	180	61.33	60.00	21.20	100.00	0.00	100.00
2020	227	65.64	60.00	19.82	100.00	0.00	100.00
2021	234	66.07	60.00	21.02	100.00	0.00	100.00
2022	236	66.78	60.00	19.65	100.00	0.00	100.00
2023	238	63.28	60.00	19.38	100.00	0.00	100.00

资料来源：南开大学中国保险机构治理指数数据库。

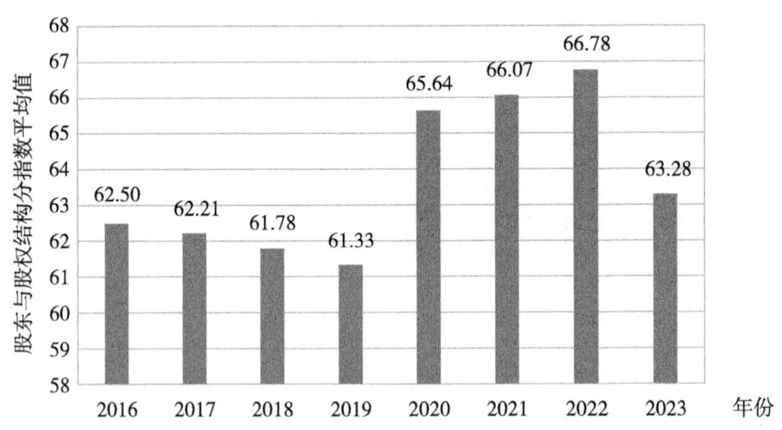

图7-1　2016—2023年中国保险机构股东与股权结构分指数趋势分析

资料来源：南开大学中国保险机构治理指数数据库。

二、董事与董事会分指数趋势分析

如表7-15和图7-2所示，对董事与董事会分指数进行趋势分析，2016—2023年样本平均值分别为49.54、50.66、51.67、52.33、54.42、57.55、60.38和62.02，总体呈逐年小幅上升状态，表明董事与董事会治理水平近年来稳中向好，但作为公司治理的核心，该项指标仍需强化。从中位数看，除2018年、2020年与前一年数值相同外，2016—2023年其余年份均保持增长状态。从标准差来看，2016—2023年各年份样本标准差呈先增大后减小状态，其中2020年标准差最大，为24.14。从极差来看，2016—2023年，极差最小值出现在2016—2018年，为93.33，极差最大值出现在2019—2021年和2023年，为100.00。从最值来看，2016—2023年各年份样本的最小值均为0.00，最大值变动与极差一致。

表7-15　2016—2023年中国保险机构董事与董事会分指数趋势分析

年份	样本数（家）	平均值	中位数	标准差	极差	最小值	最大值
2016	160	49.54	46.67	21.83	93.33	0.00	93.33
2017	172	50.66	50.00	22.04	93.33	0.00	93.33
2018	180	51.67	50.00	23.82	93.33	0.00	93.33
2019	180	52.33	53.33	23.91	100.00	0.00	100.00
2020	227	54.42	53.33	24.14	100.00	0.00	100.00
2021	234	57.55	60.00	22.75	100.00	0.00	100.00
2022	236	60.38	61.68	20.29	95.83	0.00	95.83
2023	238	62.02	62.50	20.35	100.00	0.00	100.00

资料来源：南开大学中国保险机构治理指数数据库。

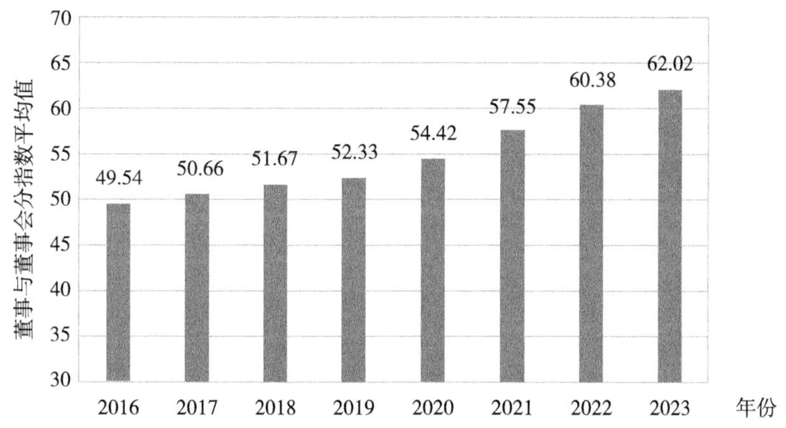

图7-2　2016—2023年中国保险机构董事与董事会分指数趋势分析

资料来源：南开大学中国保险机构治理指数数据库。

三、监事与监事会分指数趋势分析

如表7-16和图7-3所示，对监事与监事会分指数进行趋势分析，2016—2023年样本平均值分别为39.11、41.61、49.37、49.76、49.15、

50.43、49.84和50.26，在2016—2018年期间实现幅度较大的提升后，于2019—2023年期间总体保持相对平稳状态，表明监事与监事会总体上仍属于治理短板，需要找到进一步的突破点。从中位数看，2016—2019年中位数数值最小，为42.86，2020、2021年中位数数值最大，为57.14，随后2022、2023年中位数数值维持在50.00。从标准差来看，2016—2023年各年份样本标准差呈波动下降状态，其中2022年标准差数值最小，为21.56。从极差和最值来看，2016—2023年最小值均为0.00，且除2017年极差和最大值为85.71外，其余年份极差和最大值均为100.00。

表7-16　2016—2023年中国保险机构监事与监事会分指数趋势分析

年份	样本数（家）	平均值	中位数	标准差	极差	最小值	最大值
2016	160	39.11	42.86	25.51	100.00	0.00	100.00
2017	172	41.61	42.86	24.52	85.71	0.00	85.71
2018	180	49.37	42.86	27.24	100.00	0.00	100.00
2019	180	49.76	42.86	26.91	100.00	0.00	100.00
2020	227	49.15	57.14	26.16	100.00	0.00	100.00
2021	234	50.43	57.14	24.23	100.00	0.00	100.00
2022	236	49.84	50.00	21.56	100.00	0.00	100.00
2023	238	50.26	50.00	22.81	100.00	0.00	100.00

资料来源：南开大学中国保险机构治理指数数据库。

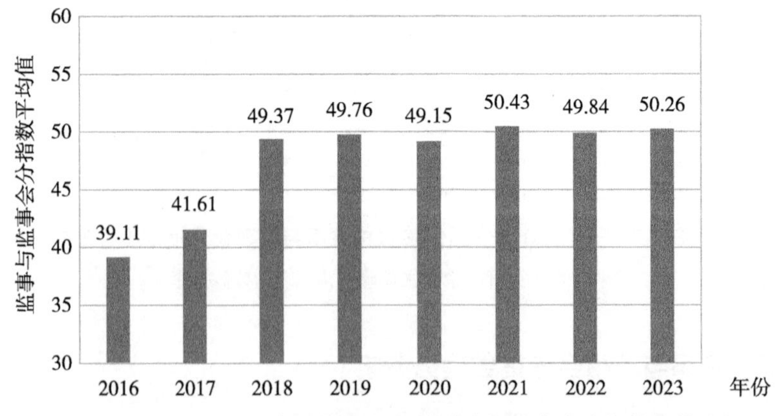

图7-3　2016—2023年中国保险机构监事与监事会分指数趋势分析

资料来源：南开大学中国保险机构治理指数数据库。

四、高级管理人员分指数趋势分析

如表7-17和图7-4所示，对高级管理人员分指数进行趋势分析，2016—2023年样本平均值分别为67.05、71.35、71.83、77.54、79.44、86.16、82.21和86.09，除2022年有小幅下降外，总体呈稳步上升状态，表明高级管理人员治理水平得到明显改进和提升。从中位数看，2016—2018年中位数数值最小，为71.43，2021年中位数数值最大，为100.00，其余年份中位数数值维持在85.71。从标准差来看，2016—2023年各年份样本标准差呈下降状态，其中2023年标准差数值最小，为18.74，说明高级管理人员分指数离散程度在减小，样本数据更为集中。从极差和最值来看，2016—2023年最小值均为0.00，极差和最大值均为100.00。

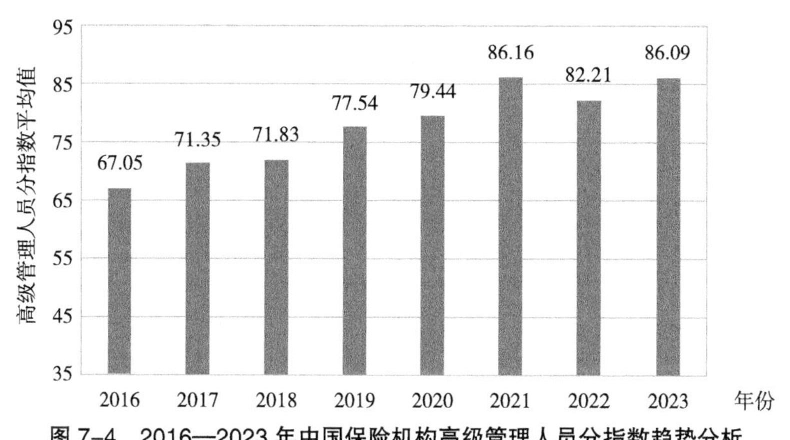

图7-4 2016—2023年中国保险机构高级管理人员分指数趋势分析

资料来源：南开大学中国保险机构治理指数数据库。

表7-17 2016—2023年中国保险机构高级管理人员分指数趋势分析

年份	样本数（家）	平均值	中位数	标准差	极差	最小值	最大值
2016	160	67.05	71.43	24.19	100.00	0.00	100.00
2017	172	71.35	71.43	24.40	100.00	0.00	100.00
2018	180	71.83	71.43	23.17	100.00	0.00	100.00
2019	180	77.54	85.71	22.40	100.00	0.00	100.00
2020	227	79.44	85.71	23.23	100.00	0.00	100.00

续表

年份	样本数(家)	平均值	中位数	标准差	极差	最小值	最大值
2021	234	86.16	100.00	21.17	100.00	0.00	100.00
2022	236	82.21	85.71	20.52	100.00	0.00	100.00
2023	238	86.09	85.71	18.74	100.00	0.00	100.00

资料来源：南开大学中国保险机构治理指数数据库。

五、信息披露分指数趋势分析

如表7-18和图7-5所示，将信息披露分指数进行趋势分析，2016—2023年样本平均值分别为90.10、89.36、90.23、90.07、91.08、90.98、90.41和91.41，总体呈小幅波动上升状态，2023年平均值最大，为91.41，表明信息披露水平总体较好。从中位数看，2016—2023年的信息披露分指数中位数均为94.12，中位数平稳不变，且每年的中位数均高于当年的平均值，信息披露分指数呈左偏分布。从标准差来看，2016—2023年各年份样本标准差呈相对平稳状态，说明该分指数各年变动程度基本一致。从极差和最值来看，2016—2023年最小值均为0.00，极差和最大值均为100.00。

表7-18　2016—2023年中国保险机构信息披露分指数趋势分析

年份	样本数(家)	平均值	中位数	标准差	极差	最小值	最大值
2016	160	90.10	94.12	15.39	100.00	0.00	100.00
2017	172	89.36	94.12	15.71	100.00	0.00	100.00
2018	180	90.23	94.12	15.28	100.00	0.00	100.00
2019	180	90.07	94.12	15.61	100.00	0.00	100.00
2020	227	91.08	94.12	14.90	100.00	0.00	100.00
2021	234	90.98	94.12	15.58	100.00	0.00	100.00
2022	236	90.41	94.12	15.01	100.00	0.00	100.00
2023	238	91.41	94.12	15.45	100.00	0.00	100.00

资料来源：南开大学中国保险机构治理指数数据库。

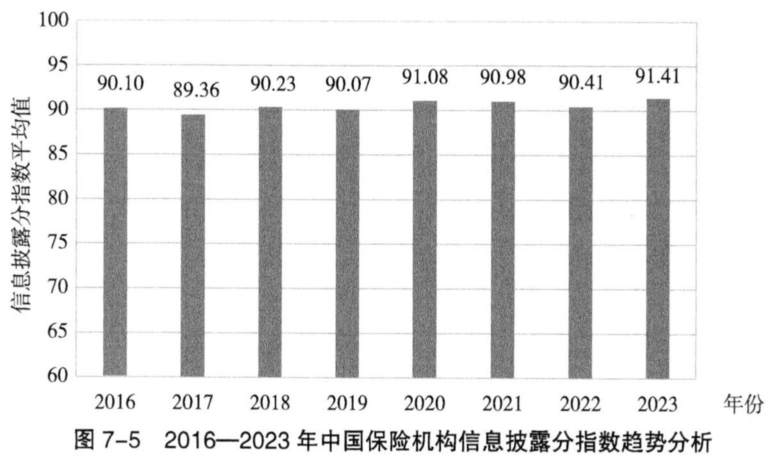

图7-5 2016—2023年中国保险机构信息披露分指数趋势分析

资料来源：南开大学中国保险机构治理指数数据库。

六、利益相关者分指数趋势分析

如表7-19和图7-6所示，对利益相关者分指数进行趋势分析，2016—2023年样本平均值分别为81.74、79.91、79.38、85.86、85.37、81.63、85.64和87.95，总体呈较大幅度的波动上升状态，2023年平均数出现最大值，为87.95，较2016年提升了6.21，反映出保险机构注重保护保险消费者等利益相关者的利益。从中位数看，2016—2018年的利益相关者分指数中位数数值最小，为77.78，2019—2023年，除2021年中位数分指数数值为85.71外，其余年份维持在88.89。从标准差来看，2016—2023年各年份样本标准差呈相对平稳状态，说明该分指数各年变动程度基本一致。从极差来看，2020、2022年该分指数极差出现最小值，为44.44，其余年份极差均为55.56。从最大值来看，2016—2023年最大值均为100.00。从最小值来看，2020、2022年最小值出现最大值，为55.56，其余年份最小值均为44.44。

表7-19 2016—2023年中国保险机构利益相关者分指数趋势分析

年份	样本数（家）	平均值	中位数	标准差	极差	最小值	最大值
2016	160	81.74	77.78	11.51	55.56	44.44	100.00
2017	172	79.91	77.78	12.45	55.56	44.44	100.00

续表

年份	样本数（家）	平均值	中位数	标准差	极差	最小值	最大值
2018	180	79.38	77.78	11.57	55.56	44.44	100.00
2019	180	85.86	88.89	11.13	55.56	44.44	100.00
2020	227	85.37	88.89	11.17	44.44	55.56	100.00
2021	234	81.63	85.71	11.93	55.56	44.44	100.00
2022	236	85.64	88.89	10.92	44.44	55.56	100.00
2023	238	87.95	88.89	11.42	55.56	44.44	100.00

资料来源：南开大学中国保险机构治理指数数据库。

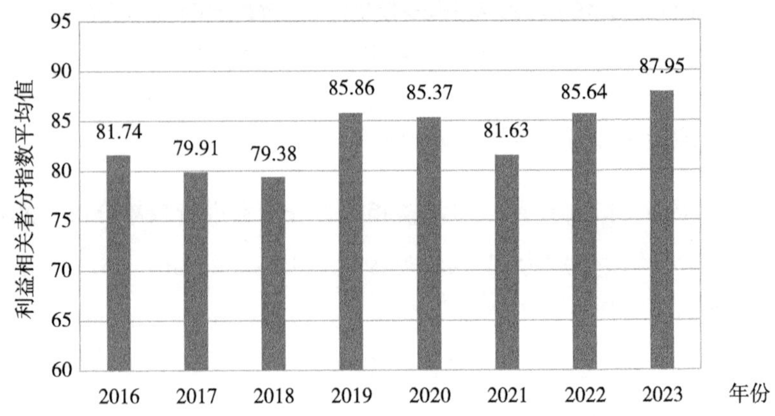

图 7-6 2016—2023 年中国保险机构利益相关者分指数趋势分析

资料来源：南开大学中国保险机构治理指数数据库。

2023年中国保险机构治理层次分指数

第八章

本章利用2023年中国保险机构治理指数，首先对我国保险机构治理状况进行分层次分析，分别从中国保险机构强制性治理指数和自主性治理指数两个层次展开；其次在对中国保险机构强制性治理总指数和自主性治理总指数分析的基础上，进一步从公司治理六个内容维度的分指数展开分析，以更深入地揭示中国保险机构治理状况；再次从规模类型、资本性质、组织形式、险种类型、成立年限、注册地区和所在城市共七个角度展开中国保险机构强制性治理指数和自主性治理指数的比较分析，以此发掘上述因素对保险机构治理状况的影响；最后基于2016—2023年中国保险机构治理层次指数，进行趋势分析，深入剖析我国保险机构强制性治理与自主性治理的动态演变。

第一节　中国保险机构治理层次分指数总体分析

一、中国保险机构强制性治理指数描述性统计分析

（一）中国保险机构强制性治理总指数描述性统计分析

如表8-1所示，对2023年中国保险机构强制性治理总指数进行统计分析。2023年中国保险机构强制性治理总指数平均值为78.81，可见中国保险机构强制性治理水平相对较高。2023年中国保险机构强制性治理总指数中位数为82.38，且高于平均值，即中国保险机构强制性治理总指数呈左偏

分布，个别保险机构强制性治理指数非常低。2023年中国保险机构强制性治理总指数标准差为15.19，可见保险机构强制性治理总指数的离散程度较低。2023年中国保险机构强制性治理总指数极差为84.08，其中最小值为14.45，最大值为98.52，可见2023年我国保险机构强制性治理水平存在较大差异。

表8-1　2023年中国保险机构强制性治理总指数统计分析

年份	样本数（家）	平均值	中位数	标准差	极差	最小值	最大值
2023	238	78.81	82.38	15.19	84.08	14.45	98.52

资料来源：南开大学中国保险机构治理指数数据库。

（二）中国保险机构强制性治理分指数描述性统计分析

如表8-2所示，对2023年中国保险机构强制性治理分指数进行统计分析。从平均值来看，股东与股权结构、董事与董事会、监事与监事会、高级管理人员、信息披露、利益相关者等不同内容维度强制性治理分指数平均值依次为71.85、62.03、65.83、87.67、93.34和90.25，其中董事与董事会分指数的平均值最低，监事与监事会分指数次之，且董事与董事会和监事与监事会分指数的平均值显著低于其他维度分指数的平均值，可见其强制性治理水平相对较低；信息披露分指数的平均值最高，利益相关者分指数次之，可见其强制性治理水平相对较高。从中位数来看，各内容维度分指数的中位数皆高于平均值，即中国保险机构强制性治理分指数呈左偏分布。从标准差来看，利益相关者分指数的标准差最低，股东与股权结构分指数的标准差最高且显著高于其他维度分指数的标准差，为45.07，可见股东与股权结构强制性治理分指数的离散程度较高。从极差和最值来看，利益相关者分指数的极差最小，且其最小值显著高于其他维度分指数的最小值，可见利益相关者的强制性治理水平差异较小，且治理水平相对较高。

续表

表8-2 2023年中国保险机构强制性治理分指数统计分析

内容维度	样本数（家）	平均值	中位数	标准差	极差	最小值	最大值
股东与股权结构	238	71.85	100.00	45.07	100.00	0.00	100.00
董事与董事会	238	62.03	64.29	22.47	100.00	0.00	100.00
监事与监事会	238	65.83	66.67	25.61	100.00	0.00	100.00
高级管理人员	238	87.67	100.00	20.22	100.00	0.00	100.00
信息披露	238	93.34	100.00	14.86	100.00	0.00	100.00
利益相关者	238	90.25	100.00	11.54	50.00	50.00	100.00

资料来源：南开大学中国保险机构治理指数数据库。

二、中国保险机构自主性治理指数描述性统计分析

（一）中国保险机构自主性治理总指数描述性统计分析

如表8-3所示，对2023年中国保险机构自主性治理总指数进行统计分析。2023年中国保险机构自主性治理总指数平均值为70.92，可见中国保险机构自主性治理水平相对较高。2023年中国保险机构自主性治理总指数中位数为73.13，高于平均值，即中国保险机构自主性治理总指数呈左偏分布，个别保险机构自主性治理指数非常低。2023年中国保险机构自主性治理总指数标准差为12.40，可见保险机构自主性治理总指数的离散程度较低。2023年中国保险机构自主性治理总指数极差为77.74，其中最小值为13.61，最大值为91.35，可见2023年中国保险机构自主性治理水平存在较大差异。

表8-3 2023年中国保险机构自主性治理总指数统计分析

年份	样本数（家）	平均值	中位数	标准差	极差	最小值	最大值
2023	238	70.92	73.13	12.40	77.74	13.61	91.35

资料来源：南开大学中国保险机构治理指数数据库。

（二）中国保险机构自主性治理分指数描述性统计分析

如表8-4所示，对2023年中国保险机构自主性治理分指数进行统计分析。从平均值来看，股东与股权结构、董事与董事会、监事与监事会、高

级管理人员、信息披露、利益相关者等不同内容维度自主性治理分指数平均值依次为61.09、61.97、40.92、82.14、86.58和83.05，其中监事与监事会分指数的平均值最低，信息披露分指数的平均值最高，可见监事与监事会的自主性治理水平非常低，信息披露的自主性治理水平相对较高。从中位数来看，股东与股权结构、董事与董事会、监事与监事会分指数的中位数低于平均值，可见上述维度的自主性治理指数呈右偏分布；高级管理人员、信息披露、利益相关者分指数的中位数高于平均值，可见上述维度的自主性治理指数呈左偏分布。从标准差来看，各维度分指数的标准差无显著差异，可见2023年保险机构自主性治理分指数的离散程度差异相对较小。从极差和最值来看，各维度的极差皆为100.00，最小值皆为0.00，最大值皆为100.00，可见2023年中国保险机构不同维度自主性治理水平皆存在较大差异。

表8-4　2023年中国保险机构自主性治理分指数统计分析

内容维度	样本数（家）	平均值	中位数	标准差	极差	最小值	最大值
股东与股权结构	230	61.09	50.00	20.95	100.00	0.00	100.00
董事与董事会	238	61.97	60.00	22.01	100.00	0.00	100.00
监事与监事会	238	40.92	40.00	27.82	100.00	0.00	100.00
高级管理人员	238	82.14	100.00	28.43	100.00	0.00	100.00
信息披露	238	86.58	100.00	21.57	100.00	0.00	100.00
利益相关者	238	83.05	100.00	22.50	100.00	0.00	100.00

资料来源：南开大学中国保险机构治理指数数据库。

第二节　中国保险机构治理层次分指数比较分析

一、治理层次分指数分规模类型比较分析

如表8-5所示，从2023年不同规模类型的保险机构来看，大型保险机构的强制性治理指数和自主性治理指数整体最高，分别为81.23和74.41，小型保险机构次之，分别为81.16和73.18，中型保险机构再次之，分别为

78.25和71.23，微型保险机构最低，分别为72.44和63.23。2023年大型保险机构的强制性治理指数领先微型保险机构8.79，自主性治理指数领先微型保险机构11.18，可见大型保险机构的强制性和自主性治理水平总体均较好，微型保险机构的强制性和自主性治理水平总体均较差。

表8-5　2023年中国保险机构治理层次分指数分规模类型比较分析

规模类型	样本数（家）	强制性治理	自主性治理
B	19	81.23	74.41
M	58	78.25	71.23
S	116	81.16	73.18
T	45	72.44	63.23

资料来源：南开大学中国保险机构治理指数数据库。

二、治理层次分指数分资本性质比较分析

如表8-6所示，从不同资本性质的保险机构来看，强制性治理指数中，中资保险机构领先外资保险机构10.58，分别为81.34和70.76；自主性治理指数中，外资保险机构领先中资保险机构3.15，分别为73.32和70.17。可见中资保险机构的强制性治理水平相对较好，外资保险机构的自主性治理水平相对较好。

表8-6　2023年中国保险机构治理层次分指数分资本性质比较分析

资本性质	样本数（家）	强制性治理	自主性治理
C	181	81.34	70.17
F	57	70.76	73.32

资料来源：南开大学中国保险机构治理指数数据库。

三、治理层次分指数分组织形式比较分析

如表8-7所示，从不同组织形式的保险机构来看，2023年股份制保险机构强制性治理指数高于有限制保险机构，分别为85.15和72.39；有限制保险机构自主性治理指数高于股份制保险机构，分别为72.09和71.41；相互保险组织各项指数均最低，强制性治理指数和自主性治理指数分别为

60.80和48.01。可见股份制保险机构的强制性治理水平较好，有限制保险机构的自主性治理水平较好，而相互保险组织的强制性和自主性治理水平均较差，需要进一步提升。

表8-7　2023年中国保险机构治理层次分指数分规模类型比较分析

组织形式	样本数（家）	强制性治理	自主性治理
L	103	72.39	72.09
M	8	60.80	48.01
S	127	85.15	71.41

资料来源：南开大学中国保险机构治理指数数据库。

四、治理层次分指数分业务类型比较分析

如表8-8所示，从不同业务类型的保险机构来看，2023年集团（控股）公司的强制性治理和自主性治理指数均为最高，分别为82.25和75.12；财产保险机构次之，分别为80.20和71.27；资产管理公司再次之，分别为78.14和70.75；人身保险机构再次之，分别为77.70和70.23；再保险机构的各个指标均最低，分别为72.65和68.69。可见，不论是强制性还是自主性治理，集团（控股）公司的治理水平均较好，再保险机构的治理水平均较差，且不同业务类型的保险机构的强制性治理水平均优于其自主性治理水平。

表8-8　2023年中国保险机构治理层次分指数分业务类型比较分析

业务类型	样本数（家）	强制性治理	自主性治理
A	34	78.14	70.75
G	13	82.25	75.12
N	94	77.70	70.23
P	90	80.20	71.27
R	7	72.65	68.69

资料来源：南开大学中国保险机构治理指数数据库。

五、治理层次分指数分成立年限比较分析

如表8-9所示，从不同经营年份的保险机构来看，在强制性治理指数

中，2023年成立25年及以上的保险机构强制性治理指数最高，为83.42，其余依次是成立5~9年、15~19年、20~24年和10~14年的保险机构，最后是成立0~4年的保险机构，为67.50，且成立25年及以上的保险机构强制性治理指数领先于0~4年的保险机构15.92。在自主性治理指数中，2023年成立20~24年的保险机构的自主性治理指数最高，为74.53，其余依次是成立15~19年、25年及以上、5~9年、10~14年和0~4年的保险机构，成立0~4年的保险机构强制性治理指数和自主性治理指数均为最低。可见，最新成立的保险机构的强制性和自主性治理水平均较差，需要进一步加强和完善公司治理建设，而成立时间较长的保险机构的强制性和自主性治理水平均趋于更好，且不同成立时间的保险机构的强制性治理水平总体优于自主性治理水平。

表8-9　2023年中国保险机构治理层次分指数分成立年限比较分析

成立年限	样本数（家）	强制性治理	自主性治理
0~4年	22	67.50	66.73
5~9年	56	83.14	69.60
10~14年	50	75.40	67.13
15~19年	65	81.06	74.04
20~24年	28	77.05	74.53
25年及以上	17	83.42	73.95

资料来源：南开大学中国保险机构治理指数数据库。

六、治理层次分指数分注册地区比较分析

如表8-10所示，从不同注册地区的保险机构来看，在强制性治理指数中，2023年江苏省保险机构的强制性治理指数最高，为84.99；江苏省、广东省和重庆市的强制性治理指数均较高，浙江省保险机构的强制性治理指数最低，为59.19，与江苏省的强制性治理指数之差达到25.80。在自主性治理指数中，2023年江苏省保险机构的自主性治理指数最高，为76.36；北京市、上海市、天津市和广东省的自主性治理指数均在70以上；浙江省保险机构的自主性治理指数最低，为51.11，与江苏省的自主性治理指数之差达到25.25。可见不同注册地区的保险机构的治理水平差距明显，且不同地

区保险机构的强制性治理水平总体优于自主性治理水平。需要强调的是，部分地区注册样本数小于10家，样本数过少会影响结论的稳健性。

表8-10 2023年中国保险机构治理层次分指数分注册地区比较分析

注册地区	样本数（家）	强制性治理	自主性治理
北京市	75	79.64	72.97
广东省	36	83.86	70.94
江苏省	5	84.99	76.36
上海市	56	74.78	72.94
天津市	7	75.16	71.00
浙江省	9	59.19	51.11
重庆市	4	81.33	66.01

资料来源：南开大学中国保险机构治理指数数据库。

七、治理层次分指数分所在城市比较分析

如表8-11所示，从不同所在城市的保险机构来看，在强制性治理指数中，2023年深圳市保险机构的强制性治理指数最高，为82.16，重庆市保险机构次之，为81.33，上海市保险机构最低，为74.78。在自主性治理指数中，2023年北京市保险机构的自主性治理指数最高，为72.97；上海市保险机构次之，为72.94，重庆市保险机构最低，为66.01。可见不同所在城市的保险机构治理水平差距明显，深圳市保险机构的强制性治理水平较高，北京市和上海市保险机构的自主性治理水平较高，且不同城市保险机构的强制性治理水平总体优于其自主性治理水平。

表8-11 2023年中国保险机构治理层次分指数分所在城市比较分析

所在城市	样本数（家）	强制性治理	自主性治理
北京市	75	79.64	72.97
上海市	56	74.78	72.94
深圳市	28	82.16	69.84
天津市	7	75.16	71.00
重庆市	4	81.33	66.01

资料来源：南开大学中国保险机构治理指数数据库。

第三节　中国保险机构治理层次分指数趋势分析

一、中国保险机构强制性治理指数趋势分析

如表8-12和图8-1所示，2016—2023年的中国保险机构强制性治理指数平均值依次为67.21、68.82、69.27、70.97、72.90、75.92、78.24和78.81，总体呈现出逐年上升的趋势，并且2023年中国保险机构强制性治理指数平均值相较2016年上升了11.60，但近两年上升幅度趋缓。从中位数来看，中国保险机构强制性治理指数中位数也呈现出逐年上升的趋势，且各年中位数均高于平均值，表明中国保险机构强制性治理指数呈左偏分布，即存在个别保险机构强制性治理指数非常低。从离散程度来看，标准差总体上保持在一个相对稳定的范围内。2023年的极差达到近八年的最低水平，最大值和最小值均为历年最高说明整体治理水平出现了均衡化的趋势。

表8-12　2016—2023年中国保险机构强制性治理指数趋势分析

年份	样本数（家）	平均值	中位数	标准差	极差	最小值	最大值
2016	160	67.21	70.73	16.62	85.43	11.12	96.55
2017	172	68.82	72.81	17.58	85.43	11.12	96.55
2018	180	69.27	74.29	17.63	85.43	11.12	96.55
2019	180	70.97	76.64	18.07	85.11	11.12	96.23
2020	227	72.90	77.77	17.13	85.43	11.12	96.55
2021	234	75.92	81.15	15.74	86.10	11.12	97.22
2022	236	78.24	82.06	14.35	87.29	11.12	98.41
2023	238	78.81	82.38	15.19	84.08	14.45	98.52

资料来源：南开大学中国保险机构治理指数数据库。

图 8-1　2016—2023 年中国保险机构强制性治理指数趋势分析

资料来源：南开大学中国保险机构治理指数数据库。

二、中国保险机构自主性治理指数趋势分析

如表8-13和图8-2所示，2016—2023年的中国保险机构自主性治理指数平均值依次为67.53、66.42、67.94、69.86、69.85、69.65、70.01和70.92，整体上呈现出上升的趋势，并且2023年中国保险机构自主性治理指数平均值相较2016年上升了3.39，但近五年上升幅度较缓。从中位数来看，中国保险机构自主性治理指数中位数在近三年呈现出逐年上升的趋势，同时各年中位数均高于平均值，表明中国保险机构自主性治理指数呈左偏分布，即存在个别保险机构强制性治理指数非常低。从离散程度来看，标准差总体上保持在一个相对稳定的范围内。2023年的极差相较前五年有所降低，从极差和最值来看，2023年极差相较2022年有所降低，说明整体治理水平出现了均衡化的趋势。

表 8-13　2016—2023 年中国保险机构自主性治理指数趋势分析

年份	样本数（家）	平均值	中位数	标准差	极差	最小值	最大值
2016	160	67.53	70.13	12.36	76.63	13.61	90.24
2017	172	66.42	67.46	12.21	76.77	13.61	90.39
2018	180	67.94	67.72	12.65	79.79	13.61	93.41
2019	180	69.86	70.87	12.60	80.40	13.61	94.01
2020	227	69.85	70.84	13.08	82.09	13.61	95.71
2021	234	69.65	70.28	12.38	78.10	13.61	91.71
2022	236	70.01	71.58	12.34	84.39	13.61	98.00
2023	238	70.92	73.13	12.40	77.74	13.61	91.35

资料来源：南开大学中国保险机构治理指数数据库。

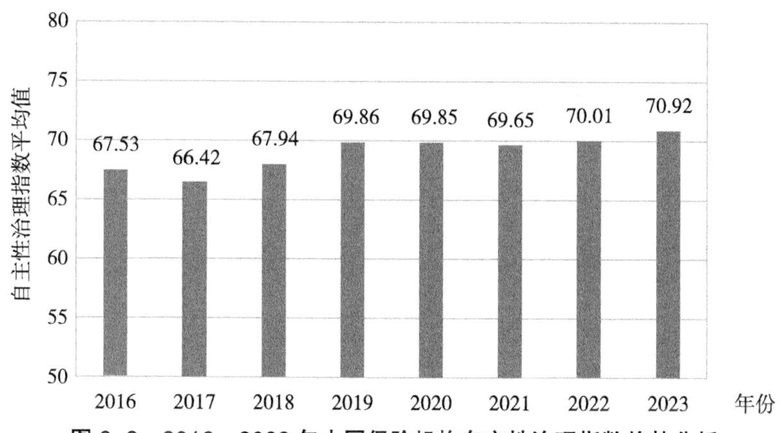

图 8-2　2016—2023 年中国保险机构自主性治理指数趋势分析

资料来源：南开大学中国保险机构治理指数数据库。

2023年中国保险机构治理分类指数

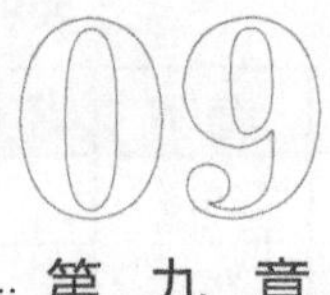

第九章

本章依托2023年中国保险机构治理指数，针对保险集团（控股）公司、保险公司、保险资产管理公司、再保险机构及相互保险组织等多元化主体，进行详尽的描述性统计分析、比较分析及治理等级与评级的深度剖析。在此基础上，还特别注重各保险机构间的横向对比，以揭示其治理实践的异同。为进一步探索各类型保险机构治理质量的发展轨迹，本章还利用2016—2023年的中国保险机构治理指数数据，进行跨年度的趋势分析，进而为全面把握我国保险行业治理状况的变化提供有力支持。

第一节　中国保险集团（控股）公司治理指数分析

一、中国保险集团（控股）公司治理指数描述性统计分析

（一）中国保险集团（控股）公司治理指数具体分析

如表9-1所示，2023年中国保险集团（控股）公司治理指数平均值为77.80，中位数为77.54，标准差为8.09，极差为25.85，最大值和最小值分别为87.88和62.03，治理指数整体呈钟型分布。

表9-1　2023年中国保险集团（控股）公司治理指数统计分析

年份	样本数（家）	平均值	中位数	标准差	极差	最小值	最大值
2023	13	77.80	77.54	8.09	25.85	62.03	87.88

资料来源：南开大学中国保险机构治理指数数据库。

（二）中国保险集团（控股）公司治理指数比较分析

如表9-2所示，2023年中国保险集团（控股）公司中大型、中型、小型保险集团（控股）公司治理指数平均值分别为78.82、79.70和62.03，中位数分别为79.86、81.03和62.03。两项指标均为小型保险集团（控股）公司最低，大型保险集团（控股）公司次之，中型保险集团（控股）公司最高。

表9-2　2023年中国保险集团（控股）公司治理指数分规模类型比较分析

规模类型	样本数（家）	平均值	中位数
B	8	78.82	79.86
M	4	79.70	81.03
S	1	62.03	62.03

资料来源：南开大学中国保险机构治理指数数据库。

如表9-3所示，2023年中国保险集团（控股）公司中中资保险集团（控股）公司治理指数平均值与中位数分别为78.41和83.02，高于外资保险集团（控股）公司的平均值74.48和中位数74.48。

表9-3　2023年中国保险集团（控股）公司治理指数分资本性质比较分析

资本性质	样本数（家）	平均值	中位数
C	11	78.41	83.02
F	2	74.48	74.48

资料来源：南开大学中国保险机构治理指数数据库。

如表9-4所示，2023年中国保险集团（控股）公司中有限制保险集团（控股）公司治理指数平均值与中位数分别为70.95和70.92，低于股份制保险集团（控股）公司的平均值80.85和中位数84.35。

表9-4　2023年中国保险集团（控股）公司治理指数分组织形式比较分析

组织形式	样本数（家）	平均值	中位数
L	4	70.95	70.92
S	9	80.85	84.35

资料来源：南开大学中国保险机构治理指数数据库。

二、中国保险集团（控股）公司治理等级与评级分析

（一）中国保险集团（控股）公司治理等级分析

如表9-5所示，2023年中国保险集团（控股）公司治理等级主要以II级和III级为主，样本量均为6家，分别占比为46.15%。在13家保险集团（控股）公司中，仅有1家治理等级为IV级。

表9-5　2023年中国保险集团（控股）公司治理等级统计分析

治理等级	样本数（家）	占比（%）
I	0	0.00
II	6	46.15
III	6	46.15
IV	1	7.69
V	0	0.00
VI	0	0.00
VII	0	0.00
合计	13	100.00

资料来源：南开大学中国保险机构治理指数数据库。

（二）中国保险集团（控股）公司治理评级分析

如表9-6所示，在2023年中国保险集团（控股）公司中治理评级为BBB级的公司最多，样本数为6家，占比达46.15%。评级为AA和A级的公司各有3家，占比均为23.08%，仅有1家公司被评为B级。

表9-6　2023年中国保险集团（控股）公司治理评级统计分析

治理评级	样本数（家）	占比（%）
AAA	0	0.00
AA	3	23.08
A	3	23.08
BBB	6	46.15
BB	0	0.00

续表

治理评级	样本数（家）	占比（%）
B	1	7.69
CCC	0	0.00
CC	0	0.00
C	0	0.00
合计	13	100.00

资料来源：南开大学中国保险机构治理指数数据库。

三、中国保险集团（控股）公司与其他类型机构治理比较分析

（一）中国保险集团（控股）公司治理总指数比较分析

如表9-7所示，从平均值来看，2023年中国保险集团（控股）公司治理指数平均值为77.80，资产管理公司、人身保险机构、财产保险机构和再保险机构的指数平均值则分别为74.53、73.74、75.53和71.56，可见集团（控股）公司的治理指数平均值最高，与指数平均值最低的再保险机构相差6.24，治理状况表现最佳。从中位数来看，2023年保险集团（控股）公司治理指数中位数为77.54，资产管理公司、人身保险机构、财产保险机构和再保险机构的指数中位数则分别为75.95、76.60、76.64和73.15，集团（控股）公司的指数中位数在五种业务类型的保险机构中同样位列第一，与再保险机构相差达4.39。

表9-7 中国保险集团（控股）公司与其他业务类型保险机构治理指数比较分析

业务类型	样本数（家）	平均值	中位数
G	13	77.80	77.54
A	34	74.53	75.95
N	94	73.74	76.60
P	90	75.53	76.64
R	7	71.56	73.15

资料来源：南开大学中国保险机构治理指数数据库。

（二）中国保险集团（控股）公司治理分指数比较分析

如表9-8所示，从平均值来看，2023年中国保险集团（控股）公司的股东与股权结构、董事与董事会、监事与监事会、高级管理人员、信息披露和利益相关者分指数平均值分别为73.85、68.90、59.62、83.52、87.33和87.91。其中，保险集团（控股）公司的股东与股权结构、董事与董事会以及监事与监事会这三项治理分指数平均值在五种业务类型保险机构中最高，分别领先股东与股权结构指数最低的人身保险机构14.06，董事与董事会指数最低的再保险机构26.04，监事与监事会指数最低的资产管理公司12.93。此外，与其他业务类型保险机构相比，保险集团（控股）公司的高级管理人员、信息披露和利益相关者分指数平均值相对较低，分别位列第四、第五和第三，与该指数表现最佳的保险机构分别相差4.24、6.40和4.95。

表9-8　中国保险集团（控股）公司与其他业务类型保险机构治理分指数平均值比较分析

规模类型	样本数（家）	股东与股权结构	董事与董事会	监事与监事会	高级管理人员	信息披露	利益相关者
G	13	73.85	68.90	59.62	83.52	87.33	87.91
A	34	61.18	63.04	46.69	83.33	91.96	92.02
N	94	59.79	62.41	49.73	86.32	89.61	87.83
P	90	66.22	61.73	50.83	87.14	93.73	86.17
R	7	62.86	42.86	50.00	87.76	90.76	92.86

资料来源：南开大学中国保险机构治理指数数据库。

如表9-9所示，从中位数来看，2023年中国保险集团（控股）公司的股东与股权结构、董事与董事会、监事与监事会、高级管理人员、信息披露和利益相关者分指数中位数分别为80.00、65.22、62.50、85.71、94.12和85.71。其中，保险集团（控股）公司的股东与股权结构、董事与董事会、监事与监事会和高级管理人员指数中位数在五种业务类型保险机构中位列第一，分别在股东与股权结构这一治理指数上领先其余四种业务类型的机构20.00，在董事与董事会这一治理指数上领先该指数最低的再保险机构26.09，在监事与监事会这一治理指数上领先其余四种业务类型的机构12.50，在高级人员管理这一治理指数上领先该指数最低的资产管理公司2.38。此外，与其他业务类型保险机构相比，保险集团（控股）公司的信息披露分指数中位数相对居中，落后财产保险机构5.88；利益相关者指数中位数则较低，落后再保险机构14.29，落后财产保险机构和人身保险机构3.18。

表9-9　中国保险集团（控股）公司与其他业务类型保险机构治理分指数中位数比较分析

业务类型	样本数（家）	股东与股权结构	董事与董事会	监事与监事会	高级管理人员	信息披露	利益相关者
G	13	80.00	65.22	62.50	85.71	94.12	85.71
A	34	60.00	65.22	50.00	83.33	93.33	85.71
N	94	60.00	62.50	50.00	85.71	94.12	88.89
P	90	60.00	62.50	50.00	85.71	100.00	88.89
R	7	60.00	39.13	50.00	85.71	94.12	100.00

资料来源：南开大学中国保险机构治理指数数据库。

四、中国保险集团（控股）公司治理指数趋势分析

如表9-10和图9-1所示，对中国保险集团（控股）公司治理指数进行统计分析，2020—2023年的中国保险集团（控股）公司治理指数平均值依次为75.61、76.52、77.75和77.80，总体上呈现出逐年上升的趋势，并且2023年中国保险集团（控股）公司治理指数相较2020年增加了2.19，但近一年上升幅度放缓。从中位数看，总体上也呈现出上升的趋势，但在2021—2022年有回降的现象出现，在2022—2023年上升幅度显著，高达2.00，且各年的平均数高于中位数，即中国保险集团（控股）公司治理指数呈右偏分布；从标准差和极差来看，中国保险集团（控股）公司治理指数呈现出逐年下降的趋势，最小值逐年上升，最大值逐年下降，说明中国保险公司整体治理水平差距在不断缩小。

表 9-10　2020—2023 年中国保险集团（控股）公司治理指数趋势分析

年份	样本数（家）	平均值	中位数	标准差	极差	最小值	最大值
2020	13	75.61	75.13	11.68	35.55	56.69	92.24
2021	13	76.52	75.79	9.86	34.76	59.32	94.08
2022	13	77.75	75.54	9.04	28.23	62.94	91.17
2023	13	77.80	77.54	8.09	25.85	62.03	87.88

资料来源：南开大学中国保险机构治理指数数据库。

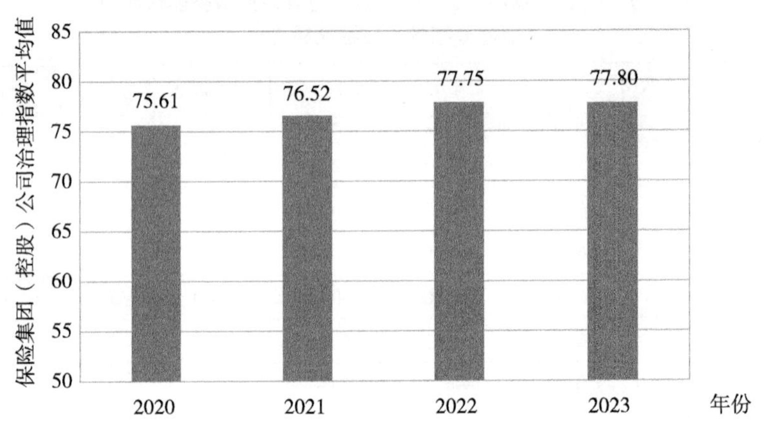

图 9-1　2020—2023 年中国保险集团（控股）公司治理指数趋势分析

资料来源：南开大学中国保险机构治理指数数据库。

第二节　中国保险公司治理指数分析

一、中国保险公司治理指数描述性统计分析

（一）中国保险公司治理指数具体分析

如表 9-11 所示，2023 年中国保险公司治理指数平均值为 75.47，中位数为 76.64，标准差为 9.38，极差为 55.71，最小值为 38.42，最大值为 94.13。

表9-11　中国保险公司治理指数统计分析

年份	样本数（家）	平均值	中位数	标准差	极差	最小值	最大值
2023	176	75.47	76.64	9.38	55.71	38.42	94.13

资料来源：南开大学中国保险机构治理指数数据库。

（二）中国保险公司治理指数比较分析

如表9-12所示，从平均数来看，2023年中国保险公司中，小型保险公司的治理指数平均值最高，为76.58，大型保险公司次之，为75.99，微型保险公司最低，为73.19；从中位数来看，中型保险公司指数中位数最高，为77.25，小型保险公司次之，为76.31，微型保险公司最低，为75.30。

表9-12　中国保险公司治理指数分规模类型比较分析

规模类型	样本数（家）	平均值	中位数
B	11	75.99	76.28
M	52	74.06	77.25
S	96	76.58	76.31
T	17	73.19	75.30

资料来源：南开大学中国保险机构治理指数数据库。

如表9-13所示，从平均值来看，2023年中国保险公司中，中资保险公司治理指数平均值为75.55，外资保险公司平均值为75.27，中资保险公司略高于外资保险公司，但两者相差不大；从中位数来看，中资保险公司指数中位数为77.08，外资保险公司中位数为74.92，中资保险公司该指数领先外资保险公司2.16。

表9-13　中国保险公司治理指数分资本性质比较分析

资本性质	样本数（家）	平均值	中位数
C	128	75.55	77.08
F	48	75.27	74.92

资料来源：南开大学中国保险机构治理指数数据库。

如表9-14所示，从平均值来看，2023年中国保险公司中有限制保险公司治理指数平均值为73.88，股份制保险公司为76.43，股份制保险公司该指数领先有限制保险公司2.55；从中位数来看，有限制保险公司指数中位数为74.53，股份制保险公司为77.69，股份制保险公司该指数领先有限制保险公司3.16。

表9-14　中国保险公司治理指数分组织形式比较分析

组织形式	样本数（家）	平均值	中位数
L	66	73.88	74.53
S	110	76.43	77.69

资料来源：南开大学中国保险机构治理指数数据库。

如表9-15所示，从平均数来看，2023年中国保险公司中财产保险公司指数平均值为76.12，人身保险公司为74.87，财产保险公司该指数领先人身保险公司1.25；从中位数来看，人身保险公司指数中位数为76.92，财产保险公司为76.62，人身保险公司该指数略高于财产保险公司，但两者相差不大。

表9-15　中国保险公司治理指数分险种类型比较分析

险种类型	样本数（家）	平均值	中位数
N	91	74.87	76.92
P	85	76.12	76.62

资料来源：南开大学中国保险机构治理指数数据库。

二、中国保险公司治理等级与评级分析

（一）中国保险公司治理等级分析

如图9-16所示，2023年中国保险公司治理等级主要以III级为主，样本数为86家，占比48.86%；其次为II级，样本为51家，占比28.98%；治理等级为VII级的样本数最少，仅1家，占比0.57%。

表9-16　中国保险公司治理等级统计分析

治理等级	样本数（家）	占比（%）
I	4	2.27
II	51	28.98

续表

治理等级	样本数（家）	占比（%）
III	86	48.86
IV	23	13.07
V	9	5.11
VI	2	1.14
VII	1	0.57
合计	176	100.00

资料来源：南开大学中国保险机构治理指数数据库。

（二）中国保险公司治理评级分析

如表9–17所示，2023年中国保险公司治理评级为BBB级的样本占比最多，样本数为86家，占比为48.86%；治理评级为A级的样本数次之，为31家，占比17.61%；治理评级为AA级的再次之，为20家，占比11.36%；治理评级为C级的样本数最少，仅1家。总体而言，2023年中国保险公司治理评级为BBB级、A级和AA级的样本数占比较多，其他评级占比较少，总计不超过30%。

表9–17　中国保险公司治理评级统计分析

治理评级	样本数（家）	占比（%）
AAA	4	2.27
AA	20	11.36
A	31	17.61
BBB	86	48.86
BB	17	9.66
B	6	3.41
CCC	9	5.11
CC	2	1.14
C	1	0.57
合计	176	100.00

资料来源：南开大学中国保险机构治理指数数据库。

三、保险公司与其他类型机构治理比较分析

（一）中国保险公司治理总指数比较分析

如表9-18所示，从平均值来看，2023年中国保险公司（W）治理指数平均值为75.47，高于其他类型保险机构（O）的指数平均值72.46，二者相差3.01。从中位数来看，2023年中国保险公司治理指数中位数为76.64，同样高于其他类型保险机构的指数中位数75.92，二者相差0.72，可见中国保险公司的治理水平相对优于其他类型保险机构的平均水平。

表9-18　中国保险公司与其他业务类型保险机构治理指数比较分析

业务类型	样本数（家）	平均值	中位数
W	176	75.47	76.64
O	62	72.46	75.92

资料来源：南开大学中国保险机构治理指数数据库。

（二）中国保险公司治理分指数比较分析

如表9-19所示，从平均值来看，2023年中国保险公司的董事与董事会、监事与监事会、高级管理人员和信息披露分指数平均值分别为63.02、50.99、88.47和92.98，均高于其他类型保险机构且分别相差3.83、2.80、9.13和6.02；而其股东与股权结构和利益相关者分指数平均值分别为62.95和87.37，则略低于其他类型保险机构的上述指标，分别落后其他类型保险机构1.24和2.22。

表9-19　中国保险公司与其他业务类型保险机构治理分指数平均值比较分析

业务类型	样本数（家）	股东与股权结构	董事与董事会	监事与监事会	高级管理人员	信息披露	利益相关者
W	176	62.95	63.02	50.99	88.47	92.98	87.37
O	62	64.19	59.19	48.19	79.34	86.96	89.59

资料来源：南开大学中国保险机构治理指数数据库。

如表9-20所示，从中位数来看，2023年中国保险公司的高级管理人员、信息披露和利益相关者分指数中位数分别为92.86、94.12和

88.89，均高于其他类型保险机构，且分别相差9.53、0.79和1.39；股东与股权结构和监事与监事会分指数中位数分别为60.00和50.00，与其他类型保险机构持平；仅董事与董事会分指数中位数为62.50，低于其他类型保险机构董事与董事会分指数63.04，落后0.54。可见中国保险公司的分指数治理水平相对较好，部分分指数与其他业务类型保险机构差距较小。

表9-20　中国保险公司与其他业务类型保险机构治理分指数中位数比较分析

业务类型	样本数（家）	股东与股权结构	董事与董事会	监事与监事会	高级管理人员	信息披露	利益相关者
W	176	60.00	62.50	50.00	92.86	94.12	88.89
O	62	60.00	63.04	50.00	83.33	93.33	87.50

资料来源：南开大学中国保险机构治理指数数据库。

四、中国保险公司治理指数趋势分析

如表9-21和图9-2所示，对中国保险公司治理指数进行趋势分析，从平均值来看，2016—2023年中国保险公司治理指数样本平均值分别为67.67、67.92、69.03、71.07、72.53、74.01、74.28和75.47，总体呈递增趋势。从中位数来看，2016—2021年中国保险公司治理指数中位数逐年递增，2022年略有下降，2023年又重新继续增长，且每年的中位数均高于当年的平均值，即中国保险公司治理指数呈左偏分布。从标准差来看，2016—2023年中国保险公司的标准差稳定在8~10之间，表明样本数据较为稳定。而样本中治理指数极差的最大与最小值分别出现在2017与2021年，分别为60.17和50.84。中国保险公司治理指数的最小值在2017和2018年最低，为33.04，在2021年最高，为40.27；最大值在2016年最低，为85.50，在2023年最高，为94.13。由上述分析可见，保险公司治理水平总体逐年向好。

表 9-21　2016—2023 年中国保险公司治理指数趋势分析

年份	样本数（家）	平均值	中位数	标准差	极差	最小值	最大值
2016	156	67.67	68.22	8.75	51.47	34.03	85.50
2017	165	67.92	68.59	9.53	60.17	33.04	93.21
2018	173	69.03	69.63	9.74	57.37	33.04	90.41
2019	173	71.07	71.84	9.88	58.52	33.31	91.83
2020	173	72.53	72.66	9.51	57.33	34.21	91.54
2021	174	74.01	75.71	9.04	50.84	40.27	91.11
2022	176	74.28	74.89	8.31	55.33	38.35	93.67
2023	176	75.47	76.64	9.38	55.71	38.42	94.13

资料来源：南开大学中国保险机构治理指数数据库。

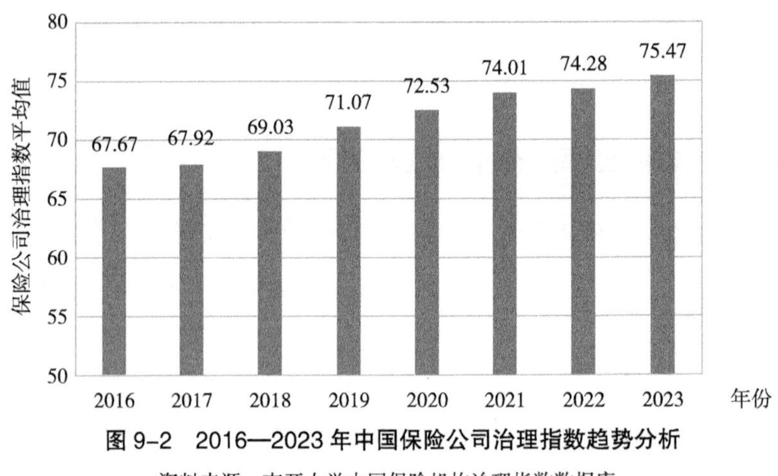

图 9-2　2016—2023 年中国保险公司治理指数趋势分析

资料来源：南开大学中国保险机构治理指数数据库。

第三节　中国保险资产管理公司治理指数分析

一、中国保险资产管理公司治理指数描述性统计分析

（一）中国保险资产管理公司治理指数具体分析

如表 9-22 表示，中国保险资产管理公司 2023 年治理指数共有 34 家样

本。从平均值来看，2023年中国保险资产管理公司治理指数的平均值为74.53，可见中国保险资产管理公司治理水平整体上处于中等偏上水平，仍有可提升的空间。从中位数来看，中国保险资产管理公司治理指数中位数为75.95，中位数略高于平均值，即中国保险资产管理公司治理指数呈左偏分布；从标准差、极差与最值来看，其标准差为8.32，极差为46.42，最小值为41.29，最大值为87.71，表明治理水平最高与最低公司之间的差距较大，各公司之间的治理水平存在较大差异。

表9-22　中国保险资产管理公司治理指数统计分析

年份	样本数（家）	平均值	中位数	标准差	极差	最小值	最大值
2023	34	74.53	75.95	8.32	46.42	41.29	87.71

资料来源：南开大学中国保险机构治理指数数据库。

（二）中国保险资产管理公司治理指数比较分析

如表9-23所示，中国保险资产管理公司按照规模类型分为小型保险资产管理公司和微型保险资产管理公司，2023年小型保险资产管理公司治理指数的平均值和中位数分别为78.58和78.10，高于微型保险资产管理公司的平均值72.01和中位数74.54。小型保险资产管理公司治理指数中位数与平均值较接近，表明小型保险资产管理公司治理指数中数据分布相对均匀；微型保险资产管理公司治理指数中位数高于平均值，呈左偏分布，且与小型保险资产管理公司的中位数有较大差距，表明微型保险资产管理公司治理水平可能存在较大的差异。整体来看，小型保险资产管理公司的治理水平相对高于微型保险资产管理公司，微型保险资产管理公司之间治理水平的差异可能较大，小型保险资产管理公司之间治理水平差异较小。

表9-23　中国保险资产管理公司治理指数分规模类型比较分析

规模类型	样本数（家）	平均值	中位数
S	13	78.58	78.10
T	21	72.01	74.54

资料来源：南开大学中国保险机构治理指数数据库。

如表9-24所示，中国保险资产管理公司按照资本性质分为中资保险资产管理公司和外资保险资产管理公司，中资保险资产管理公司治理指数样本平均值为74.80，中位数为76.35，外资保险资产管理公司治理指数样本平均值为73.26，中位数为73.06。从平均值来看，中资保险资产管理公司治理指数平均值略高于外资保险资产管理公司，二者之间差距不大。从中位数来看，中资保险资产管理公司治理指数中位数高于平均值，说明大部分中资保险资产管理公司的治理指数集中在较高的分数段，呈左偏分布，外资保险资产管理公司治理指数中位数低于平均值但差距较小，表明外资保险资产管理公司治理指数分布较为均匀，但整体仍略低于中资保险资产管理公司。整体来看，外资保险资产管理公司治理指数的平均值和中位数均低于中资保险资产管理公司，说明中资保险资产管理公司的治理水平较高。

表9-24　中国保险资产管理公司治理指数分资本性质比较分析

资本性质	样本数（家）	平均值	中位数
C	28	74.80	76.35
F	6	73.26	73.06

资料来源：南开大学中国保险机构治理指数数据库。

如表9-25表示，中国保险资产管理公司按照组织形式分为有限制保险资产管理公司和股份制保险资产管理公司。从平均值来看，有限制保险资产管理公司治理指数平均值为74.45，股份制保险资产管理公司为74.81，股份制保险资产管理公司治理指数的平均值略高于有限制保险资产管理公司，但二者差距较小；从中位数来看，有限制保险资产管理公司治理指数中位数为76.04，股份制保险资产管理公司为71.50，有限制保险资产管理公司领先股份制保险资产管理公司4.54。

表9-25　中国保险资产管理公司治理指数分组织形式比较分析

组织形式	样本数（家）	平均值	中位数
L	27	74.45	76.04
S	7	74.81	71.50

资料来源：南开大学中国保险机构治理指数数据库。

二、中国保险资产管理公司治理等级与评级分析

（一）中国保险资产管理公司治理等级分析

如表9-26所示，中国保险资产管理公司2023年治理等级主要以Ⅲ级为主，样本数为23家，占比为67.65%，Ⅱ级和Ⅲ级样本合计占比达到85.29%，表明大部分公司的治理水平处于中等偏上的区间。处于Ⅵ级的样本仅有1家，占比为2.94%，说明有一家公司治理水平还处于较低水平。处于Ⅰ级、Ⅴ级和Ⅶ级样本数均为0，无公司处于治理等级的两端。

表9-26　中国保险资产管理公司治理等级统计分析

治理等级	样本数（家）	占比（%）
I	0	0.00
II	6	17.65
III	23	67.65
IV	4	11.76
V	0	0.00
VI	1	2.94
VII	0	0.00
合计	34	100.00

资料来源：南开大学中国保险机构治理指数数据库。

（二）中国保险资产管理公司治理评级分析

如表9-27所示，中国保险资产管理公司2023年治理评级主要以BBB级为主，样本数为23家，占比为67.65%，表明大多数公司的治理水平处于中等偏上。AA级、A级、BB级、B级和CC级均有一定数量的公司分布，但比例相对较低。AAA级、CCC级和C级样本数均为0，无公司处于治理评级的两端。整体看来，中国保险资产管理公司治理评级呈现出多样性和一定的分散性。

表9-27 中国保险资产管理公司治理评级统计分析

治理评级	样本数（家）	占比（%）
AAA	0	0.00
AA	1	2.94
A	5	14.71
BBB	23	67.65
BB	2	5.88
B	2	5.88
CCC	0	0.00
CC	1	2.94
C	0	0.00
合计	34	100.00

资料来源：南开大学中国保险机构治理指数数据库。

三、保险资产管理公司与其他类型机构治理比较分析

（一）中国保险资产管理公司治理总指数比较分析

如表9-28所示，从平均值来看，2023年中国保险资产管理公司治理指数平均值为74.53，保险集团（控股）公司、人身保险机构、财产保险机构和再保险机构治理指数平均值则分别为77.80、73.74、75.53和71.56，可见保险资产管理公司的治理指数平均值位于第三位，与平均值最高的保险集团（控股）公司相差3.27。从中位数来看，2023年保险资产管理公司治理指数中位数为75.95，保险集团（控股）公司、人身保险机构、财产保险机构和再保险机构治理指数中位数分别为77.54、76.60、76.64和73.15，可见保险资产管理公司的治理指数中位数位于第四位，较中位数最高的保险集团（控股）公司相差1.59，表明保险资产管理公司的治理水平与其他业务类型保险机构相比处于中等偏下水平。

表 9–28　中国保险资产管理公司与其他业务类型保险机构治理指数比较分析

业务类型	样本数（家）	平均值	中位数
A	34	74.53	75.95
G	13	77.80	77.54
N	94	73.74	76.60
P	90	75.53	76.64
R	7	71.56	73.15

资料来源：南开大学中国保险机构治理指数数据库。

（二）中国保险资产管理公司治理分指数比较分析

如表 9–29 所示，从平均值来看，2023 年保险资产管理公司的股东与股权结构、董事与董事会、监事与监事会、高级管理人员、信息披露和利益相关者治理分指数平均值分别为 61.18、63.04、46.69、83.33、91.96 和 92.02，其中监事与监事会和高级管理人员治理分指数平均值在五种业务类型保险机构中最低，分别落后监事与监事会分指数最高的保险集团（控股）公司 12.93，落后高级管理人员分指数最高的再保险机构 4.43。此外，与其他业务类型保险机构相比，保险资产管理公司的股东与股权结构治理分指数的平均值相对较低，位于第四位，与该分指数表现最佳的保险集团（控股）公司相差 12.67；而董事与董事会、信息披露和利益相关者分指数的平均值相对较高，均位于第二位，与该分指数表现最佳的保险机构分别相差 5.86、1.77 和 0.84。总体来看，保险资产管理公司的监事与监事会和高级管理人员治理水平远落后于其他保险机构，而董事与董事会、利益相关者和信息披露治理水平相对较好。

如表 9–30 所示，从中位数来看，2023 年保险资产管理公司的股东与股权结构、董事与董事会、监事与监事会、高级管理人员、信息披露和利益相关者分指数中位数分别为 60.00、65.22、50.00、83.33、93.33 和 85.71，其中股东与股权结构、监事与监事会、高级管理人员、信息披露和利益相关者分指数中位数均最低，股东与股权结构和监事与监事会分指数中位数分别与表现最佳的保险集团（控股）公司相差 20.00 和 12.50，高级管理人员分指数中位数与其余四种业务类型保险机构相差2.38，信息披露分指数中位数与表现最佳的财产保险机构相差6.67，利益相关者分指数中位数与表现最佳的再保险机构相差14.29；而董事与董事会分指数则与保险集团（控股）公司并列第一，领先治理分指数表现最差的再保险机构26.09。

表9-29　中国保险资产管理公司与其他业务类型保险机构治理分指数平均值比较分析

业务类型	样本数（家）	股东与股权结构	董事与董事会	监事与监事会	高级管理人员	信息披露	利益相关者
A	34	61.18	63.04	46.69	83.33	91.96	92.02
G	13	73.85	68.90	59.62	83.52	87.33	87.91
N	94	59.79	62.41	49.73	86.32	89.61	87.83
P	90	66.22	61.73	50.83	87.14	93.73	86.17
R	7	62.86	42.86	50.00	87.76	90.76	92.86

资料来源：南开大学中国保险机构治理指数数据库。

表9-30　中国保险资产管理公司与其他业务类型保险机构治理分指数中位数比较分析

业务类型	样本数（家）	股东与股权结构	董事与董事会	监事与监事会	高级管理人员	信息披露	利益相关者
A	34	60.00	65.22	50.00	83.33	93.33	85.71
G	13	80.00	65.22	62.50	85.71	94.12	85.71
N	94	60.00	62.50	50.00	85.71	94.12	88.89
P	90	60.00	62.50	50.00	85.71	100.00	88.89
R	7	60.00	39.13	50.00	85.71	94.12	100.00

资料来源：南开大学中国保险机构治理指数数据库。

四、中国保险资产管理公司治理指数趋势分析

如表9-31和图9-3所示，将中国保险资产管理公司治理指数进行趋势分析，2020—2023年中国保险资产管理公司治理指数的样本平均值分别为71.97、72.34、74.46和74.53，其中2022年和2023年数值较高，总体呈小幅

上升状态。从中位数看，2020—2023年中国保险资产管理公司治理指数的中位数逐年递增，且每年的中位数均高于当年的平均值，即公司治理指数呈左偏分布。从标准差来看，2020—2023年各年份样本标准差呈小幅波动下降状态，但稳定于8~12区间。样本中公司治理指数极差的最大与最小值分别出现在2021年和2022年，分别为52.64和36.24。2020—2023年，中国保险公司治理指数最小值在2022年最高，为52.75；最大值在2023年最低，为87.71。可见保险资产管理公司的治理水平总体呈现积极向好趋势。

表9-31　2020—2023年中国保险资产管理公司治理指数趋势分析

年份	样本数（家）	平均值	中位数	标准差	极差	最小值	最大值
2020	28	71.97	72.89	10.85	45.75	42.59	88.34
2021	33	72.34	73.79	11.29	52.64	37.08	89.72
2022	33	74.46	75.12	8.30	36.24	52.75	88.99
2023	34	74.53	75.95	8.32	46.42	41.29	87.71

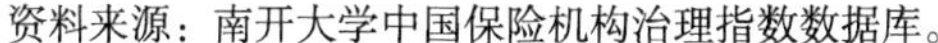
资料来源：南开大学中国保险机构治理指数数据库。

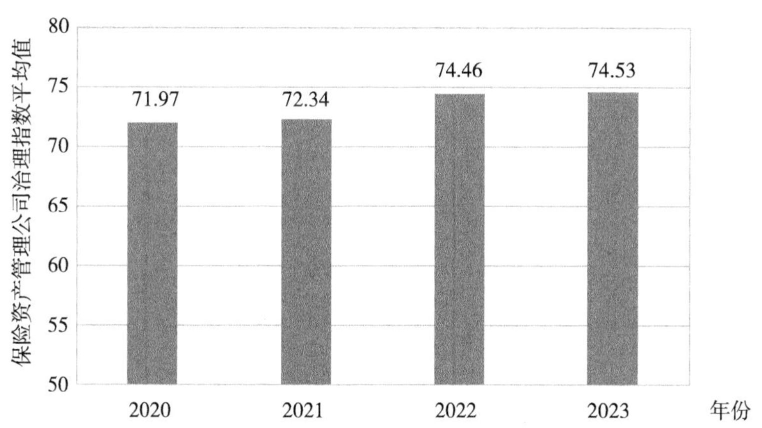

图9-3　2020—2023年中国保险资产管理公司治理指数趋势分析

资料来源：南开大学中国保险机构治理指数数据库。

第四节　中国再保险机构治理指数分析

一、中国再保险机构治理指数描述性统计分析

（一）中国再保险机构治理指数具体分析

如表9-32所示，2023年中国再保险机构治理指数的平均值为71.56，中位数为73.15，标准差为6.49，极差为17.18，最小值为64.41，最大值为81.59。2023年中国再保险机构治理指数中位数大于平均值，即2023年中国再保险机构治理指数呈左偏分布。从标准差来看，2023年中国再保险机构治理指数分布相对集中。从极差来看，2023年中国再保险机构治理指数极差较小，即波动较小，2023年中国再保险机构治理水平差异较小，相对稳定。

表9-32　中国再保险机构治理指数统计分析

年份	样本数（家）	平均值	中位数	标准差	极差	最小值	最大值
2023	7	71.56	73.15	6.49	17.18	64.41	81.59

资料来源：南开大学中国保险机构治理指数数据库。

（二）中国再保险机构治理指数比较分析

如表9-33所示，从不同规模类型的再保险机构来看，2023年我国小型再保险机构治理指数的平均值和中位数较高，分别为76.30和75.24，而中型和微型再保险机构治理指数的平均值和中位数较低，其中，中型再保险机构治理指数的平均值和中位数均为65.66，微型再保险机构治理指数的平均值和中位数均为64.41，小型再保险机构治理指数的平均值和中位数与中型和微型再保险机构治理指数对应数值的差值为10左右。

表9-33　中国再保险机构治理指数分规模类型比较分析

规模类型	样本数（家）	平均值	中位数
M	2	65.66	65.66
S	4	76.30	75.24
T	1	64.41	64.41

资料来源：南开大学中国保险机构治理指数数据库。

如表9-34所示，从不同资本性质的再保险机构来看，2023年我国中资再保险机构治理指数的平均值和中位数分别为72.76和73.82，均高于外资再保险机构的平均值64.41和中位数64.41，差值均为8左右。

表9-34　中国再保险机构治理指数分资本性质比较分析

资本性质	样本数（家）	平均值	中位数
C	6	72.76	73.82
F	1	64.41	64.41

资料来源：南开大学中国保险机构治理指数数据库。

如表9-35所示，从不同组织形式的再保险机构来看，2023年我国有限制再保险机构治理指数的平均值和中位数分别为71.30和70.24，均略低于股份制再保险机构的平均值73.15和中位数73.15，差值均为3以内。

表9-35　中国再保险机构治理指数分组织形式比较分析

组织形式	样本数（家）	平均值	中位数
L	6	71.30	70.24
S	1	73.15	73.15

资料来源：南开大学中国保险机构治理指数数据库。

二、中国再保险机构治理等级与评级分析

（一）中国再保险机构治理等级分析

如表9-36所示，中国再保险机构2023年治理等级只有II、III、IV三种治理等级，其中主要以III和IV级为主，样本数均为3家，占比均为42.86%，而样本数最少的治理等级为II级，仅为1家，其余治理等级的再

保险机构目前没有样本。总体而言，2023年中国再保险机构治理等级为III和IV级的样本占比较大，合计超过85%，其余治理等级的样本占比较小，总计不超过15%。

表9-36　中国再保险机构治理等级统计分析

治理等级	样本数（家）	占比（%）
I	0	0.00
II	1	14.29
III	3	42.86
IV	3	42.86
V	0	0.00
VI	0	0.00
VII	0	0.00
合计	7	100.00

资料来源：南开大学中国保险机构治理指数数据库。

（二）中国再保险机构治理评级分析

如表9-37所示，2023年中国再保险机构治理评级为BBB级的样本数占比最多，为3家，其次是BB级，为2家，治理评级为A和B级的样本最少，均为1家，其余治理评级再保险机构目前没有样本。总体上而言，2023年中国再保险机构治理评级为BBB和BB级的样本占比较大，合计超过70%，其余治理评级的样本占比较小，总计不超过30%。

表9-37　中国再保险机构治理评级统计分析

治理评级	样本数（家）	占比（%）
AAA	0	0.00
AA	0	0.00
A	1	14.29
BBB	3	42.86
BB	2	28.57
B	1	14.29
CCC	0	0.00

续表

治理评级	样本数（家）	占比（%）
CC	0	0.00
C	0	0.00
合计	7	100.00

资料来源：南开大学中国保险机构治理指数数据库。

三、再保险机构与其他类型机构治理比较分析

（一）中国再保险机构治理总指数比较分析

如表 9-38 所示，从平均值来看，2023 年中国再保险机构的治理指数平均值为 71.56，而资产管理公司、集团（控股）公司、人身保险机构和财产保险机构治理指数平均值分别为 74.53、77.80、73.74 和 75.53，可见再保险机构的治理指数平均值在五种保险机构中排名末尾，治理表现欠佳。从中位数来看，中国再保险机构治理指数为 73.15，而资产管理公司、集团（控股）公司、人身保险机构和财产保险机构治理指数中位数分别为 75.95、77.54、76.60 和 76.64，可见再保险机构的治理指数中位数同样低于其他业务类型保险机构，治理水平整体较低。

表 9-38　中国再保险机构与其他业务类型保险机构治理指数比较分析

业务类型	样本数（家）	平均值	中位数
R	7	71.56	73.15
A	34	74.53	75.95
G	13	77.80	77.54
N	94	73.74	76.60
P	90	75.53	76.64

资料来源：南开大学中国保险机构治理指数数据库。

（二）中国再保险机构治理分指数比较分析

如表 9-39 所示，从平均值来看，2023 年中国再保险机构的股东与股权结构、董事与董事会、监事与监事会、高级管理人员、信息披露和利益

相关者分指数的平均值分别为62.86、42.86、50.00、87.76、90.76和92.86，其中股东与股权结构、监事与监事会和信息披露治理分指数平均值均位列第三，股东与股权结构和监事与监事会分指数平均值与最高的集团（控股）公司分别相差10.99和9.62，信息披露分指数平均值与最高的财产保险机构相差2.97；而在董事与董事会分指数平均值上，再保险机构则位列五类机构末位，与平均值最高的集团（控股）公司相差26.04；高级管理人员和利益相关者分指数平均值在五类机构中最高，分别领先高级管理人员分指数平均值最低的资产管理公司4.43，领先利益相关者分指数平均值最低的财产保险机构6.69。

表9-39　中国再保险机构与其他业务类型保险机构治理分指数平均值比较分析

业务类型	样本数（家）	股东与股权结构	董事与董事会	监事与监事会	高级管理人员	信息披露	利益相关者
R	7	62.86	42.86	50.00	87.76	90.76	92.86
A	34	61.18	63.04	46.69	83.33	91.96	92.02
G	13	73.85	68.90	59.62	83.52	87.33	87.91
N	94	59.79	62.41	49.73	86.32	89.61	87.83
P	90	66.22	61.73	50.83	87.14	93.73	86.17

资料来源：南开大学中国保险机构治理指数数据库。

如表9-40所示，从中位数来看，2023年中国再保险机构的股东与股权结构、董事与董事会、监事与监事会、高级管理人员、信息披露和利益相关者分指数的中位数分别为60.00、39.13、50.00、85.71、94.12和100.00，其中利益相关者分指数中位数位列第一，领先中位数最低的资产管理公司和集团（控股）公司14.29；高级管理人员分指数中位数与其他三类保险机构并列第一，领先资产管理公司2.38；董事与董事会分指数中位数在五类机构中最低，落后中位数最高的资产管理公司和集团（控股）公司26.09；股东与股权结构、监事与监事会治理指数中位数与其他三类保险机构并列第二，与集团（控股）公司分别相差20.00和12.50；信息披露分指数位列第二，与最高的财产保险机构相差5.88。

表9-40　中国再保险机构与其他业务类型保险机构治理分指数中位数比较分析

业务类型	样本数（家）	股东与股权结构	董事与董事会	监事与监事会	高级管理人员	信息披露	利益相关者
R	7	60.00	39.13	50.00	85.71	94.12	100.00
A	34	60.00	65.22	50.00	83.33	93.33	85.71
G	13	80.00	65.22	62.50	85.71	94.12	85.71
N	94	60.00	62.50	50.00	85.71	94.12	88.89
P	90	60.00	62.50	50.00	85.71	100.00	88.89

资料来源：南开大学中国保险机构治理指数数据库。

四、中国再保险机构治理指数趋势分析

如表9-41和图9-4所示，将2020—2023年中国再保险机构治理指数进行统计分析，2020—2023年中国再保险机构治理指数平均值分别为68.23、70.69、71.38和71.56，总体呈逐年上升状态。从中位数看，2020—2023年中国再保险机构治理指数中位数分别为64.29、70.22、68.70和73.15，总体呈波动上升状态，除2023年外，每年的中位数均低于平均值，整体呈右偏状态，而2023年则为左偏。从标准差上来看，2020—2023年各年标准差基本平稳，说明治理指数变动情况较为稳定。

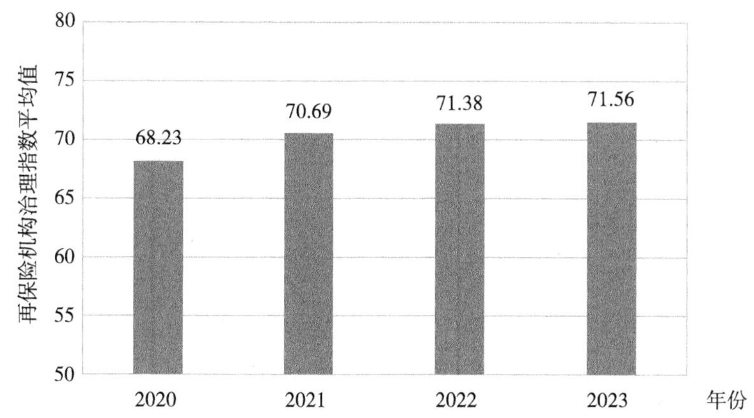

图9-4　2020—2023年中国再保险机构治理指数趋势分析

资料来源：南开大学中国保险机构治理指数数据库。

表9-41　2020—2023年中国再保险机构治理指数趋势分析

年份	样本数（家）	平均值	中位数	标准差	极差	最小值	最大值
2020	6	68.23	64.29	8.73	23.02	59.56	82.57
2021	7	70.69	70.22	8.60	24.98	60.42	85.40
2022	7	71.38	68.70	7.60	21.47	61.78	83.25
2023	7	71.56	73.15	6.49	17.18	64.41	81.59

资料来源：南开大学中国保险机构治理指数数据库。

第五节　中国相互保险组织治理指数分析

一、中国相互保险组织治理指数描述性统计分析

（一）中国相互保险组织治理指数具体分析

如表9-42所示，2023年中国相互保险组织治理指数的平均值为55.79，中位数为74.09，标准差为36.29，极差为81.48，最小值为12.37，最大值为93.85。从中位数来看，2023年中国相互保险组织治理指数中位数大于平均值，即中国相互保险组织治理指数呈左偏分布，个别相互保险治理指数非常低。从标准差来看，2023年中国相互保险组织治理指数较分散，内部一致性较大。从极差来看，2023年中国相互保险组织治理指数的极差较大，相互保险组织治理指数波动范围较大，存在极端值，中国相互保险组织之间的治理水平存在显著差异。①

表9-42　中国相互保险组织治理指数统计分析

年份	样本数（家）	平均值	中位数	标准差	极差	最小值	最大值
2023	8	55.79	74.09	36.29	81.48	12.37	93.85

资料来源：南开大学中国保险机构治理指数数据库。

① 相互保险组织治理具有一定的特殊性，因此本研究专设该分类治理指数。需要说明的是，我国相互保险组织评价样本量较少，因此治理指数分析结论的稳健性会受到样本中个体的影响较大。

（二）中国相互保险组织治理指数比较分析

如表9-43表示，2023年微型相互保险组织治理指数平均值和中位数分别为44.84和40.91，小于小型相互保险组织治理指数平均值88.65和中位数88.65，可见小型相互保险组织治理水平较好，微型相互保险组织治理水平较弱。

表9-43　中国相互保险组织治理指数分规模类型比较分析

规模类型	样本数（家）	平均值	中位数
S	2	88.65	88.65
T	6	44.84	40.91

资料来源：南开大学中国保险机构治理指数数据库。

如表9-44所示，2023年财产险相互保险组织治理指数的平均值和中位数分别为65.55和79.98，分别大于人身险相互保险组织的平均值39.53和中位数12.37，可见财产险相互保险组织的治理水平较好，人身险相互保险组织的治理水平较低。其中，2023年人身险相互保险组织治理指数的平均值大于中位数，数据呈右偏分布，可见其个别人身险相互保险组织治理指数较高，整体人身险相互保险组织治理指数较低。财产险相互保险组织治理指数的平均值小于中位数，即数据呈左偏分布，说明个别财产险相互保险组织治理指数较低。

表9-44　中国相互保险组织治理指数分险种类型比较分析

险种类型	样本数（家）	平均值	中位数
N	3	39.53	12.37
P	5	65.55	79.98

资料来源：南开大学中国保险机构治理指数数据库。

二、中国相互保险组织治理等级与评级分析

（一）中国相互保险组织治理等级分析

如表9-45所示，中国相互保险组织2023年治理等级主要以VII为主，样本数为3家，占比为37.50%。2023年没有样本治理等级为V和VI，治理

等级为I、III、IV的样本数均只有1家，占比均为12.50%。

表9-45　中国相互保险组织治理等级统计分析

治理等级	样本数（家）	占比（%）
I	1	12.50
II	2	25.00
III	1	12.50
IV	1	12.50
V	0	0.00
VI	0	0.00
VII	3	37.50
合计	8	100.00

资料来源：南开大学中国保险机构治理指数数据库。

（二）中国相互保险组织治理评级分析

如表9-46所示，中国相互保险组织2023年治理评级为C的样本数占比较多，治理评级为C的样本数为3家，占比为37.5%；排名第二的为A级，样本数为2家，占比25%。总体而言，2023年中国相互保险组织治理评级为A和C级的样本数占比较多，其他评级占比较少，总计不超过40%。

表9-46　中国相互保险组织治理评级统计分析

治理评级	样本数（家）	占比（%）
AAA	1	12.50
AA	0	0.00
A	2	25.00
BBB	1	12.50
BB	1	12.50
B	0	0.00
CCC	0	0.00
CC	0	0.00
C	3	37.50
合计	8	100.00

资料来源：南开大学中国保险机构治理指数数据库。

三、中国相互保险组织与其他类型机构治理比较分析

（一）中国相互保险组织治理总指数比较分析

如表9-47所示，从平均值来看，2023年中国相互保险组织治理指数平均值为55.79，有限制保险机构和股份制保险机构治理指数平均值分别为73.77和76.63，可见相互保险组织的治理指数平均值最低，与指数平均值最高的股份制保险机构相差20.84，治理状况表现欠佳。从中位数来看，2023年中国相互保险组织治理指数中位数为74.09，有限制保险机构和股份制保险机构治理指数中位数分别为74.73和77.70，可见相互保险组织的治理指数中位数最低，与指数中位数最高的股份制保险机构相差3.61。综合可见，中国相互保险组织治理总指数在样本间较为悬殊且在三类组织形式中指数最小，表明其治理水平相对落后于其他两类保险机构。

表9-47　中国相互保险组织与其他组织形式保险机构治理指数比较分析

组织形式	样本数（家）	平均值	中位数
M	8	55.79	74.09
L	103	73.77	74.73
S	127	76.63	77.70

资料来源：南开大学中国保险机构治理指数数据库。

（二）中国相互保险组织治理分指数比较分析

如表9-48所示，从平均值来看，2023年相互保险组织的股东与股权结构、董事与董事会、监事与监事会、高级管理人员、信息披露和利益相关者分指数平均值分别为62.50、41.30、34.38、48.21、61.76和79.17，各项治理分指数均为最低，且除股东与股权结构分指数外，其他五项分指数平均值与其他组织形式的保险机构差距较大。其中股东与股权结构、董事与董事会和监事与监事会分指数平均值分别与最高的股份制保险机构相差0.96、26.38和23.49；高级管理人员、信息披露和利益相关者分指数平均值分别与最高的有限制保险机构相差39.68、31.49和11.23.

表9-48　中国相互保险组织与其他组织形式保险机构治理分指数平均值比较分析

组织形式	样本数（家）	股东与股权结构	董事与董事会	监事与监事会	高级管理人员	信息披露	利益相关者
M	8	62.50	41.30	34.38	48.21	61.76	79.17
L	103	63.11	56.66	42.11	87.89	93.25	90.40
S	127	63.46	67.68	57.87	87.03	91.79	86.52

资料来源：南开大学中国保险机构治理指数数据库。

如表9-49所示，从中位数来看，2023年相互保险组织的股东与股权结构、董事与董事会、监事与监事会、高级管理人员、信息披露和利益相关者分指数中位数分别为100.00、45.65、31.25、64.29、97.06和83.33，其中股东与股权结构和信息披露分指数中位数整体最高，分别领先其余两类保险机构40.00和2.94；而董事与董事会、监事与监事会、高级管理人员和利益相关者分指数中位数则为三种组织形式中的最低值，董事与董事会和监事与监事会中位数分别与最高的股份制保险机构相差25.18和31.25，高级管理人员和利益相关者分指数中位数分别落后于其余两类保险机构21.42和5.56。

表9-49　中国相互保险组织与其他组织形式保险机构治理分指数中位数比较分析

组织形式	样本数（家）	股东与股权结构	董事与董事会	监事与监事会	高级管理人员	信息披露	利益相关者
M	8	100.00	45.65	31.25	64.29	97.06	83.33
L	103	60.00	58.33	37.50	85.71	94.12	88.89
S	127	60.00	70.83	62.50	85.71	94.12	88.89

资料来源：南开大学中国保险机构治理指数数据库。

四、中国相互保险组织治理指数趋势分析

如表9-50和图9-5所示，对中国相互保险组织治理指数进行趋势分析，2016—2023年中国相互保险组织治理指数平均值分别为28.46、53.27、52.26、53.39、53.70、52.26、53.28和55.59，其中2023年治理指数平均值为最高值，总体呈先大幅增长后小幅波动增长的趋势。从中位数来看，2016—2023年中国相互保险组织治理指数中位数趋势为先大幅增长后小幅波动下降，2023年中位数为74.09；除了2016年指数中位数小于平均值以外，2017—2023年

每年的中位数均大于当年平均值，即中国相互保险组织治理指数呈左偏分布。从标准差来看，2016年指数标准差最小为32.85，2017—2023年标准差在36～40间浮动，说明2017—2023年治理指数变动程度相似。样本中治理指数的极差最大值和最小值分别出现在2020年和2016年，分别为82.45和66.61；2016—2022年治理指数最小值保持一致，均为11.12，2023年最小值增加至12.37；指数最大值除2016年为77.73外，在其余年份围绕90上下波动，2023年以93.85创新高。可见相互保险组织治理水平在2016—2017年间有显著的大幅提升，此后年份均相对稳定，总体仍需进一步改进提升。

表 9-50　2016—2023 年中国相互保险组织治理指数趋势分析

年份	样本数（家）	平均值	中位数	标准差	极差	最小值	最大值
2016	4	28.46	12.50	32.85	66.61	11.12	77.73
2017	7	53.27	78.36	38.73	78.13	11.12	89.25
2018	7	52.26	76.28	37.88	79.99	11.12	91.11
2019	7	53.39	79.75	38.76	77.25	11.12	88.37
2020	7	53.70	78.79	39.22	82.45	11.12	93.57
2021	7	52.26	76.28	37.95	81.37	11.12	92.49
2022	7	53.28	73.77	38.72	78.59	11.12	89.71
2023	8	55.79	74.09	36.29	81.48	12.37	93.85

资料来源：南开大学中国保险机构治理指数数据库。

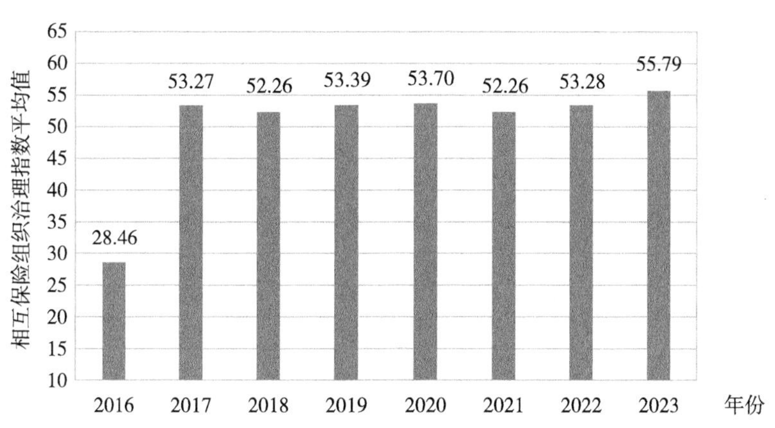

图 9-5　2016—2023 年中国相互保险组织治理指数趋势分析

资料来源：南开大学中国保险机构治理指数数据库。

研究结论、研究展望与提升对策

第十章

本章首先在前面九章研究的基础上，对全书的研究内容进行系统性梳理和总结，提炼出关于中国保险机构治理质量的超过三十五条具体的研究结论；其次从研究内容与研究方法两个方面出发，对未来研究方向进行前瞻性的展望，旨在为后续研究提供启示与指引；最后聚焦实践应用，从监管与机构两个关键层面出发，提出共计十条旨在提升我国保险机构治理水平的对策建议，以期推动全行业公司治理实践的深化与拓展，从而助力保险机构实现高质量、可持续的发展目标。

第一节　中国保险机构治理质量研究结论

一、中国保险机构治理总指数

（一）关于中国保险机构治理总体状况的研究结论

关于中国保险机构治理指数的总体分析，本研究提出以下观点：

第一，近年来我国保险机构的治理状况呈现稳中向好的趋势，治理指数逐年上升。2023年，中国保险机构治理指数的平均值达到74.69，相较2016年上升了8.00。同时，标准差从2016年的11.52微降至2023年的11.46，表明治理水平的波动性保持相对稳定。然而，最高值与最低值之间的差距在逐渐增大，这可能反映了治理水平在一定程度上出现了分化。

第二，保险机构的治理等级与治理评级是衡量其治理水平的重要指标，保险机构的治理等级与评级分布均集中在全部级别中的中等偏上水平。具体而言，治理等级以III级为主，其次是II级；治理评级则以B级为主，其次是AAA级和AA级。

（二）关于中国保险机构治理指数分组比较分析研究结论

关于中国保险机构治理指数的分组分析，本研究得出以下结论：

第一，我国各类保险机构，无论规模大小、资本性质、组织形式，还是业务类型，其分组治理情况均随时间推移持续向好，治理指数也呈现出不同程度的上升态势。

第二，通过对比研究发现，大规模保险机构、外资保险机构、股份制保险机构以及集团（控股）公司在治理水平与治理指数上相对较高，显示出其较为优越的治理能力。

第三，保险机构的成立时间大多集中在相近的时间段内，而那些成立时间较长的保险机构则通常展现出更高的治理水平，这表明治理水平的提升与机构的发展历程和经验积累密切相关。

第四，保险机构的注册地区和所在城市分布较为广泛，不同地区保险机构的治理情况存在显著差异。具体来说，注册地区为北京市、上海市和广东省的样本数量最多，而甘肃省的保险机构治理指数最高；所在城市方面，北京市、上海市和深圳市的样本数量占据前列，无锡市保险机构的治理指数则位居榜首。

二、中国保险机构治理分指数

（一）关于中国保险机构治理六大维度状况的研究结论

关于中国保险机构治理指数的六大维度分析，本研究发现以下要点：

第一，在2023年我国保险机构治理内容分指数中，信息披露维度的分指数总体表现优于其余五大维度，紧随其后的是利益相关者分指数和高级管理人员分指数。股东与股权结构分指数和董事与董事会分指数位列中游，而监事与监事会分指数则相对较低。特别值得注意的是，与其余五大内容维度相比，利益相关者分指数在标准差与极差上均表现最小，显示出相对集中且稳定的特性。

第二，不同规模、资本性质、组织形式、业务类型、成立年限、注册地区和所在城市的保险机构在六大维度的分指数上各有差异。但普遍而言，各类型保险机构在信息披露、利益相关者以及高级管理人员这三个内容维度的治理情况显著优于股东与股权结构、董事与董事会以及监事与监事会这三个内容维度，治理指数相对较高，治理成效也更为显著。

第三，近年来，除股东与股权结构这一内容维度外，我国保险机构在其余五大维度的治理水平均呈现出逐步提升的趋势。尽管各维度的波动情况有所不同，但总体上均呈上升态势。特别需要指出的是，股东与股权结构的分指数在特定年份（2019—2020年）内呈现出显著的增长趋势，然而在近期（2022—2023年）却出现了明显的下降。

（二）关于中国保险机构强制性与自主性治理的研究结论

关于中国保险机构强制性与自主性治理指数的具体分析，本研究提出以下观点：

第一，近年来，我国保险机构的强制性治理状况呈现出稳中向好的趋势，其治理指数不断上升。特别是在2023年，强制性治理指数的极差及标准差有所缩小，显示出治理水平的稳定性与持续向好的态势。

第二，我国保险机构的自主性治理指数近年来虽呈缓慢增长态势，但平均数偶有波动。尽管如此，自主性治理水平总体上仍呈现出稳步提升的趋势。

第三，在初期，我国保险机构的强制性治理与自主性治理表现相对持平，治理总指数相差不大。然而，近年来强制性治理指数持续高于自主性治理指数，且增长速度更快，显示出强制性治理水平的提升速度明显优于自主性治理水平。

第四，从不同维度来看，我国保险机构的强制性治理表现整体上优于自主性治理表现。特别是董事与董事会维度的强制性治理指数略高于自主性治理指数，而监事与监事会维度的强制性治理指数则远高于自主性治理指数。

第五，我国保险机构在不同维度的强制性治理水平差异相对较小，而自主性治理水平差异较大。不过，无论是强制性还是自主性治理，利益相关者和信息披露维度的表现均相对更佳，治理指数较高。

第六，从不同规模类型、资本性质、组织形式和业务类型、成立年限、注册地区和所在城市的角度来看，我国保险机构的强制性治理表现整体优于自主性治理表现。其中，强制性治理指数的差异较大，显示出不同保险机构在强制性治理方面存在明显的对比性差异。自主性治理情况则整体相对稳定，治理指数间的对比差异较为细微。通过对比发现，大型保险机构、中资保险机构、股份制保险机构、资产管理公司以及注册地区为广东省、江苏省和重庆市的保险机构在强制性治理方面表现相对更佳，治理指数较高。在自主性治理方面，大型保险机构、外资保险机构、有限制保险机构、集团（控股）公司、成立年限较长的保险机构以及注册地区为江苏省、北京市和上海市的保险机构表现相对更佳，治理指数较高。

三、中国保险机构分类治理指数

（一）关于中国保险集团（控股）公司治理状况研究结论

关于中国保险集团（控股）公司治理指数的具体分析，本研究得出以下结论：

第一，在2020—2023年，我国保险集团（控股）公司的治理水平呈现出不断提高的趋势，治理指数总体呈现逐年上升趋势。同时，平均值与中位数也在不断提升，且样本数据之间的差距在不断减小，显示出治理水平的整体提升和稳定性。

第二，通过分组对比研究，我们发现中型保险集团（控股）公司、中资保险集团（控股）公司和股份制保险集团（控股）公司在各自分组中的治理状况相对更佳，治理指数也相对较高。这显示出这些类型保险集团（控股）公司在治理方面的优势和成效。

第三，对保险集团（控股）公司的治理等级与评级进行分析，我们发现其治理表现良好。治理等级多数处于II级和III级，属于较高水平。在治理评级方面，以BBB级为主，同时A级和AA级也占有相当比重，进一步证明了其治理水平的优越性。

第四，与其他业务类型的保险机构相比，保险集团（控股）公司的总体治理水平处于领先地位。其平均值与中位数均位于第一位，显示出其在治理方面的全面优势。在具体分指数中，保险集团（控股）公司在股东与股权结构、董事与董事会以及监事与监事会维度的治理表现相对最佳，这为其整体治理水平的领先提供了有力支撑。

（二）关于中国保险公司治理状况研究结论

关于中国保险公司治理指数的具体分析，本研究得出以下结论：

第一，在2016—2023年，我国保险公司的治理表现持续向好，治理指数总体呈现上升趋势。特别是在2023年，治理指数的平均值达到了75.47，显示出治理水平的显著提升。同时，平均值与中位数也在不断提高，而其他指标则保持相对稳定，这进一步证明了保险公司治理水平的整体提升。

第二，通过分组对比研究，我们发现小型保险公司、中资保险公司、股份制保险公司和财产保险公司在治理方面表现相对更佳，其治理指数也较高。这表明这些类型的保险公司在治理结构、机制和实践方面具有一定的优势和成效。

第三，对我国保险公司的治理等级与评级进行深入分析，我们发现我国保险公司的治理水平普遍较好。治理等级主要集中在II级和III级，属于较高水平。同时，治理评级以A和BBB级为主，显示出保险公司在治理方面的稳定性和成熟度。

第四，与其他业务类型的保险机构相比，保险公司的治理表现相对优异。其治理指数始终处于中等偏高至较高水平，这进一步凸显了保险公司在治理方面的全面优势。特别是在董事与董事会、高级管理人员和信息披露等关键治理领域，保险公司的表现尤为突出，治理指数相对较高。

（三）关于中国保险资产管理公司治理状况研究结论

关于中国保险资产管理公司治理指数的具体分析，本研究得出以下发现：

第一，在2020—2023年，我国保险资产管理公司的治理状况呈现出不断优化的趋势，治理指数整体呈现上升趋势。特别是在2023年，治理指数的平均值达到了74.53，显示出治理水平的显著提升。同时，平均值与中位数也在不断上升，样本之间的差距也在不断减小，这进一步证明了保险资产管理公司治理水平的整体提升和稳定性。

第二，通过分组对比研究，我们发现小型保险资产管理公司、中资保险资产管理公司和有限制保险资产管理公司在治理方面表现相对更佳，其治理指数也较高。这表明这些类型的保险资产管理公司在治理结构、机制和实践方面具有一定的优势和成效。

第三，通过对我国保险资产管理公司的治理等级与评级进行深入分析，我们发现保险资产管理公司的治理水平普遍良好。治理等级与评级均集中于全部评级的中等偏上水平，治理等级以III级为主，治理评级则以BBB级为主。

第四，与其他业务类型的保险机构相比，保险资产管理公司的治理表现和指数处于中等水平。在各维度的治理情况中，保险资产管理公司也均处于中游水平，这既体现了其在治理方面的稳健性，也为其进一步提升治理水平提供了空间。

（四）关于中国再保险机构治理状况研究结论

关于中国再保险机构治理指数的具体分析，本研究得出以下结论：

第一，在2020—2023年，我国再保险机构的治理水平呈现出不断提高的趋势，治理指数逐年上升。特别是在2023年，治理指数升至71.56，显示出显著的治理质量提升。同时，中位数、标准差和极差等指标也均表现出治理质量的持续优化，这进一步证明了再保险机构在治理方面的整体进步。

第二，通过分组对比研究，我们发现小型再保险机构、中资再保险机构和股份制再保险机构在再保险领域的治理表现相对更佳，其治理指数也较高。这表明这些类型的再保险机构在治理结构、机制和实践方面具有一定的优势和成效。

第三，对我国再保险机构的治理等级与评级进行深入分析，我们发现再保险机构的治理等级与评级均集中于全部评级的中等水平。治理等级以Ⅲ级和Ⅳ级为主，治理评级则主要集中在BBB级，其中B级也占有相当部分。这显示出再保险机构在治理方面的稳定性和一定的成熟度。

第四，与其他业务类型的保险机构相比，再保险机构的治理水平处于相对较低位次。其治理指数与当年最大值存在较大差距，且在总指数与各分指数中，只有股东与股权结构和利益相关者维度的治理表现相对较好。这表明再保险机构在治理方面仍存在一定的提升空间，需要进一步加强治理结构和机制的完善。

（五）关于中国相互保险组织治理状况研究结论

关于中国相互保险组织治理指数的具体分析，本研究得出以下发现：

第一，在2016—2023年，我国相互保险组织的治理状况表现出相对稳定的态势，且近三年呈现出不断上升的趋势。除2016年外，治理指数平均值均在小范围52～56内波动，其中2023年的治理指数平均值为55.79，显示出治理水平的逐步提升。

第二，通过分组对比研究，我们发现小型相互保险组织和财产险相互保险组织在相互保险组织中的治理表现相对更好，其治理指数也较高。这表明这些类型的相互保险组织在治理结构、机制和实践方面具有一定的优势和成效。

第三，对我国相互保险组织的治理等级与评级进行深入分析，我们发现相互保险组织的治理水平整体较差。治理等级中VII级占比较高，治理评级则以C级为主，这显示出相互保险组织在治理方面仍存在一定的挑战和改进空间。

第四，与其他组织形式的保险机构相比，我国相互保险组织的治理水平及各维度治理指数表现均相对较低。这在一定程度上与相互保险组织的样本数较少有关，可能会影响对其整体治理表现的准确评估。因此，在未来的研究中，需要进一步扩大样本量，以更全面地了解我国相互保险组织的治理状况。

第二节　中国保险机构治理质量研究展望

一、研究内容展望

中国保险机构治理指数全面科学地量化与反映了我国保险机构治理质量，未来南开大学中国保险机构治理评价课题组将基于该指数进一步拓展和深化保险机构治理领域的研究，包括但不限于以下几个方面。

（一）全面探讨保险机构治理政策的实施效应

我们可以全面评估这些政策在实际运作中的效果，包括治理政策对保险机构治理结构、治理机制、治理流程以及治理质量的深远影响等。通过精细对比政策实施前后的治理指数数据变化，深入分析政策对保险机构长期发展战略、市场定位以及业务模式的塑造作用，以期为监管机构提供有力的实证证据支持与优化改进建议。这些建议将有助于监管机构制定出更加科学、合理且具有针对性的治理政策，进一步推动保险行业的稳健发展。

（二）系统研究中国保险机构治理的驱动因素

我们可以运用先进的实证研究方法，系统地探究保险机构内外部各因素对其治理发展的具体影响及作用机理。这包括全面分析宏观经济环境、行业竞争格局、所在地区与城市的发展水平、政策法规的变动等外部因素，以及保险机构内部的组织形式、资本性质、规模类型、治理文化等内部因素。通过深入研究这些因素与保险机构治理指数之间的关联，我们可以更加清晰地勾勒出保险机构治理的发展脉络与动力机制，为保险机构提供进一步完善治理结构与机制的更具针对性对策建议。

（三）重点聚焦中国保险机构治理有效性研究

我们可以通过构建严谨的实证模型，从竞争力、代理成本、公司效率、公司估值等多个维度出发，进行详尽的实证检验。我们将深入分析不同治理实践对保险机构竞争力的提升作用，探究公司治理与代理成本之间的内在关系，评估公司治理对公司效率的提升效果，以及公司治理对公司估值的长期影响。通过这些深入研究，我们可以揭示治理实践与机构绩效之间的内在联系，为保险机构充分发挥治理效应、实现可持续发展提供一定的指导。

（四）深入探究保险机构治理要素的内在关系

我们可以致力于揭示不同治理机制之间的相互作用规律，如董事会结构、高管激励、风险管理、内外部审计等治理要素之间的复杂关系。通过实证研究，我们可以深入分析这些治理要素在保险机构治理中的作用及其相互之间的替代与互补效应。这将为优化保险机构的治理结构与机制提供科学依据与实践指导，帮助保险机构实现更加科学、高效且稳健的治理，向治理现代化方向更近一步，最终提升其在市场中的竞争力和影响力。

（五）尝试探索数字化等对保险机构治理影响

随着数字化时代的到来，技术创新正深刻改变着保险行业的运作模式与治理体系。未来研究将进一步探索数字化与技术创新如何影响保险机构的治理结构、机制与流程，以及这些变化如何进一步影响保险机构的治理质量与绩效。具体而言，将关注大数据、人工智能、区块链等新兴技术在保险机构治理中的应用，分析它们如何提高治理效率、降低治理成本、增强治理风险防控能力，并探讨其在应用中的可能存在的挑战，进而为保险机构在数字化时代下的治理创新与转型升级提供理论支撑与实践指导。

二、研究方法展望

保险机构治理评价方法是影响评价结果准确性和客观性的重要影响因素。本研究选择了治理领域顶级期刊文献中大部分学者所使用的哑变量求和法。实际上，在管理领域，有多种综合评价方法供选择和使用。评价方法的选择实际上是一个综合考虑多方面因素的过程。例如，要考虑评价的目的和对象，以及评价数据的类型、规模和质量。同时还要考虑不同方法的优缺点，如层次分析法易于操作但依赖主观判断，熵权法能客观反映数据差异但对数据质量要求高，主成分分析法能降维但可能忽略重要指标。本研究未来将针对评价样本情况、数据特点尝试导入如下新的一种或多种评价方法，并对比评价结果，以进一步验证本研究评价结果的稳健性。

（一）主成分分析法

主成分分析法（Principal Component Analysis，PCA），也称主分量分析法或矩阵数据分析法，是由卡尔·皮尔逊（Karl Pearson）在1901年提出，并由哈罗德·霍特林（Harold Hotelling）在1933年进一步发展和推广的一种数学变换方法。该方法通过线性变换将多个评价指标综合成少数几个主成分来分析，这些主成分按照方差依次递减的顺序排列，能够反映原始数据的主要信息。该方法具有有效降低数据维度、简化复杂问题的优点，能够保留数据的大部分信息，同时去除冗余和噪声，且无需预设模型，适用于多种类型的数据。然而，PCA存在一些缺点，如假设变量间为线性关系，对于非线性数据效果不佳，降维过程中可能丢失部分重要信息，结果解释性可能较差，且在大数据集上计算可能较为耗时。

（二）德尔菲法

德尔菲法（Delphi Method，DM），也称专家咨询法、专家调查法、专家意见法等。DM是在冷战初期发展起来的，用于预测技术对战争的影响。1944年，作为当时美国陆军航空队的司令亨利·阿诺德（Henry Arnold），下令编制一份关于未来军事技术能力的报告。在20世纪50年代，该方法经过美国兰德公司（RAND Corporation）、奥拉夫·赫尔姆（Olaf Helmer）、诺曼·达尔克（Norman Dalkey）、西奥多·戈尔登（Theodore Gordon）的进一步发展而逐渐成熟和广泛应用的一种方法。它通过向专家征求和收集意见，经过多轮反馈和修改，最终得到一致性的评价结果。该方法虽然充分利用了专家的知识和经验，但多轮意见收集分析耗时耗资，结果易受专家信息准确性和个人偏见影响。

（三）熵权法

熵权法（Entropy Weight Method，EWM），也称熵值法，是一种基于信息熵原理的客观赋权方法，广泛应用于多指标综合评价问题中。该方法通过计算各指标的信息熵值来确定权重，避免了主观因素的干扰，结果客观可靠。一般来说，某个指标的信息熵值越小，说明该指标的离散程度越大，提供的信息量越多，对综合评价的影响就越大，因此其权重也就越大。需要补充说明的是，该方法并非由某一特定学者直接提出，而是基于信息熵的概念发展而来的一种客观赋权方法。信息熵的概念最初由信息论的创始人克劳德·香农（Claude Shannon）在1948年提出，用于衡量信息的不确定性或随机性，即信息的无序程度。该方法的优点在于能够客观反映指标差异性和重要程度，减少主观性影响，计算相对简单且适用范围广泛。然而，其缺点也较为明显，如对数据质量要求高、对异常值和缺失值敏感、难以处理指标间强相关性等，可能导致权重分配不合理，进而影响评价结果的准确性。因此，在应用EWM时需谨慎处理数据，并结合实际情况综合考量。

（四）模糊综合评价法

模糊综合评价法（Fuzzy Comprehensive Evaluation，FCE）是以模糊数学为基础，应用模糊关系合成的原理，将一些边界不清、不易定量的因素定量化的一种综合评价方法。模糊综合评价法的理论基础——模糊集合理论是由美国自动控制专家洛特菲·扎德（Lotfi Zadeh）教授于1965年提出的，但模糊综合评价法作为一种具体的综合评价方法，其早期应用和发展则与多位学者有关。该方法通过确定备择对象集、因素集、评语集、评判矩阵和权数向量，选择合适的合成算法计算评判指标，从而得到评价结果。该方法具有能够有效处理模糊性和不确定性信息的优点，使评价结果更贴近实际，且其评价结果信息丰富，能够全面刻画被评价对象。模糊综合评价法的适用性强，既可用于主观因素也可用于客观因素的综合评价。然而，其计算过程较为复杂，且指标权重矢量的确定主观性较强；当指标集较大时，还可能出现超模糊现象，影响评判结果的分辨率。

（五）层次分析法

层次分析法（Analytic Hierarchy Process，AHP），也称层级分析法，是由美国运筹学家托马斯·萨蒂（Thomas Saaty）在1973年提出的一种定性与定量分析相结合的多准则决策方法。它将决策问题的有关元素分解成目标层、准则层和方案层，通过两两比较建立判断矩阵，求解权向量并进行一致性检验，最终得到各评价对象的排序和权重。该方法能够将复杂问题结构化，使决策过程更加系统化；允许将定性因素转化为定量指标，既考虑主观判断又确保客观性；对数据要求不严格，计算方法简单易懂，应用范围广泛；通过一致性检验确保决策过程的逻辑严密性。然而，AHP也存在一些局限性，如主观性较强、一致性检验存在局限性、计算量较大、结果对微小变化敏感、受决策者知识局限性影响等。

（六）随机前沿分析法

随机前沿分析法（Stochastic Frontier Analysis，SFA），是由丹尼斯·艾

格纳（Dennis Aigner）、诺克斯·洛韦尔（Knox Lovell）、彼得·施密特（Peter Schmidt），以及维姆·梅森（Wim Meeusen）、扬·范登布鲁克（Jan van den Broeck）两组学者，在1977年各自独立提出的通过利用随机前沿生产函数，对决策单元的技术效率进行估计的一种重要的效率测量手段，本质上来说是一种参数方法。它的核心在于对误差项的分解，将其分为随机误差项和技术无效性项，从而更准确地反映生产过程中的技术效率。这种方法在处理单产出问题时尤为有效，能够分离出随机误差项和技术无效率项，从而克服了传统数据包络分析法方法在这方面的不足。黄薇（2006）采用SFA法对我国保险机构的效率进行了研究，但未深入到公司治理领域。

（七）数据包络分析法

数据包络分析法（Data Envelopment Analysis，DEA）是由美国著名运筹学家亚伯拉罕·查恩斯（Abraham Charnes）、威廉姆·库铂（William Cooper）和爱德华多·罗兹（Edwardo Rhodes）于1978年首先提出的，是以“相对效率”概念为基础，根据多指标投入和多指标产出对相同类型的单位（部门）进行相对有效性或效益评价的一种系统分析方法，本质上来说是一种非参数评价方法。它通过选择决策单元、建立输入输出评价指标体系、收集和整理数据，选择合适的DEA模型进行计算和分析。该方法的优点在于能处理多输入多输出问题，自动分配权重，避免主观偏见，全面评估决策单元效率，且适用于不同规模和类型的决策单元。然而，DEA对异常数据敏感，结果可能受样本选择影响，且计算复杂度较高，对数据质量有一定要求。黄薇（2007）虽采用DEA法对我国保险机构的效率进行了研究，但未从公司治理角度展开。

（八）逼近于理想解排序法

逼近于理想解排序法（Technique for Order Preference by Similarity to an Ideal Solution，TOPSIS），也称优劣解距离法，是由黄庆来（Ching-Lai

Hwang）和尹光孙（Kwangsun Yoon）两位专家在1981年首次提出的有限方案多目标决策分析方法。它通过确定理想中的最优方案和最劣方案，计算评价对象与这两个方案之间的距离，从而得到评价对象与最优方案的接近程度或差距。该方法的优点在于能充分利用原始数据信息，精确反映评价方案间的差距，且对数据分布及样本含量无严格限制，计算简便易行，结果科学客观。然而，TOPSIS也存在一些局限性，如当评价对象指标值关于最优和最劣方案连线对称时，可能无法得出准确结果；该方法只能排序，无法进行分档管理，灵敏度不高。

（九）灰色关联度分析法

灰色关联度分析法（Grey Relational Analysis，GRA）是华中科技大学控制科学与工程系邓聚龙教授于1982年首次提出的灰色系统理论中的一种重要分析方法，主要用于分析系统中各因素之间的关联程度。在美国加州大学伯克利分校的洛特菲·扎德（Lotfi Zadeh）教授1965年提出了模糊集合理论之后，邓聚龙教授就开始积极关注他的工作，并应邀担任过多种模糊数学期刊的编委；邓聚龙教授提出灰色系统理论之后，其学生刘思峰教授对该理论进行了发展。该方法通过比较各因素随时间或不同对象变化的趋势是否一致，即同步变化程度的高低，来衡量因素间的关联度，被广泛应用于多因素综合评价问题中。该方法的优点在于对数据要求宽松，适用于样本量少、数据质量差的情况，能综合评估因素间关联程度，结果直观且易于理解。然而，其缺点也不容忽视，如结果可能受参考序列选择影响，对数据质量仍有一定要求，且只能反映相关性而非因果关系，解释结果时可能较为抽象。

（十）优序图法

优序图法（Precedence Chart，PC）是由保罗·穆迪（Paul Moody）在1983年提出并应用的一种数理统计分析方法。该方法主要用于分析各因素（条件）对目标（如项目成败、服务质量等）的重要程度，为管理决策提供依据。该方法的优点在于其操作简便，能直观反映各因素间的相对重要性，通过两两比较的方式减少了主观判断的复杂性，且在大样本调查中结果准确可靠。然而，优序图法也存在一些局限性，如对于小样本调查，其精确性可能稍逊于其他方法，由于它只能表示因素的相对优劣，而无法精确量化其重要程度，可能需要结合其他方法共同使用，以获得更全面的分析结果。

第三节　中国保险机构治理质量提升对策

一、监管层面

（一）迫切需求：修订治理准则、完善治理标准

定期评估与更新是完善任何治理准则的必然要求。监管机构应当不断修订和完善保险机构相关治理准则，以确保保险机构能够按照最新的法律法规和行业标准进行高效运营，减少合规风险，保护投保人的权益，进而提高保险业的整体治理水平，并最终促进保险业的稳定发展。尤其在新修订的《中华人民共和国公司法》于2024年7月1日起正式施行，以及《G20/OECD公司治理原则》（G20/OECD Principles of Corporate Governance）第四版于2023年12月正式出台的大背景下，监管机构应对现有治理准则和治理标准进行全面评估，及时根据外部环境的变化修订并完善相关治理准则和标准，制定清晰、具体的监管要求，确保保险机构能够明确理解并严格遵守相关规则，不断提升保险机构的治理质量。

（二）有效手段：完善分类监管、防范治理风险

保险行业是具有特殊经营风险的重要金融行业，其监管必须建立在对风险的客观分析和科学分类的基础上。分类监管是一种重要的防范风险的

监管手段（黄庆，2011）。对不同业务类型的保险机构实施分类监管，即有针对性地制定不同的监管政策和标准，对于解决保险行业快速发展与监管力量相对不足之间的矛盾具有重大意义，有利于监管机构集中有限的监管资源对治理风险较高的公司采取更有效的监管措施，加强防范和化解风险的力度。同时，针对不同特征的保险机构，监管机构也应当制定差异化的监管政策，以确保监管的更具针对性和有效性。其中，治理评级较低的保险机构应尤其引起关注，如应加大对CCC、CC和C类机构的监管力度，推动其改善治理状况，防范和化解治理风险，促进市场的稳健运行。

（三）巩固基础：强化股权监管、规范关联交易

股权管理是公司治理的基础，对保险机构的健康稳定发展至关重要。股权监管指监管机构对保险机构的股权结构、股权转让、股东行为等重要方面进行监管。通过强化股权监管，监管机构可以阻止不当的股权结构安排及其他相关行为对保险机构和市场造成负面影响，从而有效保护投保人、中小股东等利益相关者的权益。同时，规范关联交易也是防止股东进行利益输送的重要手段，有助于维护交易的公平性和公正性，优化保险市场的整体治理表现。

（四）优化升级：导入绿色治理、升级治理理念

随着环境保护和可持续发展理念日益受到社会广泛关注，监管机构同样需要将绿色治理理念导入监管工作中。所谓绿色治理就是指ESG的中国化名字（宋志平，2023）。这意味着监管机构需要额外加强对保险机构在环境保护、社会责任等方面表现的重视，鼓励其采取绿色、可持续的发展模式，实现保险机构从“G”到“ESG”的拓展。对此，监管机构可以出台针对保险机构的ESG管理办法或文件，在推动保险市场绿色发展的同时，也作为ESG的推动者促进经济与环境的协调共生。

（五）监管重点：关注特定机构、出台专门文件

在某些情况下，监管机构需要特别关注某些特定类型的保险机构，如相互保险组织、保险科技机构、系统重要性保险机构等。这些特殊机构可能对市场的稳定和发展产生重要影响，因此需要更加严格的监管。监管机构可以出台专门的监管文件和政策，对此类机构进行更加全面和深入的监管，从而确保其在稳健运营的同时符合相关法规的要求。以相互保险组织为例，《保监会关于印发〈相互保险组织监管试行办法〉的通知》（保监发〔2015〕11号）和《中国保监会关于加强相互保险组织信息披露有关事项的通知》（保监发〔2017〕26号）这两个直接与相互保险组织相关的通知，初步确立了相互保险发展和监管的基本理念及核心原则。

二、机构层面

（一）打牢根基：培育治理理念、强化相关主体问责

理念最终将决定行为。保险机构应积极引入并培育先进的公司治理理念，包括过程理念、和谐理念等，确保所有相关主体都充分认识到良好治理的重要性。此外，制度、合规和问责是治理的三要素，在树立理念的过程中，保险机构需要明确各治理主体的职责和权利，建立严格的问责机制，对失职或违规行为进行严肃追责，唯有这样才能强化治理理念，推动治理质量的进一步提升。

（二）紧抓核心：修订公司章程、优化治理结构机制

公司章程是公司运营的根本依据，也是公司治理的最核心制度。公司章程的合法性与合规性直接关系公司的稳健运行，保险机构应根据2024年实施的新修订《中华人民共和国公司法》和最新的监管要求，及时修订和完善公司章程，确保公司章程的合法性和合规性。同时遵照新规，选择适合自身发展的治理模式，设计好治理结构，确保各治理主体之间的权利制

衡和有效运作，提升治理效率、降低治理成本。

（三）找准突破：规避治理短板、提高治理合规水平

定期评估保险机构的治理状况，可以识别保险机构治理所存在的短板和不足。规避治理短板不仅是保险机构提升治理质量的突破口，也是保险机构提高治理水平的关键点。保险机构可以参考监管机构及第三方的治理评价或评估结果，精准识别并及时消除公司治理方面的明显短板，提高整体治理水平。尤其在强制合规方面，保险机构应确保各项活动严格遵循法律法规和监管的要求，同时也要在此过程中努力提高自主合规水平。

（四）加强披露：提升信披水平、保护相关者的利益

信息披露是保险机构重要的外部治理机制。如今，大多数保险机构都能按照《保险公司信息披露管理办法》（中国银行保险监督管理委员会令2018年第2号）真实、准确、完整、及时、有效地进行相关信息的披露。但是，我国部分保险机构官方网站的建设水平、部分信息披露的准确性与及时性等方面仍需要进一步提高，自愿性信息披露内容还要进一步加强，如此才能以更加开放透明的信息披露更好地保障投保人、被保险人、受益人，以及相关当事人等所有利益相关者的合法权益，最终促进保险业健康发展。

（五）落实运行：规范会议运作、提高科学决策能力

公司治理制度是无形的，最终需要落到实际运作层面，尤其是作为保险机构治理核心的董事会及其专门委员会的运作层面。保险机构需要制定完善的会议制度和流程，确保会议的召开、表决等环节都符合监管规定。在会议筹备阶段，所有议案材料和会议通知要按照规定的时间提前发给各位董事等相关主体，不能临时增加议题；在会议召开阶段，参会主体对所有的议案都要充分发表意见，以确保决策的科学性和合理性，从而有效提升公司治理的决策质量与效率。

参考文献

[1] 陈露 . 保险机构 ESG 信披指南出台 [N]. 中国证券报，2023–12–14（A04）.

[2] 陈露 . 多家保险机构领罚单监管剑指行业顽疾 [N]. 中国证券报，2024–01–16（A04）.

[3] 陈雨露 . 加快构建中国特色哲学社会科学 [J]. 求是，2024a（3）：65–70.

[4] 陈雨露 . 着力推动金融高质量发展 [J]. 人民论坛，2024b（15）：1–5.

[5] 陈雨露 . 走好中国特色金融发展之路 全面建设社会主义现代化国家 [J]. 红旗文稿，2023（10）：9–12.

[6] 陈宗胜，朱琳 . 荣耀南开百年，激励中华千秋：简评《"南开指数"及相关经济资料汇刊》[J]. 南开经济研究，2019（5）：3–20.

[7] 陈宗胜 ."南开指数"及相关经济资料汇编 [M]. 天津：南开大学出版社，2020.

[8] 董波 . 世界保险史话 [M]. 北京：中国金融出版社，2020.

[9] 董迎秋，金铭卉，崔亚南，等 . 保险业公司治理风险的分析与防范：基于保险业公司治理框架视角 [J]. 保险理论与实践，2018（12）：1–12.

[10] 董迎秋，王虹珊 . 风险管理视角下的保险集团发展趋势探析 [J]. 中国保险，2020（12）：12–14.

[11] 董迎秋，王瑞涵 . 构建战略型董事会是保险业公司治理建设的重要方向 [J]. 保险理论与实践，2020（1）：17–24.

[12] 董迎秋，王瑞涵 . 我国保险行业公司治理实践探析 [J]. 保险理论与实

践，2018(4)：71-80.

[13] 付秋实.为保险机构提升ESG披露质量提供行动方案[N].金融时报，2023-12-14(02).

[14] 高侯平.中国系统重要性保险机构识别和监管研究[M].北京：中国经济出版社，2021.

[15] 关伟，沈飞国.我国保险集团公司治理研究：现状、问题及政策建议[J].中国物价，2021(10)：79-81.

[16] 郭金龙.优化保险公司偿付能力监管[J].中国金融，2023(20)：77-78.

[17] 郭树清.加强和完善现代金融监管[J].中国农村金融，2022(22)：8-11.

[18] 郭宇.保险消费者个人信息的新型侵害及其治理进路[J].西南民族大学学报(人文社会科学版)，2024(7)：66-72.

[19] 国家金融监督管理总局上海监管局ESG课题组.保险机构ESG实践探索与监管思考[J].上海保险，2024(7)：7-12.

[20] 郝臣，白丽荷，崔光耀.我国保险公司股东治理有效性实证研究：基于偿付能力的视角[J].当代经济管理，2016a(12)：84-90.

[21] 郝臣，崔光耀，李浩波，等.中国上市金融机构公司治理的有效性：基于2008-2015年CCGI^NK的实证分析[J].金融论坛，2016b(3)：64-71.

[22] 郝臣，崔光耀，郑钰镜.ESG：本质、发展与应对[J].中国商业保险，2021a(1)：36-41.

[23] 郝臣，董迎秋，马贵军，等.中国式保险治理现代化进程研究：基于1979-2022年的1000部法律法规文件[J].保险职业学院学报，2023(3)：21-31.

[24] 郝臣，付金薇，李维安.国外保险公司治理研究最新进展：基于2008-2017年文献的综述[J].保险研究，2018(4)：112-127.

[25] 郝臣，姜欣悦，姜语，等.我国保险机构治理质量的透视与提升：基于中国保险机构治理指数(CIIGI)[J].中国商业保险，2024a(1)：

51–55.

[26] 郝臣，李慧聪，罗胜.保险公司治理研究：进展、框架与展望[J].保险研究，2011(11)：119–127.

[27] 郝臣，李维安，董迎秋，等.保险公司ESG本质、动因与优化研究：基于一个自主构建的研究框架[J].保险研究，2024b(2)：3–15.

[28] 郝臣，李维安，王旭.中国上市金融机构是否有效治理：风险承担视角[J].现代财经(天津财经大学学报)，2015a(11)：12–21.

[29] 郝臣，李艺华.我国保险法人机构公司治理发展研究：基于公司治理评价的视角[J].公司治理评论，2019(2)：22–40.

[30] 郝臣，刘琦.我国中小型保险机构治理质量研究：基于2016—2019年公开数据的治理评价[J].保险研究，2020(10)：79–97.

[31] 郝臣，马贵军.我国保险资管公司治理与优化[J].中国金融，2023(4)：72–73.

[32] 郝臣，石懿，郑钰镜.从治理指数看上市金融机构治理质量[J].金融市场研究，2022a(2)：9–20.

[33] 郝臣，孙佳琪，钱璟，等.我国保险公司信息披露水平及其影响研究：基于投保人利益保护的视角[J].保险研究，2017a(7)：64–79.

[34] 郝臣，王旭，王励翔.我国保险公司社会责任状况研究：基于保险公司社会责任报告的分析[J].保险研究，2015b(5)：92–100.

[35] 郝臣，杨冬雪，崔光耀，等.我国保险公司治理有效性研究：基于盈利能力视角的实证分析[J].金融管理研究，2017b(1)：23–51.

[36] 郝臣，郑钰镜，崔光耀，等.ESG的起源与本质探析[J].审计观察，2022b(7)：86–91.

[37] 郝臣，郑钰镜，崔光耀，等.完善制度框架全面提升ESG发展[N].上海证券报，2021b–10–21(010).

[38] 郝臣，郑钰镜，石懿，等.ESG在我国的20年实践与发展[N].上海证券报，2021c–10–21(010).

[39] 郝臣，郑钰镜，石懿，等.我国ESG二十年实践与发展[J].现代商业银

行导刊，2022c（1）：7–18.

[40] 郝臣，郑钰镜，石懿.国内外保险公司治理原则研究[J].保险理论与实践，2021d（12）：118–135.

[41] 郝臣.保险法人机构治理评价新思路[J].上海保险，2018a（4）：10–13.

[42] 郝臣.保险公司治理、投资效率与投保人利益保护[M].沈阳：东北大学出版社，2021.

[43] 郝臣.保险公司治理的优化[J].中国金融，2017（16）：80–81.

[44] 郝臣.保险公司治理对绩效影响实证研究：基于公司治理评价视角[M].北京：科学出版社，2016.

[45] 郝臣.保险公司治理学：一门新兴分支学科[J].保险职业学院学报，2022a（2）：21–27.

[46] 郝臣.提升我国保险公司治理能力的思考：标准引领与监管推动的视角[J].保险理论与实践，2018b（7）：1–31.

[47] 郝臣.我国保险治理法律法规研究：1979–2022[M].天津：南开大学出版社，2023a.

[48] 郝臣.我国中小型保险机构治理研究[M].天津：南开大学出版社，2022b.

[49] 郝臣.中国保险公司治理研究[M].北京：清华大学出版社，2015.

[50] 郝臣.金融机构治理手册[M].北京：清华大学出版社，2023b.

[51] 郝臣.中国保险机构治理指数研究：暨中国保险机构治理发展报告2016–2022[M].天津：南开大学出版社，2024.

[52] 郝臣，等.中国保险公司治理发展报告2018[M].天津：南开大学出版社，2019.

[53] 郝臣，等.中国保险公司治理发展报告2019[M].天津：南开大学出版社，2020.

[54] 黄静.董事高管责任保险、盈余管理与投资效率[J].中国市场，2023（8）：28–30

[55] 黄庆.关于财产保险公司分支机构分类监管的探索与思考[J].金融纵横，2011(3)：29-32.

[56] 黄薇.基于SFA方法对中国保险机构效率的实证研究[J].南开经济研究，2006(5)：104-115.

[57] 黄薇.基于数据包络分析方法对中国保险机构效率的实证研究[J].经济评论，2007(4)：111-116.

[58] 江生忠，邵全权.保险企业组织形式的制度变迁研究[J].保险职业学院学报，2006(3)：5-9.

[59] 江生忠，王成辉.论相互制保险公司在中国的发展[J].保险研究，2006(10)：14-17.

[60] 琚超.董事高管责任保险的公司治理效应路径研究[J].市场周刊，2023(3)：20-22.

[61] 冷翠华.保险机构ESG信披指南发布披露信息可比性不强等问题有望解决[N].证券日报，2023-12-14(B01).

[62] 李嘉雯.我国相互保险制度规范建议：以日本相互保险制度为鉴[J].上海保险，2023(2)：22-27

[63] 李维安，程新生.公司治理评价及其数据库建设[J].中国会计评论，2005(2)：387-400.

[64] 李维安，郝臣，崔光耀，等.公司治理研究40年：脉络与展望[J].外国经济与管理，2019(12)：161-185.

[65] 李维安，郝臣.金融机构治理及一般框架研究[J].农村金融研究，2009(4)：4-13.

[66] 李维安，郝臣，李浩波，等.我国上市金融机构治理质量研究：基于中国上市公司治理指数的分析[N].企业观察报，2024-08-26(009).

[67] 李维安，李慧聪，郝臣.保险公司治理、偿付能力与利益相关者保护[J].中国软科学，2012(8)：35-44.

[68] 李维安，徐业坤，宋文洋.公司治理评价研究前沿探析[J].外国经济与管理，2011(8)：57-65.

[69] 李维安，张耀伟，郑敏娜，等.中国上市公司绿色治理及其评价研究[J].管理世界，2019(5)：126-133.

[70] 李维安，等.国有控股金融机构治理研究[M].北京：科学出版社，2018.

[71] 李向红.国有保险机构强化公司治理的有效路径探讨[J].企业改革与管理，2023(13)：27-29.

[72] 李秀芳，张强.行为监管与保险公司风险防范：来自行政处罚大数据的证据[J].保险研究，2023(9)：32-46.

[73] 李玉泉，王德明.从《公司法》修订看保险公司治理中的监督机制[J].保险理论与实践，2024a(6)：39-50.

[74] 李玉泉，王德明.当前保险公司董事会的几个问题思考[J].保险理论与实践，2024b(7)：97-112.

[75] 李云泽.推动保险业高质量发展助力中国式现代化建设[J].中国金融家，2024(6)：14-16.

[76] 梁琪，李温玉，余峰燕."遵从监管"抑或"主动履责"：双重治理视角下银行绿色治理指数及其对银行绩效的影响研究[J].金融研究，2023(6)：38-56.

[77] 梁涛，何肖峰，任建国.相互保险组织运作及风险管理研究[M].北京：中国金融出版社，2017.

[78] 刘淑芬.天津高等学校科学研究机构发展历史沿革概述[J].天津职业院校联合学报，2004，6(6)：126-129.

[79] 刘新立，董峥.论我国保险公司的整合风险管理[J].保险研究，2003(2)：31-34.

[80] 刘雨歆.保险资产管理公司社会责任评价研究[D].合肥：安徽财经大学，2023.

[81] 卢雨萱，赵桂芹.祸兮福兮？监管处罚对保险公司业绩表现的影响：基于分支机构视角[J].保险研究，2024(1)：72-88.

[82] 罗利勇，胡启明，吴欣欣，等.我国相互保险组织治理研究[M].成都：

四川大学出版社，2020.
[83] 罗利勇，李悦，邹昌波，等.我国财产保险公司治理研究[M].成都：西南财经大学出版社，2020.
[84] 罗琰，琚超.保险公司流动性风险管理审计初探[J].上海保险，2024（5）：41–44.
[85] 毛颖.系统重要性保险机构的公司治理研究[D].西南财经大学，2023.
[86] 缪若冰.相互保险组织的法律分析及其应用[M].北京：中国社会科学出版社，2020.
[87] 牛雪舫.论我国相互保险组织内部治理改革[J].保险职业学院学报，2018（2）：62–65.
[88] 欧阳越秀，严奕杨，李夏晴.我国财产保险公司偿付能力风险管理问题研究：基于内控视角及灰色关联分析法[J].保险研究，2019（2）：16–27.
[89] 钱思雯，时雪峰.共享理念下相互保险发展路径研究[J].上海保险，2023（2）：52–57.
[90] 全面推进中国特色银行业保险业公司治理机制建设[J].中国农村金融，2023（1）：50–52.
[91] 宋志平.提高上市公司质量，实现中国式现代化[R].（2023–08–20）[2024–07–06].https://news.qq.com/rain/a/20230820A06QQQ00.
[92] 苏洁.加强银行保险机构数据安全管理[N].中国银行保险报，2024–04–23（08）.
[93] 孙蓉，吴舒祥，万梅雨.保险机构经营规范性及其评价指数构建：基于保险纠纷判例大数据[J].保险研究，2023（11）：30–45.
[94] 孙榕.保险机构亟待走出“增收不增利”怪圈[N].金融时报，2024–05–22（11）.
[95] 锁凌燕.用专业价值写好养老金融大文章[J].中国金融，2024（9）：36–37.
[96] 太平金融稽核服务（深圳）有限公司.金融保险集团内部审计创新与

实践[M].成都：西南财经大学出版社，2018.

[97] 陶志鹏，吴锋，王欣，等.新时代中国特色保险资产管理公司发展路径与展望[J].上海保险，2023（11）：40–45.

[98] 王超，黄君英.中国系统重要性保险机构评定：基于层次分析法和TOPSIS评价模型[J].西南金融，2019（2）：33–40.

[99] 王德明.保险公司的股东及股东权利相关问题[J].保险理论与实践，2024（1）：84–96.

[100] 王诺方，吴迪.保险集团公司治理中关联交易的监管对策研究[J].山西财政税务专科学校学报，2022（5）：23–27.

[101] 王稳，周娅乐，李雪.近年来西方保险理论研究的重点及演变趋势[J].保险研究，2023（10）：3–19.

[102] 王晓辉，李圣刚.保险机构资金运用关联交易治理探索：关联方认定规则演化的视角[J].保险理论与实践，2024（6）：26–38.

[103] 王艳，陈天任.公司治理视角下我国保险集团内部资本市场效率研究[J].保险研究，2023（10）：53–66.

[104] 吴健，金栎.我国保险业公司治理发展与展望[J].金融会计，2022（4）：39–45.

[105] 肖旗辉.保险公司关键风险管理指标建设探讨[J].中国保险，2024（6）：50–52.

[106] 徐茜.上市公司财务治理结构研究：以中国人寿保险公司为例[J].河北企业，2023（4）：117–119.

[107] 徐徐，郭腾龙.保险公司多元化经营的发展思考[J].中国保险，2023（5）：15–19.

[108] 玄宇豪，赖黎，巩亚林.保险机构投资者与公司投资决策[J].会计研究，2023（3）：129–144.

[109] 严若森.保险公司治理评价：指标体系构建与评分计算方法[J].保险研究，2010（10）：44–53.

[110] 杨农，刘绪光，王建平.保险机构数字化转型：实践与策略[M].北京：

清华大学出版社，2022.
[111] 银行业保险业健全公司治理三年行动取得明显成效[N].中国银行保险报，2023-03-27(01).
[112] 张扬，郝臣，李慧聪，等.保险公司治理特殊性分析：三家上市保险公司的案例研究[J].管理案例研究与评论，2012(4)：265-276.
[113] 张扬，郝臣，李慧聪.国外保险公司治理研究：主题、逻辑与展望[J].保险研究，2012(10)：86-94.
[114] 赵蕾.新偿付能力监管下保险公司信息系统操作风险量化管理研究[J].保险研究，2023(10)：67-81.
[115] 赵雪芳，冯志.数字化背景下财产保险公司内部审计项目实施模式的新变化[J].中国内部审计，2024(7)：56-60.
[116] 郑伟，等，中国保险业发展报告2023[M].北京：经济科学出版社，2023.
[117] 中国保险行业协会.保险公司内部审计典型案例集[M].北京：中国财政经济出版社，2018.
[118] 中国保险行业协会.保险机构内部审计：基础篇[M].北京：中国金融出版社，2023.
[119] 中国保险行业协会.保险机构内部审计：实务篇[M].北京：中国金融出版社，2023.
[120] 中国保险行业协会.保险机构内部审计：管理篇[M].北京：中国金融出版社，2023.
[121] 中国保险学会.相互保险公司治理的理论与实践[M].北京：中国金融出版社，2023.
[122] 中国人民财产保险股份有限公司.保险公司数据治理理论与实践[M].北京：知识产权出版社，2019.
[123] 周鲁飞.强化保险资管公司全面风险管理[J].中国金融，2023(21)：52-54.
[124] 周玉华.保险公司合规风险管理与风险控制实务指引[M].北京：法律出版社，2022.

[125] 朱俊生.加强系统重要性保险公司监管[J].中国金融，2023（21）：68-69.

[126] 庄朋涛，何青.董事高管责任保险对上市公司信息披露质量的影响[J].金融监管研究，2023（7）：78-93.

[127] Jackson Martindell. The Scientific Appraisal of Management[M]. New York: Harper & Brothers,1950.

[128] John Core, Wayne Guay, Tjomme Rusticus. Does Weak Governance Cause Weak Stock Returns? An Examination of Firm Operating Performance and Investors' Expectations[J]. The Journal of Finance, 2006,61(2):655-687.

[129] Lucian Bebchuk, Alma Cohen, Allen Ferrell. What Matters in Corporate Governance? [J]. The Review of Financial Studies, 2009,22(2):783-827.

[130] Martijn Cremers, Vinay Nair. Governance Mechanisms and Equity Prices[J]. The Journal of Finance, 2005,60(6):2859-2894.

[131] Oliver E. Williamson. Markets and Hierarchies: Analysis and Antitrust Implications [M]. New York：Free Press, 1975.

[132] Paul Gompers, Joy Ishii, Andrew Metrick. Corporate Governance and Equity Prices[J]. The Quarterly Journal of Economics, 2003,118(1):107-156.

[133] Robert K. Muller. Are Directors Boardworthy?—A Report Card for Board-members[J]. Management Review, 1976, 65(9):14.

[134] Ronald H. Coase. The Nature of the Firm [J]. Economica, 1937, 4(16): 386-405.

[135] Stanley C. Vance. Corporate Governance: Assessing Corporate Performance by Boardroom Attributes[J]. Journal of Business Research,1978, 6(3):203-220.

[136] Walter J. Salmon. Crisis Prevention: How to Gear Up Your Board[J]. Harvard Business Review, 1993,71(1):68-75.

附　录

附表1　中国保险集团（控股）公司名录

序号	机构名称	基础信息码	监管机构
1	中国人民保险集团股份有限公司	1949102001	金融监管总局
2	中华联合保险集团股份有限公司	1986071501	金融监管总局
3	中国平安保险（集团）股份有限公司	1988032101	金融监管总局
4	中国太平洋保险（集团）股份有限公司	1991051301	金融监管总局
5	中国人寿保险（集团）公司	1996082201	金融监管总局
6	中国再保险（集团）股份有限公司	1996082202	金融监管总局
7	华泰保险集团股份有限公司	1996082901	金融监管总局
8	泰康保险集团股份有限公司	1996090901	金融监管总局
9	中国太平保险集团有限责任公司	1998070801	金融监管总局
10	阳光保险集团股份有限公司	2007062701	金融监管总局
11	富德保险控股股份有限公司	2015070101	金融监管总局
12	大家保险集团有限责任公司	2019062501	金融监管总局
13	安联（中国）保险控股有限公司	2019112801	金融监管总局

资料来源：南开大学中国保险机构治理指数数据库。

附表2　中国保险公司名录

序号	机构名称	基础信息码	监管机构
1	史带财产保险股份有限公司	1995012501	上海监管局
2	天安财产保险股份有限公司	1995012701	金融监管总局
3	永安财产保险股份有限公司	1996091301	陕西监管局
4	新华人寿保险股份有限公司	1996092801	金融监管总局
5	中宏人寿保险有限公司	1996111501	上海监管局
6	华安财产保险股份有限公司	1996120301	深圳监管局

续表

序号	机构名称	基础信息码	监管机构
7	建信人寿保险股份有限公司	1998101201	上海监管局
8	安联人寿保险有限公司	1998112501	上海监管局
9	工银安盛人寿保险有限公司	1999051401	金融监管总局
10	交银人寿保险有限公司	2000070401	上海监管局
11	中信保诚人寿保险有限公司	2000092801	金融监管总局
12	中国出口信用保险公司	2001110801	金融监管总局
13	中国太平洋人寿保险股份有限公司	2001110901	金融监管总局
14	中国太平洋财产保险股份有限公司	2001110902	金融监管总局
15	太平人寿保险有限公司	2001113001	金融监管总局
16	太平财产保险有限公司	2001122001	金融监管总局
17	中意人寿保险有限公司	2002013101	北京监管局
18	富德生命人寿保险股份有限公司	2002030401	金融监管总局
19	光大永明人寿保险有限公司	2002042201	天津监管局
20	民生人寿保险股份有限公司	2002061801	北京监管局
21	中荷人寿保险有限公司	2002111901	大连监管局
22	北大方正人寿保险有限公司	2002112801	上海监管局
23	中英人寿保险有限公司	2002121101	北京监管局
24	中国平安人寿保险股份有限公司	2002121701	金融监管总局
25	中国平安财产保险股份有限公司	2002122401	金融监管总局
26	同方全球人寿保险有限公司	2003041601	深圳监管局
27	中国人寿保险股份有限公司	2003063001	金融监管总局
28	中国人民财产保险股份有限公司	2003070701	金融监管总局
29	招商信诺人寿保险有限公司	2003080401	深圳监管局
30	长生人寿保险有限公司	2003092301	上海监管局
31	中国大地财产保险股份有限公司	2003101501	金融监管总局
32	恒安标准人寿保险有限公司	2003120101	天津监管局
33	瑞泰人寿保险有限公司	2004010601	北京监管局
34	太平洋安信农业保险股份有限公司	2004091501	金融监管总局
35	永诚财产保险股份有限公司	2004092701	上海监管局
36	平安养老保险股份有限公司	2004121301	金融监管总局
37	陆家嘴国泰人寿保险有限责任公司	2004122901	上海监管局

续表

序号	机构名称	基础信息码	监管机构
38	安华农业保险股份有限公司	2004123001	金融监管总局
39	安盛天平财产保险有限公司	2004123101	上海监管局
40	中银保险有限公司	2005010501	北京监管局
41	亚太财产保险有限公司	2005011001	深圳监管局
42	太平养老保险股份有限公司	2005012601	金融监管总局
43	合众人寿保险股份有限公司	2005012801	湖北监管局
44	华泰人寿保险股份有限公司	2005032201	北京监管局
45	中国人民健康保险股份有限公司	2005033101	金融监管总局
46	三星财产保险（中国）有限公司	2005042501	上海监管局
47	中银三星人寿保险有限公司	2005052601	北京监管局
48	日本财产保险（中国）有限公司	2005053101	大连监管局
49	平安健康保险股份有限公司	2005061301	金融监管总局
50	阳光财产保险股份有限公司	2005072801	金融监管总局
51	中美联泰大都会人寿保险有限公司	2005081001	上海监管局
52	长城人寿保险股份有限公司	2005092001	北京监管局
53	渤海财产保险股份有限公司	2005092801	天津监管局
54	都邦财产保险股份有限公司	2005101901	吉林监管局
55	中国人民人寿保险股份有限公司	2005111001	金融监管总局
56	农银人寿保险股份有限公司	2005121901	北京监管局
57	小康人寿保险有限责任公司	2005122301	金融监管总局
58	昆仑健康保险股份有限公司	2006011201	金融监管总局
59	和谐健康保险股份有限公司	2006011202	金融监管总局
60	华农财产保险股份有限公司	2006012401	广东监管局
61	君康人寿保险股份有限公司	2006110601	金融监管总局
62	中华联合财产保险股份有限公司	2006120601	金融监管总局
63	中国人寿财产保险股份有限公司	2006123002	金融监管总局
64	安诚财产保险股份有限公司	2006123101	重庆监管局
65	中国人寿养老保险股份有限公司	2007011501	金融监管总局
66	现代财产保险（中国）有限公司	2007030201	北京监管局
67	劳合社保险（中国）有限公司	2007031501	上海监管局
68	中意财产保险有限公司	2007041301	北京监管局

续表

序号	机构名称	基础信息码	监管机构
69	信泰人寿保险股份有限公司	2007051801	浙江监管局
70	长江养老保险股份有限公司	2007051802	金融监管总局
71	英大泰和人寿保险股份有限公司	2007062601	北京监管局
72	泰康养老保险股份有限公司	2007081001	金融监管总局
73	三井住友海上火灾保险（中国）有限公司	2007090601	上海监管局
74	利宝保险有限公司	2007092101	重庆监管局
75	美亚财产保险有限公司	2007092401	上海监管局
76	幸福人寿保险股份有限公司	2007110501	北京监管局
77	长安责任保险股份有限公司	2007110701	安徽监管局
78	国华人寿保险股份有限公司	2007110801	金融监管总局
79	阳光人寿保险股份有限公司	2007121701	金融监管总局
80	国元农业保险股份有限公司	2008011801	金融监管总局
81	安达保险有限公司	2008020101	上海监管局
82	瑞再企商保险有限公司	2008031701	上海监管局
83	鼎和财产保险股份有限公司	2008052201	深圳监管局
84	东京海上日动火灾保险（中国）有限公司	2008072201	上海监管局
85	国泰财产保险有限责任公司	2008082801	上海监管局
86	中煤财产保险股份有限公司	2008101301	山西监管局
87	英大泰和财产保险股份有限公司	2008110401	北京监管局
88	君龙人寿保险有限公司	2008111001	厦门监管局
89	爱和谊日生同和财产保险（中国）有限公司	2009012301	天津监管局
90	鼎诚人寿保险有限责任公司	2009030201	北京监管局
91	紫金财产保险股份有限公司	2009050801	江苏监管局
92	百年人寿保险股份有限公司	2009060101	大连监管局
93	日本兴亚财产保险（中国）有限责任公司	2009061901	深圳监管局
94	浙商财产保险股份有限公司	2009062501	浙江监管局
95	汇丰人寿保险有限公司	2009062701	上海监管局
96	中邮人寿保险股份有限公司	2009081801	金融监管总局
97	国任财产保险股份有限公司	2009083101	深圳监管局
98	凯本财产保险（中国）有限公司	2009102301	江苏监管局
99	京东安联财产保险有限公司	2010032401	广东监管局

续表

序号	机构名称	基础信息码	监管机构
100	中融人寿保险股份有限公司	2010032601	北京监管局
101	大家人寿保险股份有限公司	2010062301	金融监管总局
102	富邦财产保险有限公司	2010100801	厦门监管局
103	泰山财产保险股份有限公司	2010123101	山东监管局
104	锦泰财产保险股份有限公司	2011013001	四川监管局
105	中航安盟财产保险有限公司	2011022201	四川监管局
106	众诚汽车保险股份有限公司	2011060801	广东监管局
107	利安人寿保险股份有限公司	2011071401	江苏监管局
108	华泰财产保险有限公司	2011072901	金融监管总局
109	长江财产保险股份有限公司	2011111801	湖北监管局
110	华汇人寿保险股份有限公司	2011122201	辽宁监管局
111	诚泰财产保险股份有限公司	2011123101	云南监管局
112	前海人寿保险股份有限公司	2012020801	金融监管总局
113	富德财产保险股份有限公司	2012050701	深圳监管局
114	东吴人寿保险股份有限公司	2012052301	江苏监管局
115	鑫安汽车保险股份有限公司	2012061501	吉林监管局
116	弘康人寿保险股份有限公司	2012071901	北京监管局
117	财信吉祥人寿保险股份有限公司	2012090701	湖南监管局
118	复星保德信人寿保险有限公司	2012092101	上海监管局
119	珠江人寿保险股份有限公司	2012092601	广东监管局
120	中韩人寿保险有限公司	2012113001	浙江监管局
121	北部湾财产保险股份有限公司	2013011801	广西监管局
122	苏黎世财产保险（中国）有限公司	2013070201	上海监管局
123	德华安顾人寿保险有限公司	2013072201	山东监管局
124	众安在线财产保险股份有限公司	2013100901	金融监管总局
125	中石油专属财产保险股份有限公司	2013122601	新疆监管局
126	大家养老保险股份有限公司	2013123101	金融监管总局
127	华海财产保险股份有限公司	2014120901	山东监管局
128	太平洋健康保险股份有限公司	2014121001	金融监管总局
129	渤海人寿保险股份有限公司	2014121801	金融监管总局
130	恒邦财产保险股份有限公司	2014123001	江西监管局

续表

序号	机构名称	基础信息码	监管机构
131	国联人寿保险股份有限公司	2014123101	江苏监管局
132	燕赵财产保险股份有限公司	2015020301	河北监管局
133	合众财产保险股份有限公司	2015021101	北京监管局
134	上海人寿保险股份有限公司	2015021601	上海监管局
135	中路财产保险股份有限公司	2015040302	青岛监管局
136	中原农业保险股份有限公司	2015051301	金融监管总局
137	中国铁路财产保险自保有限公司	2015070601	北京监管局
138	泰康在线财产保险股份有限公司	2015111201	金融监管总局
139	中华联合人寿保险股份有限公司	2015112401	北京监管局
140	东海航运保险股份有限公司	2015122501	宁波监管局
141	安心财产保险有限责任公司	2015123101	江苏监管局
142	阳光信用保证保险股份有限公司	2016011101	重庆监管局
143	深圳比亚迪财产保险有限公司	2016021601	金融监管总局
144	久隆财产保险有限公司	2016031701	广东监管局
145	新疆前海联合财产保险股份有限公司	2016051901	深圳监管局
146	珠峰财产保险股份有限公司	2016052201	西藏监管局
147	海峡金桥财产保险股份有限公司	2016082501	福建监管局
148	新华养老保险股份有限公司	2016091901	金融监管总局
149	建信财产保险有限公司	2016101101	宁夏监管局
150	泰康人寿保险有限责任公司	2016112801	金融监管总局
151	横琴人寿保险有限公司	2016122801	广东监管局
152	复星联合健康保险股份有限公司	2017012301	金融监管总局
153	和泰人寿保险股份有限公司	2017012401	山东监管局
154	中远海运财产保险自保有限公司	2017020801	上海监管局
155	华贵人寿保险股份有限公司	2017021701	贵州监管局
156	爱心人寿保险股份有限公司	2017062201	北京监管局
157	招商局仁和人寿保险股份有限公司	2017070401	深圳监管局
158	中国人民养老保险有限责任公司	2017101201	金融监管总局
159	广东能源财产保险自保有限公司	2017111001	广东监管局
160	三峡人寿保险股份有限公司	2017122001	重庆监管局
161	黄河财产保险股份有限公司	2018010201	甘肃监管局

续表

序号	机构名称	基础信息码	监管机构
162	太平科技保险股份有限公司	2018010801	浙江监管局
163	北京人寿保险股份有限公司	2018021401	北京监管局
164	国宝人寿保险股份有限公司	2018040801	四川监管局
165	瑞华健康保险股份有限公司	2018051501	金融监管总局
166	海保人寿保险股份有限公司	2018053001	海南监管局
167	国富人寿保险股份有限公司	2018060701	广西监管局
168	融盛财产保险股份有限公司	2018070901	辽宁监管局
169	大家财产保险有限责任公司	2019082801	金融监管总局
170	友邦人寿保险有限公司	2020070901	金融监管总局
171	恒安标准养老保险有限责任公司	2021011801	金融监管总局
172	中国融通财产保险有限公司	2022013001	金融监管总局
173	国民养老保险股份有限公司	2022032201	金融监管总局
174	中汇人寿保险股份有限公司	2023062701	北京监管局
175	海港人寿保险股份有限公司	2023062801	深圳监管局
176	瑞众人寿保险有限责任公司	2023063001	北京监管局

资料来源：南开大学中国保险机构治理指数数据库。

附表3　中国人身保险机构名录

序号	机构名称	基础信息码	监管机构
1	新华人寿保险股份有限公司	1996092801	金融监管总局
2	中宏人寿保险有限公司	1996111501	上海监管局
3	建信人寿保险股份有限公司	1998101201	上海监管局
4	安联人寿保险有限公司	1998112501	上海监管局
5	工银安盛人寿保险有限公司	1999051401	金融监管总局
6	交银人寿保险有限公司	2000070401	上海监管局
7	中信保诚人寿保险有限公司	2000092801	金融监管总局
8	中国太平洋人寿保险股份有限公司	2001110901	金融监管总局
9	太平人寿保险有限公司	2001113001	金融监管总局
10	中意人寿保险有限公司	2002013101	北京监管局
11	富德生命人寿保险股份有限公司	2002030401	金融监管总局
12	光大永明人寿保险有限公司	2002042201	天津监管局

续表

序号	机构名称	基础信息码	监管机构
13	民生人寿保险股份有限公司	2002061801	北京监管局
14	中荷人寿保险有限公司	2002111901	大连监管局
15	北大方正人寿保险有限公司	2002112801	上海监管局
16	中英人寿保险有限公司	2002121101	北京监管局
17	中国平安人寿保险股份有限公司	2002121701	金融监管总局
18	同方全球人寿保险有限公司	2003041601	深圳监管局
19	中国人寿保险股份有限公司	2003063001	金融监管总局
20	招商信诺人寿保险有限公司	2003080401	深圳监管局
21	长生人寿保险有限公司	2003092301	上海监管局
22	恒安标准人寿保险有限公司	2003120101	天津监管局
23	瑞泰人寿保险有限公司	2004010601	北京监管局
24	平安养老保险股份有限公司	2004121301	金融监管总局
25	陆家嘴国泰人寿保险有限责任公司	2004122901	上海监管局
26	太平养老保险股份有限公司	2005012601	金融监管总局
27	合众人寿保险股份有限公司	2005012801	湖北监管局
28	华泰人寿保险股份有限公司	2005032201	北京监管局
29	中国人民健康保险股份有限公司	2005033101	金融监管总局
30	中银三星人寿保险有限公司	2005052601	北京监管局
31	平安健康保险股份有限公司	2005061301	金融监管总局
32	中美联泰大都会人寿保险有限公司	2005081001	上海监管局
33	长城人寿保险股份有限公司	2005092001	北京监管局
34	中国人民人寿保险股份有限公司	2005111001	金融监管总局
35	农银人寿保险股份有限公司	2005121901	北京监管局
36	小康人寿保险有限责任公司	2005122301	金融监管总局
37	昆仑健康保险股份有限公司	2006011201	金融监管总局
38	和谐健康保险股份有限公司	2006011202	金融监管总局
39	君康人寿保险股份有限公司	2006110601	金融监管总局
40	中国人寿养老保险股份有限公司	2007011501	金融监管总局
41	信泰人寿保险股份有限公司	2007051801	浙江监管局
42	长江养老保险股份有限公司	2007051802	金融监管总局
43	英大泰和人寿保险股份有限公司	2007062601	北京监管局

续表

序号	机构名称	基础信息码	监管机构
44	泰康养老保险股份有限公司	2007081001	金融监管总局
45	幸福人寿保险股份有限公司	2007110501	北京监管局
46	国华人寿保险股份有限公司	2007110801	金融监管总局
47	阳光人寿保险股份有限公司	2007121701	金融监管总局
48	君龙人寿保险有限公司	2008111001	厦门监管局
49	鼎诚人寿保险有限责任公司	2009030201	北京监管局
50	百年人寿保险股份有限公司	2009060101	大连监管局
51	汇丰人寿保险有限公司	2009062701	上海监管局
52	中邮人寿保险股份有限公司	2009081801	金融监管总局
53	中融人寿保险股份有限公司	2010032601	北京监管局
54	大家人寿保险股份有限公司	2010062301	金融监管总局
55	利安人寿保险股份有限公司	2011071401	江苏监管局
56	慈溪市龙山镇伏龙农村保险互助社	2011090601	宁波监管局
57	华汇人寿保险股份有限公司	2011122201	辽宁监管局
58	前海人寿保险股份有限公司	2012020801	金融监管总局
59	东吴人寿保险股份有限公司	2012052301	江苏监管局
60	弘康人寿保险股份有限公司	2012071901	北京监管局
61	财信吉祥人寿保险股份有限公司	2012090701	湖南监管局
62	复星保德信人寿保险有限公司	2012092101	上海监管局
63	珠江人寿保险股份有限公司	2012092601	广东监管局
64	中韩人寿保险有限公司	2012113001	浙江监管局
65	慈溪市龙山农村保险互助联社	2013071701	宁波监管局
66	德华安顾人寿保险有限公司	2013072201	山东监管局
67	大家养老保险股份有限公司	2013123101	金融监管总局
68	太平洋健康保险股份有限公司	2014121001	金融监管总局
69	渤海人寿保险股份有限公司	2014121801	金融监管总局
70	国联人寿保险股份有限公司	2014123101	江苏监管局
71	上海人寿保险股份有限公司	2015021601	上海监管局
72	中华联合人寿保险股份有限公司	2015112401	北京监管局
73	新华养老保险股份有限公司	2016091901	金融监管总局
74	泰康人寿保险有限责任公司	2016112801	金融监管总局

续表

序号	机构名称	基础信息码	监管机构
75	横琴人寿保险有限公司	2016122801	广东监管局
76	复星联合健康保险股份有限公司	2017012301	金融监管总局
77	和泰人寿保险股份有限公司	2017012401	山东监管局
78	华贵人寿保险股份有限公司	2017021701	贵州监管局
79	信美人寿相互保险社	2017051101	金融监管总局
80	爱心人寿保险股份有限公司	2017062201	北京监管局
81	招商局仁和人寿保险股份有限公司	2017070401	深圳监管局
82	中国人民养老保险有限责任公司	2017101201	金融监管总局
83	三峡人寿保险股份有限公司	2017122001	重庆监管局
84	北京人寿保险股份有限公司	2018021401	北京监管局
85	国宝人寿保险股份有限公司	2018040801	四川监管局
86	瑞华健康保险股份有限公司	2018051501	金融监管总局
87	海保人寿保险股份有限公司	2018053001	海南监管局
88	国富人寿保险股份有限公司	2018060701	广西监管局
89	友邦人寿保险有限公司	2020070901	金融监管总局
90	恒安标准养老保险有限责任公司	2021011801	金融监管总局
91	国民养老保险股份有限公司	2022032201	金融监管总局
92	中汇人寿保险股份有限公司	2023062701	北京监管局
93	海港人寿保险股份有限公司	2023062801	深圳监管局
94	瑞众人寿保险有限责任公司	2023063001	北京监管局

资料来源：南开大学中国保险机构治理指数数据库。

附表4　中国财产保险机构名录

序号	机构名称	基础信息码	监管机构
1	史带财产保险股份有限公司	1995012501	上海监管局
2	天安财产保险股份有限公司	1995012701	金融监管总局
3	永安财产保险股份有限公司	1996091301	陕西监管局
4	华安财产保险股份有限公司	1996120301	深圳监管局
5	中国出口信用保险公司	2001110801	金融监管总局
6	中国太平洋财产保险股份有限公司	2001110902	金融监管总局
7	太平财产保险有限公司	2001122001	金融监管总局

续表

序号	机构名称	基础信息码	监管机构
8	中国平安财产保险股份有限公司	2002122401	金融监管总局
9	中国人民财产保险股份有限公司	2003070701	金融监管总局
10	中国大地财产保险股份有限公司	2003101501	金融监管总局
11	太平洋安信农业保险股份有限公司	2004091501	金融监管总局
12	永诚财产保险股份有限公司	2004092701	上海监管局
13	安华农业保险股份有限公司	2004123001	金融监管总局
14	安盛天平财产保险有限公司	2004123101	上海监管局
15	中银保险有限公司	2005010501	北京监管局
16	亚太财产保险有限公司	2005011001	深圳监管局
17	阳光农业相互保险公司	2005011002	金融监管总局
18	三星财产保险（中国）有限公司	2005042501	上海监管局
19	日本财产保险（中国）有限公司	2005053101	大连监管局
20	阳光财产保险股份有限公司	2005072801	金融监管总局
21	渤海财产保险股份有限公司	2005092801	天津监管局
22	都邦财产保险股份有限公司	2005101901	吉林监管局
23	华农财产保险股份有限公司	2006012401	广东监管局
24	中华联合财产保险股份有限公司	2006120601	金融监管总局
25	中国人寿财产保险股份有限公司	2006123002	金融监管总局
26	安诚财产保险股份有限公司	2006123101	重庆监管局
27	现代财产保险（中国）有限公司	2007030201	北京监管局
28	劳合社保险（中国）有限公司	2007031501	上海监管局
29	中意财产保险有限公司	2007041301	北京监管局
30	三井住友海上火灾保险（中国）有限公司	2007090601	上海监管局
31	利宝保险有限公司	2007092101	重庆监管局
32	美亚财产保险有限公司	2007092401	上海监管局
33	长安责任保险股份有限公司	2007110701	安徽监管局
34	国元农业保险股份有限公司	2008011801	金融监管总局
35	安达保险有限公司	2008020101	上海监管局
36	瑞再企商保险有限公司	2008031701	上海监管局
37	鼎和财产保险股份有限公司	2008052201	深圳监管局
38	东京海上日动火灾保险（中国）有限公司	2008072201	上海监管局

续表

序号	机构名称	基础信息码	监管机构
39	国泰财产保险有限责任公司	2008082801	上海监管局
40	中煤财产保险股份有限公司	2008101301	山西监管局
41	英大泰和财产保险股份有限公司	2008110401	北京监管局
42	爱和谊日生同和财产保险（中国）有限公司	2009012301	天津监管局
43	紫金财产保险股份有限公司	2009050801	江苏监管局
44	日本兴亚财产保险（中国）有限责任公司	2009061901	深圳监管局
45	浙商财产保险股份有限公司	2009062501	浙江监管局
46	国任财产保险股份有限公司	2009083101	深圳监管局
47	凯本财产保险（中国）有限公司	2009102301	江苏监管局
48	京东安联财产保险有限公司	2010032401	广东监管局
49	富邦财产保险有限公司	2010100801	厦门监管局
50	泰山财产保险股份有限公司	2010123101	山东监管局
51	锦泰财产保险股份有限公司	2011013001	四川监管局
52	中航安盟财产保险有限公司	2011022201	四川监管局
53	众诚汽车保险股份有限公司	2011060801	广东监管局
54	华泰财产保险有限公司	2011072901	金融监管总局
55	长江财产保险股份有限公司	2011111801	湖北监管局
56	诚泰财产保险股份有限公司	2011123101	云南监管局
57	富德财产保险股份有限公司	2012050701	深圳监管局
58	鑫安汽车保险股份有限公司	2012061501	吉林监管局
59	北部湾财产保险股份有限公司	2013011801	广西监管局
60	苏黎世财产保险（中国）有限公司	2013070201	上海监管局
61	众安在线财产保险股份有限公司	2013100901	金融监管总局
62	中石油专属财产保险股份有限公司	2013122601	新疆监管局
63	华海财产保险股份有限公司	2014120901	山东监管局
64	恒邦财产保险股份有限公司	2014123001	江西监管局
65	燕赵财产保险股份有限公司	2015020301	河北监管局
66	合众财产保险股份有限公司	2015021101	北京监管局
67	中路财产保险股份有限公司	2015040302	青岛监管局
68	中原农业保险股份有限公司	2015051301	金融监管总局

续表

序号	机构名称	基础信息码	监管机构
69	中国铁路财产保险自保有限公司	2015070601	北京监管局
70	瑞安市兴民农村保险互助社	2015102201	浙江监管局
71	泰康在线财产保险股份有限公司	2015111201	金融监管总局
72	东海航运保险股份有限公司	2015122501	宁波监管局
73	安心财产保险有限责任公司	2015123101	江苏监管局
74	阳光信用保证保险股份有限公司	2016011101	重庆监管局
75	深圳比亚迪财产保险有限公司	2016021601	金融监管总局
76	久隆财产保险有限公司	2016031701	广东监管局
77	新疆前海联合财产保险股份有限公司	2016051901	深圳监管局
78	珠峰财产保险股份有限公司	2016052201	西藏监管局
79	海峡金桥财产保险股份有限公司	2016082501	福建监管局
80	建信财产保险有限公司	2016101101	宁夏监管局
81	中远海运财产保险自保有限公司	2017020801	上海监管局
82	众惠财产相互保险社	2017021401	金融监管总局
83	汇友财产相互保险社	2017062801	金融监管总局
84	广东能源财产保险自保有限公司	2017111001	广东监管局
85	黄河财产保险股份有限公司	2018010201	甘肃监管局
86	太平科技保险股份有限公司	2018010801	浙江监管局
87	融盛财产保险股份有限公司	2018070901	辽宁监管局
88	大家财产保险有限责任公司	2019082801	金融监管总局
89	中国融通财产保险有限公司	2022013001	金融监管总局
90	中国渔业互助保险社	2023021501	金融监管总局

资料来源：南开大学中国保险机构治理指数数据库。

附表5　中国保险资产管理公司名录

序号	机构名称	基础信息码	监管机构
1	中国人保资产管理有限公司	2003071601	金融监管总局
2	中国人寿资产管理有限公司	2003112301	金融监管总局
3	华泰资产管理有限公司	2005011801	金融监管总局
4	中再资产管理股份有限公司	2005021801	金融监管总局
5	平安资产管理有限责任公司	2005052701	金融监管总局

续表

序号	机构名称	基础信息码	监管机构
6	泰康资产管理有限责任公司	2006022101	金融监管总局
7	太平洋资产管理有限责任公司	2006060901	金融监管总局
8	新华资产管理股份有限公司	2006070301	金融监管总局
9	太平资产管理有限公司	2006090101	金融监管总局
10	大家资产管理有限责任公司	2011052001	金融监管总局
11	生命保险资产管理有限公司	2011071501	金融监管总局
12	光大永明资产管理股份有限公司	2012030201	金融监管总局
13	合众资产管理股份有限公司	2012051401	金融监管总局
14	民生通惠资产管理有限公司	2012111501	金融监管总局
15	阳光资产管理股份有限公司	2012120401	金融监管总局
16	中英益利资产管理股份有限公司	2013041201	金融监管总局
17	中意资产管理有限责任公司	2013052301	金融监管总局
18	华安财保资产管理有限责任公司	2013090501	金融监管总局
19	长城财富保险资产管理股份有限公司	2015031801	金融监管总局
20	英大保险资产管理有限公司	2015040301	金融监管总局
21	华夏久盈资产管理有限责任公司	2015051201	金融监管总局
22	建信保险资产管理有限公司	2016040701	金融监管总局
23	百年保险资产管理有限责任公司	2016080101	金融监管总局
24	永诚保险资产管理有限公司	2016080102	金融监管总局
25	工银安盛资产管理有限公司	2019051301	金融监管总局
26	交银保险资产管理有限公司	2019061801	金融监管总局
27	中信保诚资产管理有限责任公司	2020033101	金融监管总局
28	招商信诺资产管理有限公司	2020101801	金融监管总局
29	国寿投资保险资产管理有限公司	2021010701	金融监管总局
30	国华兴益保险资产管理有限公司	2021051801	金融监管总局
31	安联保险资产管理有限公司	2021091001	金融监管总局
32	人保资本保险资产管理有限公司	2021102201	金融监管总局
33	太平资本保险资产管理有限公司	2021112501	金融监管总局
34	中邮保险资产管理有限公司	2023102701	金融监管总局

资料来源：南开大学中国保险机构治理指数数据库。

附表6　中国再保险机构名录

序号	机构名称	基础信息码	监管机构
1	中国财产再保险有限责任公司	2003121501	金融监管总局
2	中国人寿再保险有限责任公司	2003121601	金融监管总局
3	信利再保险（中国）有限公司	2011031401	金融监管总局
4	太平再保险（中国）有限公司	2015121101	金融监管总局
5	前海再保险股份有限公司	2016120501	金融监管总局
6	人保再保险股份有限公司	2017022301	金融监管总局
7	中国农业再保险股份有限公司	2020123101	金融监管总局

资料来源：南开大学中国保险机构治理指数数据库。

附表7　中国相互保险组织名录

序号	机构名称	基础信息码	监管机构
1	阳光农业相互保险公司	2005011002	金融监管总局
2	慈溪市龙山镇伏龙农村保险互助社	2011090601	宁波监管局
3	慈溪市龙山农村保险互助联社	2013071701	宁波监管局
4	瑞安市兴民农村保险互助社	2015102201	浙江监管局
5	众惠财产相互保险社	2017021401	金融监管总局
6	信美人寿相互保险社	2017051101	金融监管总局
7	汇友财产相互保险社	2017062801	金融监管总局
8	中国渔业互助保险社	2023021501	金融监管总局

资料来源：南开大学中国保险机构治理指数数据库。